EM 2016
FRANKREICH

Fußball-Europameisterschaft

SPORTMAGAZIN
kicker

kicker sportmagazin • SVEN SIMON

EM 2016
FRANKREICH
Fußball-Europameisterschaft

Berichte - Analysen - Kommentare

COPRESS SPORT

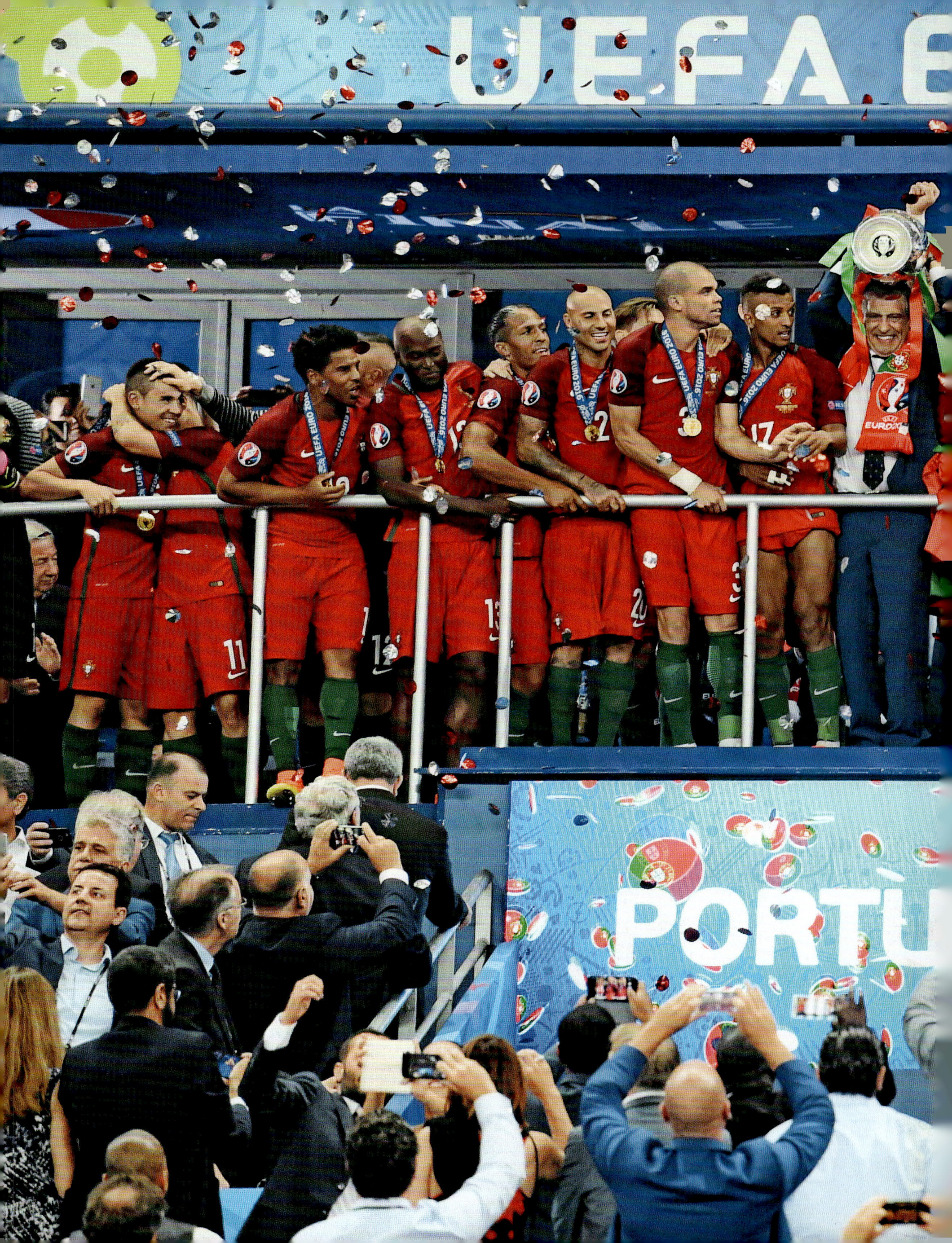
UEFA

EURO 2016

Der Moment des Triumphes: Portugals Trainer Fernando Santos reckt den Pokal in die Höhe.

Editorial:
Die EM der Willenskraft

Das Ende war spektakulär: Portugal, von glücklichen Momenten durch das Turnier getragen, gewann völlig überraschend und spiegelte mit Teamgeist und enormer Kampfkraft den Verlauf einer fast kuriosen EM wider, deren Endrunde ohnehin unter besonderen Vorzeichen stand: erstmals mit 24 Ländern, dazu eine Reihe von absoluten Neulingen und sensationellen Ergebnissen. Am Ende aber eine EM mit nur wenigen pfiffigen Zutaten an spielerischer Virtuosität, beeindruckenden taktischen Neuerungen, den gesamten Turnierverlauf bestimmenden Fußball-Genies. Fußball reüssiert heutzutage, dies zeigte sich überdeutlich, nicht mehr nur per Zusammenstellen von elf überdurchschnittlichen Einzelkönnern. Gefragt sind die Mannschaft, die taktische Disziplin und vor allem eine gewaltige Willensstärke. Was sich auch ablesen lässt an etlichen unscheinbaren Auftritten von etwa Cristiano Ronaldo, Ibrahimovic, Iniesta, Lewandowski, De Bruyne, Rooney trotz ihrer Aura als Superstars. Nur phasenweise setzte sich persönliche Klasse, etwa von Griezmann oder CR7, wirkungsvoll in Szene.

Lange geisterte die Aufstockungs-Manie, aus sportpolitischen und finanziellen Gründen geschaffen, als Ursache für die Langeweile in den Gruppenspielen durch kritische Analysen, anhand extremer Torarmut, einer Reihe von technischen und spielerischen Schwächen, Ergebniskorrektur (damit wenigstens Spannung) bis in die Schlusssekunden hinein. Begeistern konnten nur Außenseiter: Island, Wales, Nordirland, alle erstmals qualifiziert, erreichten dank immensem inneren Feuers sensationell die K.-o.-Phase, in der Island und vor allem Wales nachhaltig überraschten. Ein Beweis für das fußballerische Zusammenrücken der Nationen, wie ebenso der letzte Tabellenplatz renommierter Teams wie Russland, Österreich, der Ukraine und Schweden unterstrichen. Besonders manche »Große« stagnierten erheblich. Spanien, rund ein Jahrzehnt das Maß aller Dinge, ist auf der Suche nach verlorenem Schwung, England hat sich einmal mehr blamiert. Italien dagegen steigerte sich wie üblich erst im Turnierverlauf, erst recht Frankreich, das mit dem klaren Sieg über Island einen Urknall erlebte, dessen Dauer jedoch begrenzt war. Wie das Glück die Form fokussiert, zeigte dagegen Portugal, das lange nur den Schatten seiner Möglichkeiten bot, bis im Halbfinale der Knoten platzte.

Das deutsche Team hat einmal mehr das Halbfinale erreicht – das sechste in Folge bei den großen Turnieren. Für sich betrachtet ein riesiger Achtungserfolg, der nicht hoch genug zu würdigen ist. Den EM-Titel als Bestätigung der WM vergaben gehäuftes Verletzungspech, Hummels' ungerechte Sperre, vor allem die fehlerhafte Konsequenz im Torabschluss: Selbst im Strafraum den Kombinationsfluss toppen zu wollen war meist die falsche Entscheidung, Formeinbußen vor allem vom bisherigen Wunderkind Thomas Müller rundeten diese Fakten ab. Dennoch blieb die Fußballkultur des DFB-Spiels beeindruckend. Und macht Hoffnung für die WM 2018.

kicker-Herausgeber Rainer Holzschuh

Inhalt

Editorial **6**
Highlights **8**

Vorrunde

Frankreich
Rumänien
Albanien
Schweiz
14 A

England
Russland
Wales
Slowakei
28 B

Deutschland
Ukraine
Polen
Nordirland
38 C

Spanien
Tschechien
Türkei
Kroatien
60 D

Belgien
Italien
Irland
Schweden
70 E

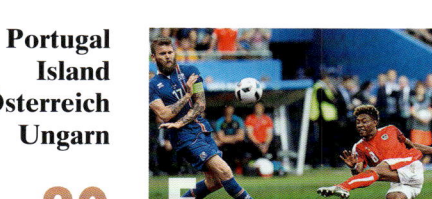

Portugal
Island
Österreich
Ungarn
80 F

Österreich-Kolumne von Andreas Herzog:
»Ein Scheitern auf der ganzen Linie« **94**

kicker-Chefredakteur Jörg Jakob:
Jetzt geht's erst richtig los! **96**

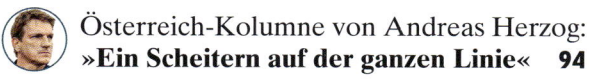

Achtelfinale **98**

Schweiz-Kolumne von Stephane Chapuisat:
Die Zeit ist reif für mehr **103**

kicker-Chefredakteur Jörg Jakob: **Englands Hoffnung wird als Irrtum entlarvt** **120**

Viertelfinale **122**

kicker-Chefredakteur Jörg Jakob: **Taktische Variabilität ist Grundlage des Erfolgs** **142**

Halbfinale **144**

kicker-Chefredakteur Jörg Jakob:
Auch Frankreich beendet einen Fluch **158**

Finale **160**

kicker-Chefredakteur Jörg Jakob:
Die Bundesliga gewinnt mit **170**

Statistik

Alle Spiele der Endrunde 2016 **172**
Alle Europameister und ihre Endspielgegner **172**
Alle Torjäger der Endrunden seit 1960 **172**
Alle deutschen Torschützen der
EM-Endrunden seit 1960 **172**
Die Spiele der Qualifikation **173**

Kollektive Erleichterung: Die deutschen Spieler jubeln nach dem gewonnenen Elfmeterschießen gegen Italien.

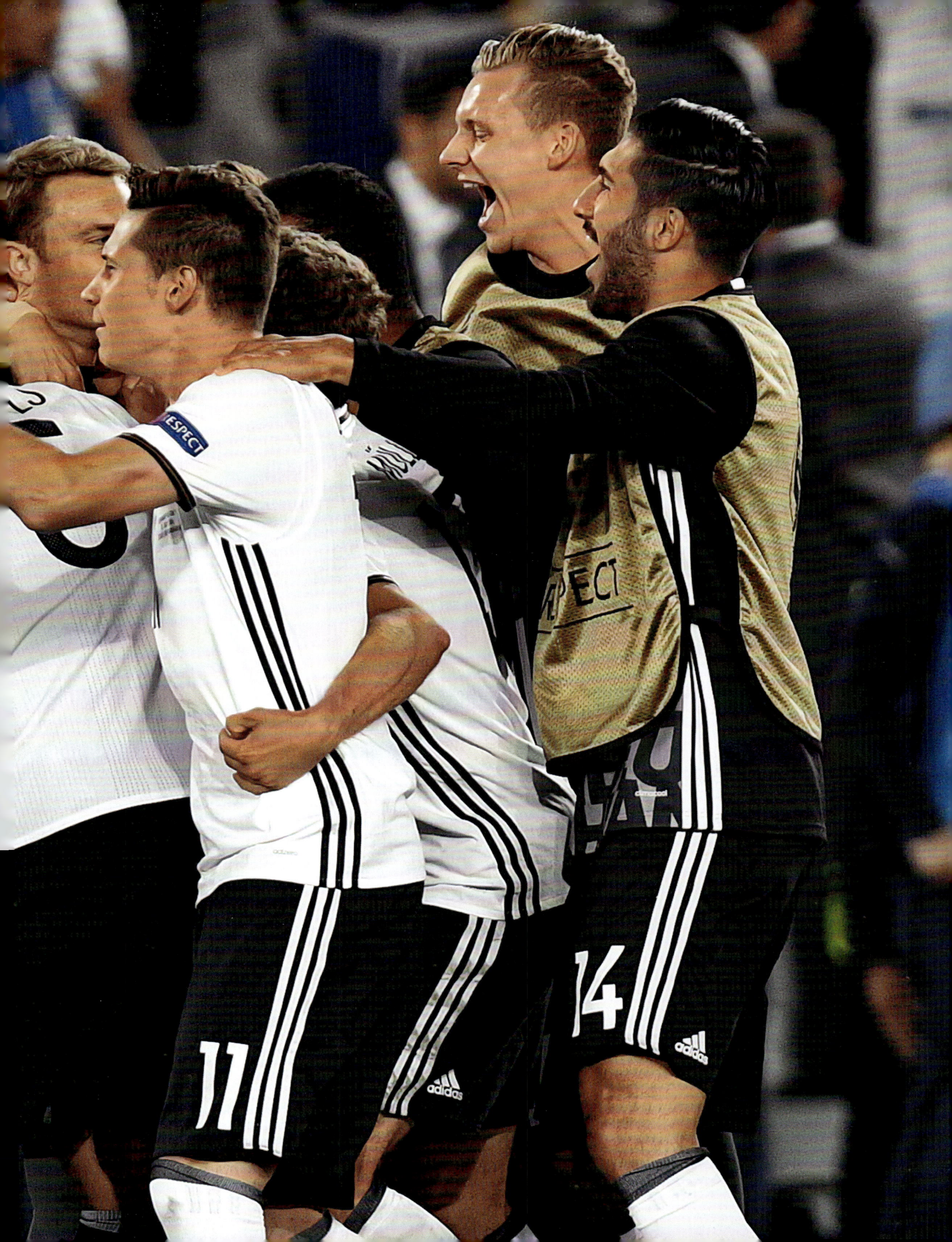
ESPECT
11
14
adidas

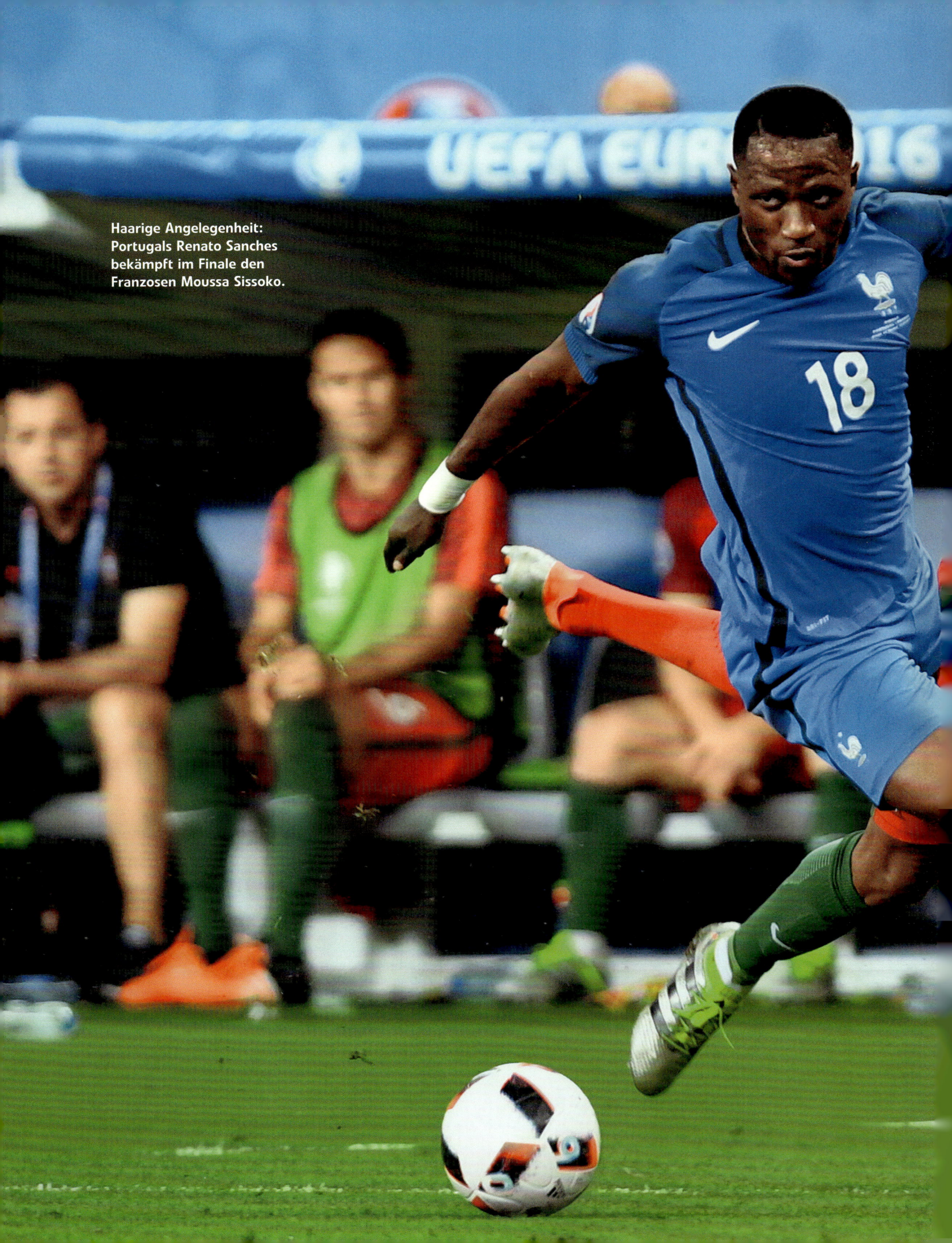

Haarige Angelegenheit: Portugals Renato Sanches bekämpft im Finale den Franzosen Moussa Sissoko.

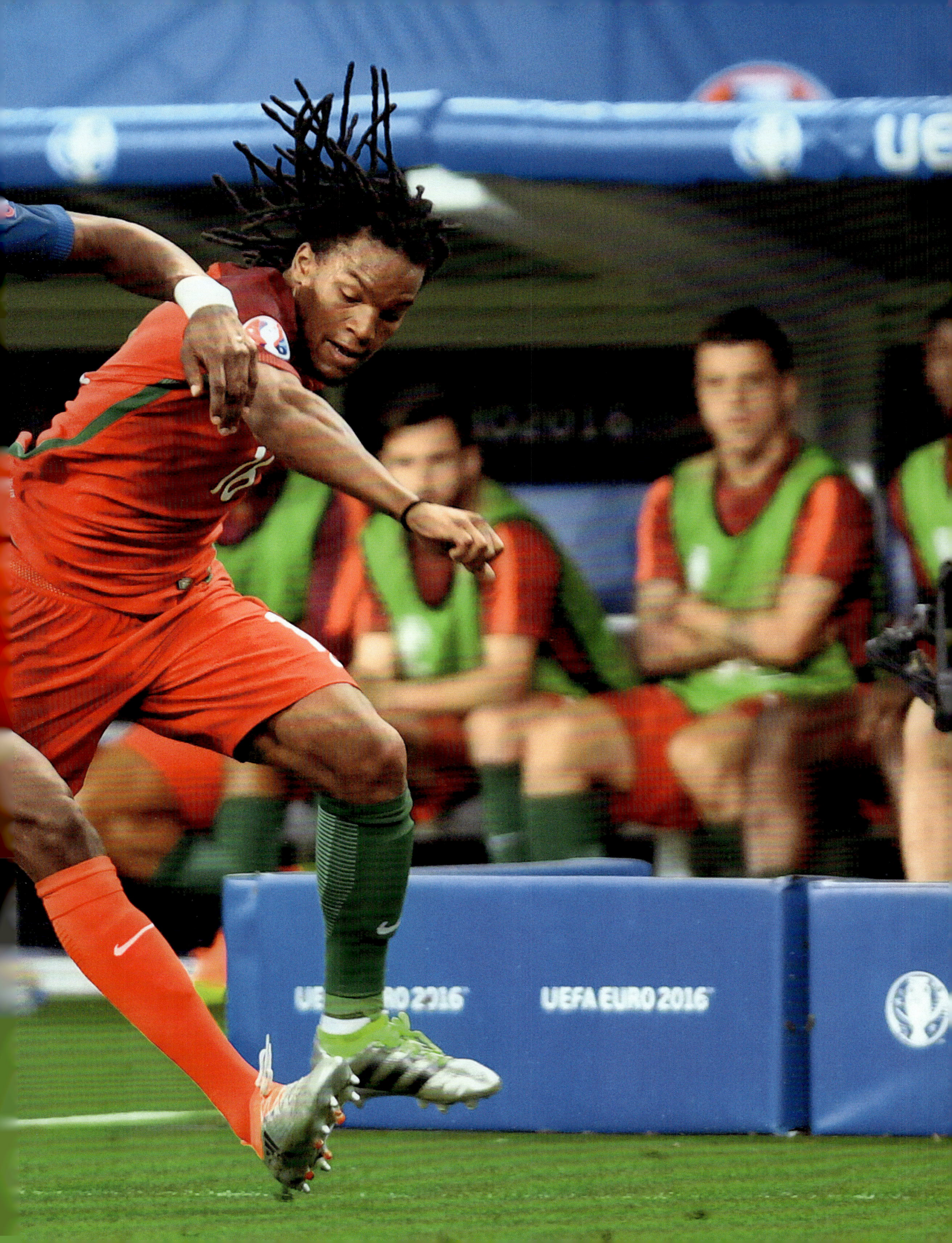
UEFA EURO 2016

Umwerfend: Cristiano Ronaldo außer Rand und Band, er hat trotz seiner Verletzung im Finale den Titel gewonnen.

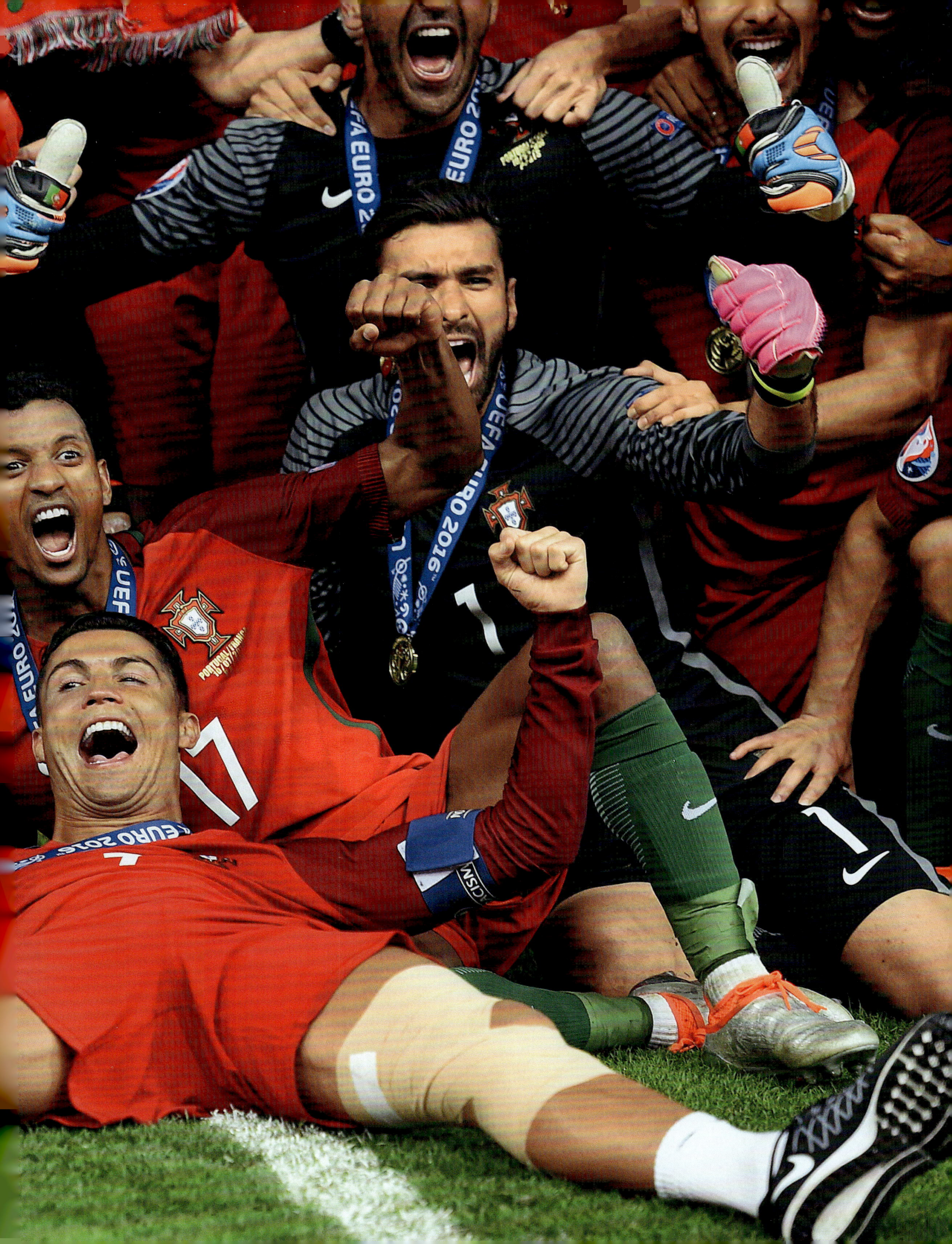
UEFA EURO 2016
17
1
EURO 2016

Frankreich – Rumänien		2:1	(0:0)
Albanien – Schweiz		0:1	(0:1)
Rumänien – Schweiz		1:1	(1:0)
Frankreich – Albanien		2:0	(0:0)
Schweiz – Frankreich		0:0	(0:0)
Rumänien – Albanien		0:1	(0:1)
Frankreich	3	4:1	7
Schweiz	3	2:1	5
Albanien	3	1:3	3
Rumänien	3	2:4	1

Da bist du platt. Der Schweizer Valon Behrami zeigt seinem Torhüter Yann Sommer einen kaputten Ball.

Underdog und Superstar: Albaniens Ledian Memushaj verfolgt den Franzosen Paul Pogba – nur mit den Augen.

Vorrunde
Gruppe A

Frankreich
Rumänien
Albanien
Schweiz

Der gallische Hahn ging nicht ungerupft durch die Vorrunde. Gegen Rumänien und Albanien mussten die französischen Fans lange zittern, ehe der Equipe Tricolore noch zwei Last-minute-Erfolge gelangen. Torlos blieb die Elf des Turnier-Ausrichters gegen die Schweiz, die sich damit Rang zwei und das Achtelfinale sicherte.
Dieses blieb Albanien verwehrt. Die Skipetaren gehörten trotz des Sieges über Rumänien nicht zu den vier besten Gruppendritten.

Frankreich

1. Hugo Lloris, 26.12.86
   (Tottenham Hotspur)
2. Christophe Jallet, 31.10.83
   (Olympique Lyon)
3. Patrice Evra, 15.05.81 (Juventus Turin)
4. Adil Rami, 27.12.85 (FC Sevilla)
5. N'golo Kanté, 29.03.91 (Leicester City)
6. Yohan Cabaye, 14.01.86 (Crystal Palace)
7. Antoine Griezmann, 21.03.91
   (Atletico Madrid)
8. Dimitri Payet, 29.03.87
   (West Ham United)
9. Olivier Giroud, 30.09.86 (FC Arsenal)
10. André-Pierre Gignac, 05.12.85
    (Tigres de Monterrey)
11. Anthony Martial, 05.12.95
    (Manchester United)
12. Morgan Schneiderlin, 08.11.89
    (Manchester United)
13. Eliaquim Mangala, 13.02.91
    (Manchester City)
14. Blaise Matuidi, 09.04.87
    (Paris St. Germain)
15. Paul Pogba, 15.03.93 (Juventus Turin)
16. Steve Mandanda, 28.03.85
    (Olympique Marseille)
17. Lucas Digne, 20.07.93 (AS Rom)
18. Moussa Sissoko, 16.08.89
    (Newcastle United)
19. Bacary Sagna, 14.02.83
    (Manchester City)
20. Kingsley Coman, 13.06.96
    (Bayern München)
21. Laurent Koscielny, 10.09.85
    (FC Arsenal)
22. Samuel Umtiti, 14.11.93
    (Olympique Lyon)
23. Benoit Costil, 03.07.87
    (Stade Rennes)

Trainer: Didier Deschamps

Rumänien

1. Costel Pantilimon, 01.02.87 (FC Watford)
2. Alexandru Matel, 17.10.89
   (Dinamo Zagreb)
3. Razvan Rat, 26.05.81 (Rayo Vallecano)
4. Cosmin Moti, 03.12.84
   (Ludogorez Rasgrad)
5. Ovidiu Hoban, 27.12.82
   (Hapoel Beer Sheva)
6. Vlad Chiriches, 14.11.89 (SSC Neapel)
7. Alexandru Chipciu, 18.05.89
   (Steaua Bukarest)
8. Mihai Pintilii, 09.11.84
   (Steaua Bukarest)
9. Denis Alibec, 05.01.91 (Astra Giurgiu)
10. Nicolae Stanciu, 07.05.93
    (Steaua Bukarest)
11. Gabriel Torje, 22.11.89
    (Osmanlispor FK Ankara)
12. Ciprian Tatarusanu, 09.02.86
    (AC Florenz)
13. Claudiu Keseru, 02.12.86
    (Ludogorez Rasgrad)
14. Florin Andone, 11.04.93 (FC Cordoba)
15. Valerica Gaman, 25.02.89 (Astra Giurgiu)
16. Steliano Filip, 15.05.94
    (Dinamo Bukarest)
17. Lucian Sanmartean, 13.03.80
    (Al Ittihad Jeddah)
18. Andrei Prepelita, 08.12.85
    (Ludogorez Rasgrad)
19. Bogdan Stancu, 28.06.87
    (Genclerbirligi Ankara)
20. Adrian Popa, 24.07.88 (Steaua
    Bukarest)
21. Dragos Grigore, 07.09.86
    (Al-Sailiya Sports Club Doha)
22. Cristian Sapunaru, 05.04.84
    (Pandurii Targu Jiu)
23. Silviu Lung jr., 04.06.89 (Astra Giurgiu)

Trainer: Anghel Iordanescu

Albanien

1 Etrit Berisha, 10.03.89 (Lazio Rom)
2 Andi Lila, 12.02.86 (PAS Ioannina)
3 Ermir Lenjani, 05.08.89 (FC Nantes)
4 Elseid Hysaj, 02.02.94 (SSC Neapel)
5 Lorik Cana, 27.07.83 (FC Nantes)
6 Frederic Veseli, 20.11.92 (FC Lugano)
7 Ansi Agolli, 11.10.82 (Qarabag Agdam)
8 Migjen Basha, 05.01.87 (Como Calcio)
9 Ledian Memushaj, 07.12.86 (Delfino Pescara 1936)
10 Armando Sadiku, 27.05.91 (FC Vaduz)
11 Shkelzen Gashi, 15.07.88 (Colorado Rapids)
12 Orges Shehi, 25.09.77 (Skenderbeu Korce)
13 Burim Kukeli, 16.01.84 (FC Zürich)
14 Taulant Xhaka, 28.03.91 (FC Basel)
15 Mergim Mavraj, 09.06.86 (1. FC Köln)
16 Sokol Cikalleshi, 27.07.90 (Istanbul Basaksehir FK)
17 Naser Aliji, 27.12.93 (FC Basel)
18 Arlind Ajeti, 25.09.93 (Frosinone Calcio)
19 Bekim Balaj, 11.01.91 (HNK Rijeka)
20 Ergys Kace, 08.07.93 (PAOK Saloniki)
21 Odise Roshi, 22.05.91 (HNK Rijeka)
22 Amir Abrashi, 27.03.90 (SC Freiburg)
23 Alban Hoxha, 23.11.87 (Partizani Tirana)

Trainer: Giovanni de Biasi

Schweiz

1 Yann Sommer, 17.12.88 (Bor. Mönchengladbach)
2 Stephan Lichtsteiner, 16.01.84 (Juventus Turin)
3 Francois Moubandjé, 21.06.90 (FC Toulouse)
4 Nico Elvedi, 30.09.96 (Bor. Mönchengladbach)
5 Steve von Bergen, 10.06.83 (Young Boys Bern)
6 Michael Lang, 08.02.91 (FC Basel)
7 Breel Embolo, 14.02.97 (FC Basel)
8 Fabian Frei, 08.01.89 (1. FSV Mainz 05)
9 Haris Seferovic, 22.02.92 (Eintracht Frankfurt)
10 Granit Xhaka, 27.09.92 (Bor. Mönchengladbach)
11 Valon Behrami, 19.04.85 (FC Watford)
12 Marwin Hitz, 18.09.87 (FC Augsburg)
13 Ricardo Rodriguez, 25.08.92 (VfL Wolfsburg)
14 Denis Zakaria, 20.11.96 (Young Boys Bern)
15 Blerim Dzemaili, 12.04.86 (CFC Genua 1893)
16 Gelson Fernandes, 02.09.86 (Stade Rennes)
17 Shani Tarashaj, 07.02.95 (Grasshopper-Club Zürich)
18 Admir Mehmedi, 16.03.91 (Bayer 04 Leverkusen)
19 Eren Derdiyok, 12.06.88 (Kasimpasa Istanbul)
20 Johan Djourou, 18.01.87 (Hamburger SV)
21 Roman Bürki, 14.11.90 (Borussia Dortmund)
22 Fabian Schär, 20.12.91 (TSG Hoffenheim)
23 Xherdan Shaqiri, 10.10.91 (Stoke City)

Trainer: Vladimir Petkovic

Frankreich – Rumänien 2:1

Präsident Payet

Bei der EM 1984 war es Michel Platini, bei der WM 1998 Zinedine Zidane – immer wenn Frankreich bei einem großen Turnier im eigenen Land einen Titel gewann, gab es einen großen gallischen Anführer. Einen solchen Leader suchte die Grande Nation auch jetzt, und im Vorfeld der EURO gaben Experten wie Fans ihre Meinungen ab, wer vom aktuellen Kader am ehesten in der Lage sei, sich zum Dirigenten der Equipe tricolore aufzuschwingen. Die mit Abstand am häufigsten genannten Namen: Paul Pogba und Antoine Griezmann. Der eine, Pogba, hatte wesentlich dazu beigetragen, dass Juventus Turin in Italien das Double mit Meisterschaft und Pokal gelungen war. Der andere, Griezmann, hatte mit 22 Treffern entscheidenden Anteil daran, dass Atletico Madrid in Spanien bis zum letzten Spieltag mit den Giganten FC Barcelona und Real Madrid um den Titel kämpfte. Auch das Aus von Bayern München im Halbfinale der Champions League trug in weiten Teilen die Handschrift des Franzosen. Doch gegen Ende des Eröffnungsspiels saßen die beiden Hochgehandelten frustriert nebeneinander auf der Auswechselbank. In der 66. Minute war für Griezmann Kingsley Coman gekommen, elf Minuten später holte Trainer Didier Deschamps auch Pogba vom Platz und brachte Anthony Martial. »Für mich zählt nur Leistung. Sie haben keine Garantie auf einen Stammplatz«, begründete der Kapitän der Weltmeister-Elf von 1998 seine Wechsel. Das Problem an der ganzen Sache: Es stand 1:1, und Frankreich drohte ein massiver Fehlstart in das Turnier, mit dem die gesamte Nation unheimlich hohe Erwartungen verknüpfte. Und es lief schon die 89. Minute, als Dimitri Payet sein Herz in beide Hände nahm und den Ball aus gut 20 Metern mit links in den Winkel schmetterte. Wenig später verließ er unter Tränen und von donnerndem Applaus begleitet den Rasen. »Ich habe ganz viele Emotionen gespürt. Es kam alles raus«, so Payet später. Kennt man seinen Lebensweg, sind seine Gefühle mehr als verständlich. Payet wurde auf Reunion geboren, ging mit zwölf Jahren nach Frankreich, in die Jugend des AC Le Havre. Dort wurde er als zu klein, zu leicht und zu schlecht eingestuft, und so kehrte der schmächtige junge Mann nach vier Jahren wieder zurück auf die Insel im Indischen Ozean und arbeitete in einem Bekleidungsgeschäft. Erneut fünf Jahre später bekam er eine zweite Chance beim FC Nantes, die er nutzte. Doch in der Nationalmannschaft spielte der schnelle, dribbel- und schussstarke Mittelfeldspieler nur eine untergeordnete Rolle, bis Deschamps

Gut gemacht: Trainer Didier Deschamps beglückwünscht Dimitri Payet.

---

10. Juni in Paris St. Denis

Frankreich – Rumänien 2:1 (0:0)

Eingewechselt: 66. Coman für Griezmann, 77. Martial für Pogba, 90./+2 Sissoko für Payet – 61. Alibec für Andone, 72. Chipciu für Stanciu, 82. Torje für Popa

Tore: 1:0 Giroud (57.), 1:1 Stancu (65., FE), 2:1 Payet (89.)

Gelbe Karten: Giroud – Chiriches, Rat, Popa

Schiedsrichter: Kassai (Ungarn)

Zuschauer: 75 113 (ausverkauft)

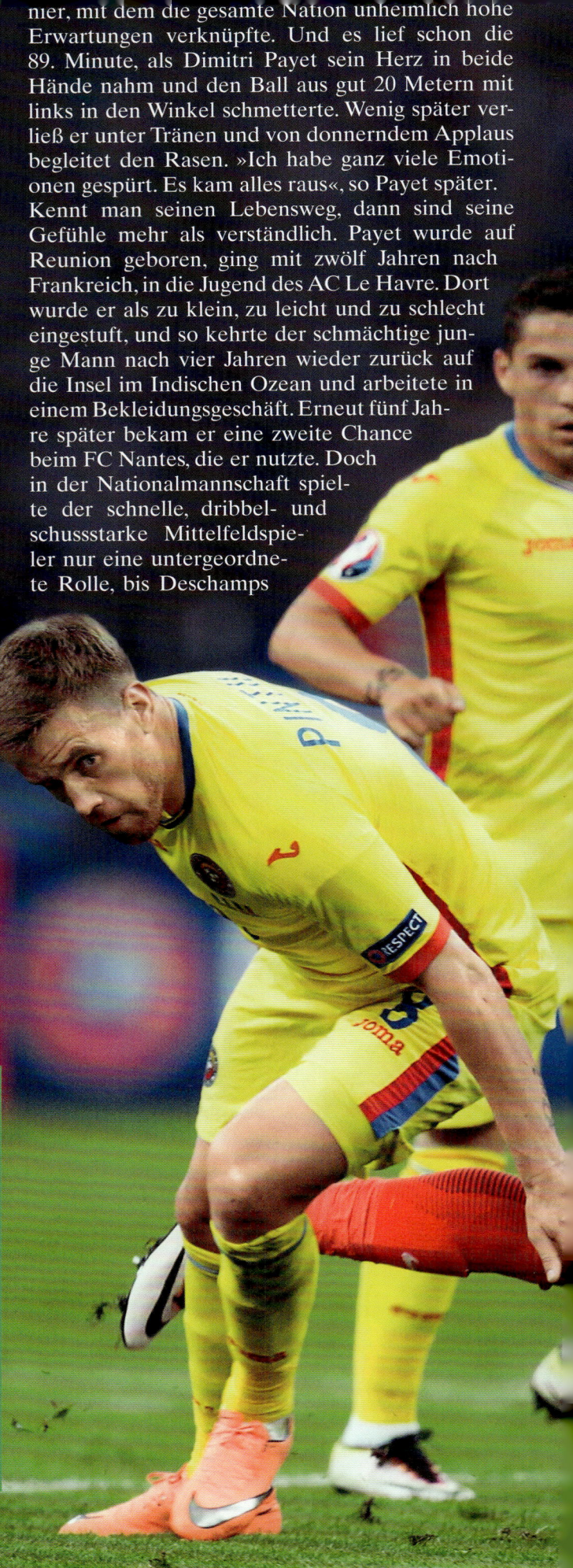

VORRUNDE
Gruppe A

ihn kurz vor Turnierbeginn, inzwischen bei West Ham United, voll integrierte. Nach seinem sensationellen Siegtreffer gegen Rumänien titelte die auf Reunion erscheinende Zeitung »Le Quotidien« auf ihrer Titelseite »Payet président«, und der plötzlich auf der Sonnenseite des Lebens stehende Fußballer sagte: »Wenn mir das einer vor einem Jahr gesagt hätte, hätte ich wohl geantwortet: Sie sind krank.« Für viele war es genauso überraschend wie der sensationelle Auftritt des Dimitri Payet, wie sich die als krasse Außenseiter eingeschätzten Rumänen im Auftaktspiel präsentierten. Sie versteckten sich keineswegs und trauten sich, immer wieder Nadelstiche zu setzen. Anghel Iordanescu: »Hätten wir unsere große Chance zu Beginn genutzt, wäre es anders gelaufen. Wir haben die Taktik gut umgesetzt, aber meine Spieler sind schwer enttäuscht. Es wird schwer, sie wieder aufzurichten.« Doch diese widersprachen ihm in dieser Beziehung. Sie zogen Selbstbewusstsein aus der knappen und späten Niederlage sowie der Art und Weise, wie diese zustande gekommen war. »Niedergeschlagenheit macht überhaupt keinen Sinn, wir haben stark gespielt«, sagte Adrian Popa, und Gabriel Torje ergänzte: »Es gibt Mannschaften, die an einer solchen Niederlage zerbrechen. Aber es gibt auch Teams, die gestärkt daraus hervorgehen und ihre Wiedergeburt feiern.« Klar, dass der Mittelfeldspieler seine Elf nach dem 1:2 von Paris in die zweite Kategorie einordnete.

Groß aufgespielt: Dimitri Payet enteilt dem Rumänen Mihai Pintilii.

Höchste Not: Frankreichs Torhüter Hugo Lloris verhindert einen Treffer der Rumänen.

Das 1:0: Olivier Giroud ist schneller am Ball als Ciprian Tatarusanu.

Albanien – Schweiz 0:1

Granit Xhaka gewinnt das Bruderduell

Pressestimmen

»Das reicht so nicht! Denn trotz Sieg: Das Spiel hat dem Schweizer Team vor allem eines aufgezeigt: Seine Limiten.«
BLICK (SCHWEIZ)

»Schweiz besteht Stresstest. Die Schweizer Nationalspieler überzeugen gegen Albanien nicht. Vorkämpfer Valon Behrami ist der Chef im Mittelfeld, die Offensivspieler enttäuschen. Und Goalie Yann Sommer hält den knappen 1:0-Sieg im EM-Startspiel fest.«
BERNER ZEITUNG (SCHWEIZ)

»Der Schweizer Nationalgoalie Yann Sommer rettete seine Mannschaft vor einer Blamage. Fast alle anderen im Team werden den großen Worten nicht gerecht.«
BASLER ZEITUNG (SCHWEIZ)

»Albanien debütiert mit Niederlage. Sie schenken den Sieg her.«
PANORAMA SPORT (ALBANIEN)

»Die Schweiz-Albaner triumphieren gegen unglückliche Albaner. Eine sehr gute Mannschaftsleistung, die leider nicht belohnt wurde.«
BOTA SOT (ALBANIEN)

Von wegen Duell der Brüder Taulant gegen Granit Xhaka; am Ende hatte es etwas von einem Familienausflug. Albaniens erster Auftritt bei einem EM-Endturnier in Lens, Nordostfrankreich, ehemals dominierte hier der Bergbau, heute sind die Zechen und Abraumhalden Weltkulturerbe.

Migjen Basha von Como Calzio stand, als die Stammspieler schon in der Kabine waren, mit Nachwuchs noch minutenlang auf dem Platz und winkte in Richtung der Fans. Es schien, als ob auch der Ersatzmann ein besonderes Kulturprogramm genießen wollte: EM-Flair nach dem 0:1 gegen die Schweiz. Auf den Rängen hatten die albanischen Fans deutlich gesiegt.

Doch auch sportlich hat sich der Kleinstaat vom Balkan präsent gemeldet und muss nicht mehr nur drauf verweisen, 1967 Deutschland durch ein 0:0 in Tirana die EM-Qualifikation vermasselt zu haben. Gegen die Schweiz – der Hoffenheimer Fabian Schär hatte den Favoriten mit dem schnellsten EM-Tor der Eidgenossen aller Zeiten in der 5. Minute in Front gebracht – wäre sogar ein Remis drin gewesen, Shkelzen Gashi scheiterte kurz vor Schluss an Yann Sommer. Dabei hatte der EM-Neuling nach Gelb-Rot gegen Kapitän Lorik Cana fast eine Stunde in Unterzahl gespielt.

Albaniens Fans feierten dennoch. »Es war fast wie ein Auswärtsspiel«, gab der Schweizer Granit Xhaka nach der Begegnung zu, bei der der Mittelfeldmann von der UEFA nicht wirklich schlüssig zum Man of the Match erklärt wurde. Er sei nun »glücklich, dass dieses Spiel vorbei ist«, so der 23-Jährige, der wenige Tage zuvor für 45 Millionen Euro von Borussia Mönchengladbach zum FC Arsenal auf die britische Insel gewechselt war.

Als wäre es eine Insel und gäbe es sonst nichts, hatte sich vor dem Match fast alles auf das Duell Xhaka gegen Xhaka konzentriert: Granit aufseiten des Geburtslandes Schweiz gegen Taulant im Albanien-Dress, quasi die Wurzeln der Familie vertretend. »Wir sind beide an unsere Grenzen gegangen, haben auch die Zweikämpfe gegeneinander nicht gescheut«, so Granit, der auch im direkten Duell etwas besser abschnitt. So oder so aber stellte er klar: »Nichts kann uns je entzweien.« Nach dem Schlusspfiff tauschten sie die Trikots.

»Nach zehn Minuten war die Sache mit dem Bruderduell aus dem Kopf«, sagte Taulant. Und hofft nur eines: »Nie wieder möchte ich gegen Granit im Ländervergleich spielen müssen.« Mama Xhaka hat sowieso keinen Favoriten: Sie saß mit einem T-Shirt auf der Tribüne, das die Konterfeis beider Söhne zeigte. Remis sozusagen.

Für eine EM war ein Bruderduell die absolute Neuheit. Zuletzt hatte es bei großen

Unschlagbar: Yann Sommer rettet auch gegen Armando Sadiku.

11. Juni in Lens
Albanien – Schweiz 0:1 (0:1)
Eingewechselt: 61. Kace für T. Xhaka, 73. Cikalleshi für Roshi, 82. Gashi für Sadiku – 61. Embolo für Mehmedi, 75. Frei für Dzemaili, 88. Fernandes für Shaqiri
Tor: 0:1 Schär (5.)
Gelbe Karten: Kace, Kukeli, Mavraj – Schär, Behrami
Gelb-Rote Karte: Cana (36.)
Schiedsrichter: Velasco Carballo (Spanien)
Zuschauer: 33 805

Aufstellung Schweiz: Sommer/1,5; Lichtsteiner/3,5, Schär/2, Djourou/4,5, Rodriguez/4; Behrami/2,5, G. Xhaka/4; Shaqiri/3, Dzemaili/3, Mehmedi/4; Seferovic/4

Aufstellung Albanien: Berisha/4,5; Lenjani/3,5, Mavraj/4, Cana/5, Hysaj/4; T. Xhaka/4, Kukeli/4, Abrashi/4; Roshi/4,5, Sadiku/4; Agolli/4

VORRUNDE
Gruppe A

Turnieren im Rahmen der WM 2014 eins gegeben: Jerome Boateng für Deutschland gegen Kevin-Prince Boateng für Ghana, Endstand 2:2. Am Ende wurde Jerome Weltmeister.

Zu spät: Torhüter Etrit Berisha greift daneben, Fabian Schär köpft den Siegtreffer für die Schweiz.

Direktes Duell der Brüder: Der Schweizer Granit Xhaka (rechts) verfolgt Taulant Xhaka, der für Albanien spielt.

Schmerzhaft: Andrei Prepelita grätscht Granit Xhaka von hinten um.

Retter: Yann Sommer wehrt einen Querschläger von Johan Djourou ab.

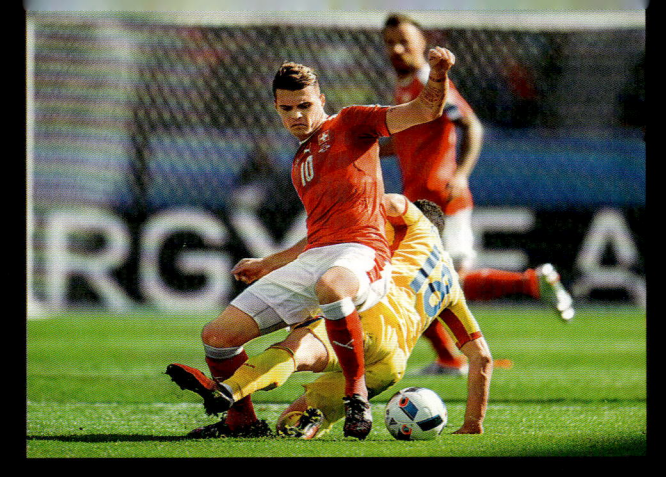

Spieler des Spiels: Granit Xhaka dominiert – und kritisiert.

Rumänien – Schweiz 1:1

Seferovic denkt zu viel

Admir Mehmedi hatte es natürlich gut gemeint. In den Katakomben des Pariser Prinzenparks sollte der Retter des Schweizer Punktgewinnes die Torflaute seines Teamkollegen Haris Seferovic erklären und befand: »Ich glaube, Haris ist allgemein einer, der nicht viel überlegt.« Gegen Rumänien hatte der Frankfurter Relegations-Held genau diesen Beweis nicht antreten können. Zweimal war der Angreifer in aussichtsreicher Position vor Ciprian Tatarusanu aufgetaucht, war aber am rumänischen Schlussmann gescheitert – der Hauptgrund dafür, dass die Eidgenossen am Ende mit dem 1:1 zufrieden sein mussten.

Die Anfangsphase hatten sie im Stil einer Spitzenmannschaft gestaltet, sich durch Seferovic aber nicht belohnt und anschließend durch Stephan Lichtsteiner selbst aus dem Konzept gebracht. Ausgerechnet der Kapitän leitete mit seinem Trikottest im Strafraum gegen Alexandru Chipciu die rumänische Führung per Strafstoß ein. »Zu wenig für einen Penalty«, fand der Routinier seinen Zupfer.

15. Juni in Paris
Rumänien – Schweiz 1:1 (1:0)

Eingewechselt: 46. Hoban (3,5) für Pintilii, 62. Filip für Rat, 84. Andone für Stancu – 64. Embolo für Seferovic, 83. Lang für Dzemaili, 90./+1 Tarashaj für Shaqiri

Tore: 1:0 Stancu (18., FE), 1:1 Mehmedi (57.)

Gelbe Karten: Prepelita, Chipciu, Keseru, Grigore – Xhaka, Embolo

Schiedsrichter: Karasev (Russland)

Zuschauer: 43 576

VORRUNDE
Gruppe A

Tatsächlich aber hatte er dem starken russischen Referee Sergei Karasev keine andere Wahl gelassen. Und den Rumänen den zweiten Elfmetertreffer ermöglicht. Schon gegen Frankreich hatte die Elf von Anghel Iordanescu vom Punkt getroffen. Zweimal wies Bogdan Stancu damit Nervenstärke nach und avancierte schon nach dem zweiten Gruppenspiel zu Rumäniens Rekordtorschützen bei einer EM-Endrunde – gleichzeitig offenbarte das Zustandekommen seiner Treffer aber auch das große Dilemma seiner Formation: Aus dem Spiel heraus kreieren sie kaum Torgefahr. Hinzu kommt ein Kraftproblem bei Profis, die zu großen Teilen nicht in den europäischen Top-Ligen spielen. »Wir hatten körperliche Probleme«, räumte Iordanescu ein. »Es ist nicht einfach für uns, die Spiele in so kurzer Zeit zu absolvieren. Deshalb hat im zweiten Durchgang nur noch der Gegner gespielt.« Dabei hatte Rumänien im Vergleich zur Schweiz sogar den Wettbewerbsvorteil, dass die Regenerationszeit einen Tag mehr betragen hatte.

Am Ende spielte nur noch die Schweiz, traf aber nicht. Und nicht jeder ging mit der fehlenden Konsequenz im Abschluss so humorvoll um wie Mehmedi. Granit Xhaka beispielsweise fand weit deutlichere Worte. Zum zweiten Mal im zweiten Spiel wurde der scheidende Mönchengladbacher von der UEFA zum Spieler des Spiels gekürt, Glückwünsche indes wollte er keine annehmen. »Vor dem Tor fehlt uns der letzte Biss«, giftete der Mittelfeldstratege, »wir dürfen nicht davon ausgehen, dass wir in jedem Spiel sieben Torchancen bekommen.« Erst einmal in Fahrt, reichte ihm nicht einmal das erreichte Zwischenziel. »Vier Punkte sind mir zu wenig.« Für mehr hätte Seferovic vor dem Tor im ersten Durchgang das machen müssen, was ihm laut Mehmedi eigentlich liegen soll: wenig nachdenken.

Wieder mal abgezogen: Einer der vielen Schussversuche von Haris Seferovic

Pressestimmen

»Ein Schritt nach vorn. Der Aufwand war enorm, der Ertrag blieb ärgerlicherweise bescheiden. Wer sich im Verlauf eines Turniers immer besser findet und sich steigert, hat gute Karten.«
BLICK (SCHWEIZ)

»Es war eines der besten Spiele der nun zweijährigen Amtszeit von Vladimir Petkovic. Mit einem Sieg wäre es das beste überhaupt gewesen.«
TAGESANZEIGER (SCHWEIZ)

»Es gibt bei ihnen diese unerklärliche Angst vor dem Toreschießen. Haris Seferovic ist besonders befallen.«
NZZ (SCHWEIZ)

»Die Tricolorii begann stark, ging in Führung, traf den Pfosten, brach dann aber ab.«
LIBERTATEA (RUMÄNIEN)

»Die Schweiz überzeugt immer noch nicht. Schwach in der Abwehr, unsicher im Angriff.«
COURRIER DE L'OUEST (FRANKREICH)

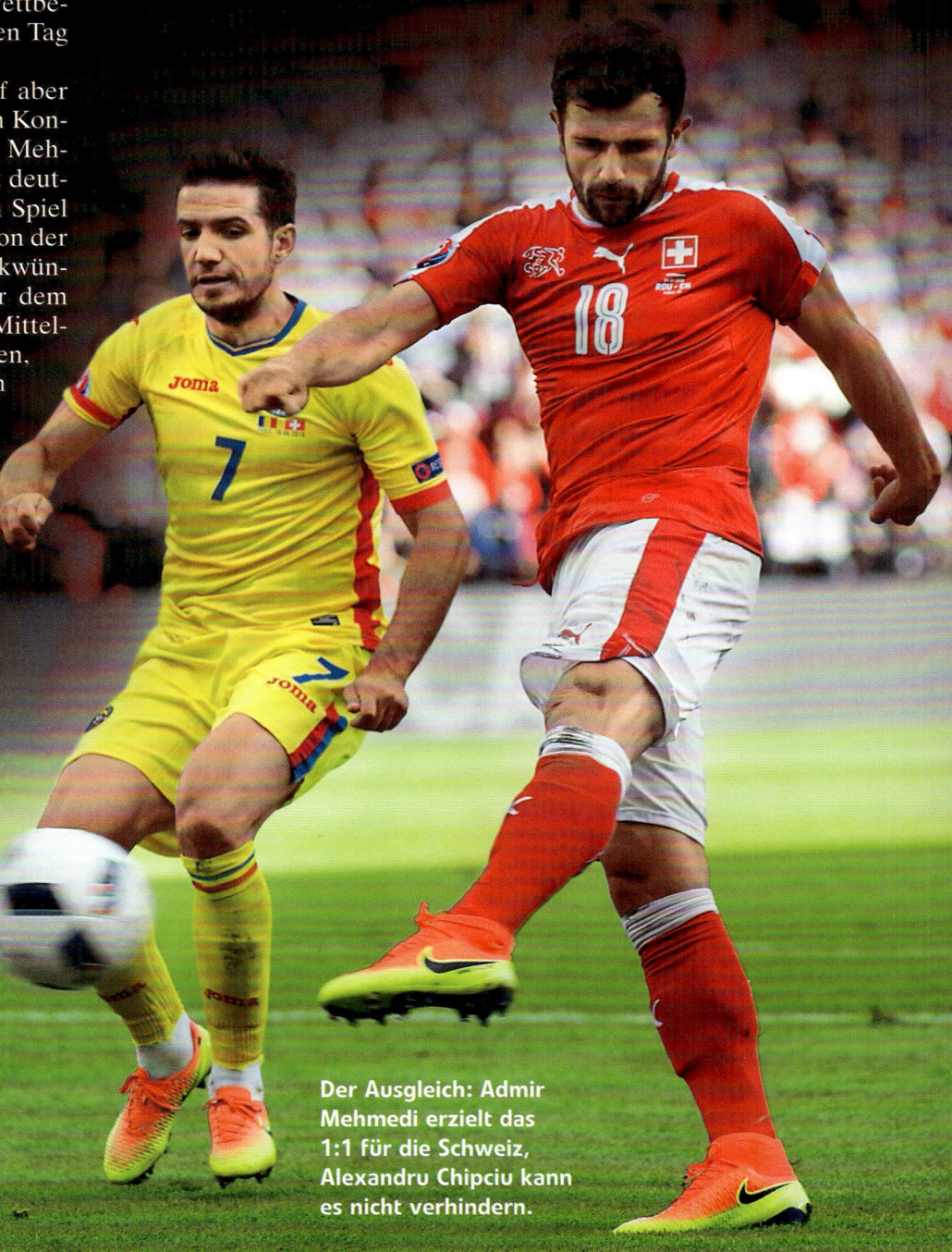

Der Ausgleich: Admir Mehmedi erzielt das 1:1 für die Schweiz, Alexandru Chipciu kann es nicht verhindern.

Das Ende vom Ende: Dimitri Payet jagt den Ball zum 2:0 ins albanische Tor.

Frankreich – Albanien 2:0
Griezmann sagt den Zwergenaufstand ab

Mergim Mavraj schüttelte den Kopf: »Es ist unglaublich, dass wir am Ende mit leeren Händen dastehen. Das 0:1 im ersten Spiel gegen die Schweiz war schon sehr unglücklich, als wir uns für einen Riesenaufwand nicht belohnt haben. Heute war es vielleicht noch eine Schippe schlimmer.« Lange hielt Albanien die Franzosen vom eigenen Tor fern. Und nicht nur das – der EM-Neuling probte den Zwergenaufstand gegen die Gastgeber. Vorne liefen Armando Sadiku und Co. unermüdlich an. Eingepeitscht vom starken Ledian Memushaj, dessen Standards die Grande Nation wackeln ließen, sorgte die Mannschaft von Gianni de Biasi überraschend für ordentlich Entlastung. Medushaj war es auch, der den Ball nach 52 Minuten an den Pfosten bugsierte – genau wie Olivier Giroud eine gute Viertelstunde später.

Doch auch ein anderer »Zwerg« von lediglich 1,76 Metern, nicht unbedingt Gardemaß im Profifußball, probte den Aufstand, und zwar als Kopfballungeheuer: Antoine Griezmann. Flanke Adil Rami, und der Star von Atletico Madrid wuchtet den Ball mit der Stirn ins Tor. Und das erst in der 90. Minute. Dass der einmal mehr starke Dimitri Payet noch das 2:0 besorgte, fiel nicht mehr ins Gewicht. »Les Bleus« standen dank des Sieges in Marseille, wo schon ihr Triumphzug bei der WM 1998 begonnen hatte, frühzeitig im Achtelfinale.

Doch beinahe hätte sich Didier Deschamps verzockt. Der Trainer brachte für Paul Pogba und Griezmann Kingsley Coman (überschaubare Leistung) und Anthony Martial (völlig von der Rolle), die sich harttaten. Doch auch das war die Equipe Tricolore 2016: An echten Weltstars vom Format eines Zinedine Zidane oder Michel Platini fehlte es vor dem Turnier zwar größtenteils, doch Deschamps konnte gerade die Angriffsreihen im Spiel munter und qualitativ auf ähnlichem Niveau wechseln. Entscheider Griezmann jedenfalls schien die Botschaft verstanden zu haben. Und sagte den Zwergenaufstand buchstäblich in letzter Minute ab.

15. Juni in Marseille
Frankreich – Albanien 2:0 (0:0)

Eingewechselt: 46. Pogba (3,5) für Martial, 68. Griezmann für Coman, 77. Gignac für Giroud – 71. Roshi für Lila, 74. Xhaka für Kukeli, 85. Veseli für Ajeti

Tore: 1:0 Griezmann (90.), 2:0 Payet (90./+6)

Gelbe Karten: Kanté – Kukeli, Abrashi

Schiedsrichter: Collum (Schottland)

Zuschauer: 67 354

Aufstellung Albanien: Berisha/3; Hysaj/3, Ar. Ajeti/3,5, Mavraj/3,5, Agolli/4; Abrashi/3,5, Kukeli/3; Lila/3,5, Memushaj/2,5, Lenjani/4,5; Sadiku/0

Aufstellung Frankreich: Lloris/3; Evra/3, Koscielny/2,5, Rami/2,5, Sagna/4; Matuidi/4, Kanté/3,5; Martial/5, Payet/2, Coman/4; Giroud/4

Der Anfang vom Ende: Antoine Griezmann köpft gegen Albanien das 1:0 für Frankreich.

VORRUNDE
Gruppe A

Zweitklassig erstklassig: Albaniens Ledian Memushaj, im Alltag in Italiens Serie B aktiv, ist gegen Rumänien der beste Mann auf dem Platz.

Rumänien – Albanien 0:1

Die Überraschung Memushaj

Der gute Mann hatte schon vor dem Turnier eine Völkerwanderung hinter sich. Bei stolzen acht verschiedenen Vereinen hatte Ledian Memushaj seit 2007 unter Vertrag gestanden, respektive war er dorthin verliehen worden. 29 Jahre alt, Serie B bei Pescara Calcio – was darf man von so einem erwarten bei einer EM, überhaupt von einem Spiel Rumänien gegen Albanien, bei dem der fußballverwöhnte Mitteleuropäer erst mal die Nase rümpft?
Einiges. Denn die beiden »Kleinen« in Gruppe A warfen jede Menge in die Waagschale. Deutlich schwerer wogen aber die Balkan-Kicker. Was insbesondere an Memushaj lag. »Das Kollektiv muss funktionieren, damit ein Einzelner glänzen kann«, sagte Mergim Mavraj, der Kölner Verteidiger, der etwas überraschend statt Lorik Cana an der Seite von Arlind Ajeti abräumte. Und nachdem die Mannschaft von Trainer Gianni de Biasi dem rumänischen Anfangsschwung – Mavraj: »Die ersten 20 sind unsere kritischen Minuten« – standgehalten hatte, drehten erst Ermir Lenjani und dann eben »Memu« auf.
Sehenswerte Tempodribblings, Zweikampfgift, kluge Pässe, viel Zug zum Tor – fast eine Schande, dass dieser Junge in der 2. Liga Italiens kickte. Schon beim überraschend frechen Auftritt gegen die Franzosen überzeugte der nie zu greifende Quirl auf der halblinken Offensivposition, für die zu statischen rumänischen Verteidiger war er kaum zu stoppen. »Memu hat das sehr gut gemacht«, lobte auch Mavraj, betonte aber: »Bei uns spielt jeder eine tragende Rolle. Fällt einer von den Jungs weg, ist es für uns als kleines Land sehr schwer, diesen Verlust zu ersetzen.«
Memushaj war es auch, der die Flanke schlug zu diesem goldenen, historischen Tor Albaniens durch Armando Sadiku. Erster EM-Treffer, erster EM-Sieg – und dann das »entspannte Warten« (Mavraj) darauf, ob es trotz Rang drei noch klappen sollte mit dem Achtelfinale.

19. Juni in Lyon
Rumänien – Albanien 0:1 (0:1)

Eingewechselt: 46. Sanmartean (4) für Prepelita, 57. Torje (3) für Alibec, 68. Andone für Popa – 59. Balaj (4) für Sadiku, 77. Roshi für Lenjani, 83. Cana für Basha

Tor: 0:1 Sadiku (43.)

Gelbe Karten: Matel, Sapunaru, Torje – Basha, Memushaj, Hysaj

Schiedsrichter: Kralovec (Tschechien)

Zuschauer: 49 752

Berisha/3,5
Hysaj/3,5 Ar. Ajeti/2,5 Mavraj/3 Agolli/4
Abrashi/3 Basha/3
Lila/3,5 Memushaj/1,5
Sadiku/2,5 Lenjani/3
Alibec/4
Stancu/5 Stanciu/4
Prepelita/4,5 Popa/5
Matel/5 Grigore/3,5 Hoban/3,5
Chiriches/5 Sapunaru/3,5
Tatarusanu/4,5

Schweiz – Frankreich 0:0

Pogba: »Das Abenteuer geht weiter«

Umstritten und umjubelt: Der Franzose Paul Pogba wird nach dem Spiel gegen die Schweiz gefeiert.

Los ging das Duell im Duell in der achten Minute. Da machte sich Paul Pogba warm: Der Franzose rettete im eigenen Strafraum. Kurz darauf zog der wegen seiner im Nationalteam oft schwankenden Leistungen kritisierte Mittelfeldspieler gen Schweizer Tor, Yann Sommer bekam den Schuss nicht zu fassen, die Kugel tippte auf die Latte. Pogba war heiß, eine Minute später prüfte er den Mönchengladbacher Keeper erneut. Und, wieder nur Minuten darauf, zog der Juve-Profi aus 25 Metern ab – der Ball klatschte an die Latte. Der Keeper wäre machtlos gewesen an diesem Sommer-Abend mit Pogba-Note. Die Schweizer hatten mit 59 zu 41 Prozent die Dominanz über den Ballbesitz, die Franzosen mit 5:1 die Chancen-Hoheit.

Doch weil es beim 0:0 blieb, wurde Yann Sommer zum Man of the Match gewählt. Er hätte dies schon beim 1:0 gegen Albanien verdient gehabt, damals ging die Auszeichnung im Bruder-Duell der Xhakas jedoch an Granit. Der nun prämierte Sommer aber sprach lieber über das Team: »Natürlich hatten wir etwas Glück, aber wir haben für dieses Glück auch gearbei-

tet.« So malocht hatten sie, dass gleich sieben rote Trikots bei Zweikämpfen zerrissen waren: »Das zeigt, dass es ein kampfbetontes Spiel war«, lachte Sommer, dessen Leibchen den Abend schadlos überstanden hatte.

Oberkämpfer aufseiten der Franzosen war Paul Pogba, dessen Namen die Fans im Stade Pierre Mauroy gleich mehrfach skandierten – obwohl er beim 2:0 über Albanien

---

19. Juni in Lille
Schweiz – Frankreich 0:0

Eingewechselt: 74. Seferovic für Embolo, 79. Fernandes für Shaqiri, 86. Lang für Mehmedi – 63. Payet für Coman, 77. Matuidi für Griezmann

Gelbe Karten: Rami, Koscielny

Schiedsrichter: Skomina (Slowenien)

Zuschauer: 45 616

VORRUNDE
Gruppe A

die Anhänger in Marseille noch mit einer unflätigen Geste bedacht hatte. Trainer Didier Deschamps nahm sich den 23-Jährigen daraufhin zur Brust, auch weil es hieß, er habe im Training geschlampt. Nun lobte der Coach: »Mit etwas

Auf den Kopf gestellt: Artistische Aktion von Paul Pogba (links)

Wieder nichts: Auch Moussa Sissoko (links) und André-Pierre Gignac können die Schweizer Abwehr nicht knacken (oben).

Schon wieder: Sieben Schweizer Trikots überlebten das Spiel nicht, auch das von Granit Xhaka.

Pressestimmen

»Mit Solidarität, Fleiß und Glück zum 0:0. Ohne Schützenhilfe zu benötigen, hat die Schweiz als Gruppenzweiter die EM-Achtelfinals erreicht. Ihr ist in Frankreich ein Steigerungslauf gelungen, der die Mannschaft für den weiteren Verlauf des Turniers sehr zuversichtlich stimmen darf.«
BERNER ZEITUNG (SCHWEIZ)

»Der Schweizer Mannschaft gelingt ein gutes Spiel gegen Frankreich, und Shaqiri spielt wieder keine Rolle – es ist sein Schicksal an dieser EM. Es ist noch nicht das Turnier des 24-Jährigen.«
NEUE ZÜRCHER ZEITUNG (SCHWEIZ)

»Frankreich hat in der ersten Halbzeit überzeugt und dann das Ergebnis verwaltet. Das Ergebnis beweist, dass die Abwehr sicher steht, aber die Offensive Probleme hat. Frankreich ist erwartungsgemäß Gruppensieger geworden, aber gegen solch eine schwache Konkurrenz, dass das Team in Lille sogar auf die Ehrenrunde verzichtet hat.«
L'EQUIPE (FRANKREICH)

»Das war frustrierend. Die Franzosen haben sich mit einem Unentschieden begnügt. Ein Spiel ohne Stimmung. Auch das übereinstimmende ›Hop Suisse‹ Zehntausender Schweizer Fans konnte daran nichts ändern.«
LE PARISIEN (FRANKREICH)

mehr Glück hätte er getroffen. Sein Selbstvertrauen ist groß, er hat gezeigt, dass er uns weiterhilft.« Und Pogba selbst? Er war nur auf dem Platz heiß, danach gab er sich cool. Die vorherigen Kritiken? »Ich habe nicht auf alles eine Antwort. Ich spiele Fußball und für die Mannschaft. Geredet wird immer, sei es nun positiv oder negativ.« Diesmal positiv. Pogbas letztes Wort: »Das Abenteuer geht weiter.«

Wales – Slowakei		2:1 (1:0)
England – Russland		1:1 (0:0)
Russland – Slowakei		1:2 (0:2)
England – Wales		2:1 (0:1)
Slowakei – England		0:0
Russland – Wales		0:3 (0:2)

1. Wales	3	6:3	6
2. England	3	3:2	5
3. Slowakei	3	3:3	4
4. Russland	3	2:6	1

Grenzenlose Freude: Der 2:1-Erfolg über Russland legt den Grundstock dafür, dass die Slowakei als bester Gruppendritter ins Achtelfinale einzieht.

Vorrunde
Gruppe B

England
Russland
Wales
Slowakei

Nicht zu halten: Gareth Bale enteilt im innerbritischen Duell gleich drei Engländern.

Ein Doppelsieg der Briten, mit dem in dieser Konstellation kaum einer gerechnet hatte. Wales verlor zwar das Spiel gegen England mit 1:2, ging aber vor dem großen Bruder als Gruppenerster ins Ziel. Die Slowakei holte sich Rang drei und damit das Achtelfinale gegen Weltmeister Deutschland. Russland enttäuschte in jeder Beziehung. Sportlich bekam die Mannschaft nichts zustande, Schlagzeilen schrieben nur ihre gewalttätigen Hooligans.

England

1. Joe Hart, 19.04.87 (Manchester City)
2. Kyle Walker, 28.05.90 (Tottenham Hotspur)
3. Danny Rose, 02.07.90 (Tottenham Hotspur)
4. James Milner, 04.01.86 (FC Liverpool)
5. Gary Cahill, 19.12.85 (FC Chelsea)
6. Chris Smalling, 22.11.89 (Manchester United)
7. Raheem Sterling, 08.12.94 (Manchester City)
8. Adam Lallana, 10.05.88 (FC Liverpool)
9. Harry Kane, 28.07.93 (Tottenham Hotspur)
10. Wayne Rooney, 24.10.85 (Manchester United)
11. Jamie Vardy, 11.01.87 (Leicester City)
12. Nathaniel Clyne, 05.04.91 (FC Liverpool)
13. Fraser Forster, 17.03.88 (FC Southampton)
14. Jordan Henderson, 17.06.90 (FC Liverpool)
15. Daniel Sturridge, 01.09.89 (FC Liverpool)
16. John Stones, 28.05.94 (FC Everton)
17. Eric Dier, 15.01.94 (Tottenham Hotspur)
18. Jack Wilshere, 01.01.92 (FC Arsenal)
19. Ross Barkley, 05.12.93 (FC Everton)
20. Dele Alli, 11.04.96 (Tottenham Hotspur)
21. Ryan Bertrand, 05.08.89 (FC Southampton)
22. Marcus Rashford, 31.10.97 (Manchester United)
23. Tom Heaton, 15.04.86 (FC Burnley)

Trainer: Roy Hodgson

Russland

1. Igor Akinfeev, 08.04.86 (ZSKA Moskau)
2. Roman Shishkin, 27.01.87 (Lokomotive Moskau)
3. Igor Smolnikov, 08.08.88 (Zenit St. Petersburg)
4. Sergey Ignashevich, 14.07.79 (ZSKA Moskau)
5. Roman Neustädter, 18.02.88 (FC Schalke 04)
6. Aleksey Berezutskiy, 20.06.82 (ZSKA Moskau)
7. Artur Yusupov, 01.09.89 (Zenit St. Petersburg)
8. Denis Glushakov, 27.01.87 (Spartak Moskau)
9. Aleksandr Kokorin, 19.03.91 (Zenit St. Petersburg)
10. Fyodor Smolov, 09.02.90 (FK Krasnodar)
11. Pavel Mamaev, 17.09.88 (FK Krasnodar)
12. Yuri Lodygin, 26.05.90 (Zenit St. Petersburg)
13. Aleksandr Golovin, 30.05.96 (ZSKA Moskau)
14. Vasiliy Berezutskiy, 20.06.82 (ZSKA Moskau)
15. Roman Shirokov, 06.07.81 (ZSKA Moskau)
16. Guilherme, 12.12.85 (Lokomotive Moskau)
17. Oleg Shatov, 29.07.90 (Zenit St. Petersburg)
18. Oleg Ivanov, 04.08.86 (Terek Grosny)
19. Aleksandr Samedov, 19.07.84 (Lokomotive Moskau)
20. Dmitriy Torbinskiy, 28.04.84 (FK Krasnodar)
21. Georgiy Shchennikov, 27.04.91 (ZSKA Moskau)
22. Artyom Dzyuba, 22.08.88 (Zenit St. Petersburg)
23. Dimitry Kombarov, 22.01.87 (Spartak Moskau)

Trainer: Leonid Slutskiy

Wales

1 Wayne Hennessey, 24.01.87
(Crystal Palace)
2 Chris Gunter, 21.07.89 (FC Reading)
3 Neil Taylor, 07.02.89 (Swansea City)
4 Ben Davies, 24.04.93
(Tottenham Hotspur)
5 James Chester, 23.01.89
(West Bromwich Albion)
6 Ashley Williams, 23.08.84
(Swansea City)
7 Joe Allen, 14.03.90 (FC Liverpool)
8 Andy King, 29.10.88 (Leicester City)
9 Hal Robson-Kanu, 21.05.89
(FC Reading)
10 Aaron Ramsey, 26.12.90 (FC Arsenal)
11 Gareth Bale, 16.07.89 (Real Madrid)
12 Owain Williams, 17.03.87
(Inverness Caledonian Thistle)
13 George Williams, 07.09.95
(FC Gillingham)
14 David Edwards, 03.02.86
(Wolverhampton Wanderers)
15 Ashley Richards, 12.04.91
(FC Fulham)
16 Joe Ledley, 23.01.87 (Crystal Palace)
17 David Cotterill, 04.12.87
(Birmingham City)
18 Sam Vokes, 21.10.89 (FC Burnley)
19 James Collins, 23.08.83
(West Ham United)
20 Jonathan Williams, 09.10.93
(Crystal Palace)
21 Danny Ward, 22.06.93 (FC Liverpool)
22 David Vaughan, 18.02.83
(Nottingham Forest)
23 Simon Church, 10.12.88
(FC Aberdeen)

Trainer: Chris Coleman

Slowakei

1 Jan Mucha, 05.12.82
(Slovan Bratislava)
2 Peter Pekarik, 30.10.86 (Hertha BSC)
3 Martin Skrtel, 15.12.84 (FC Liverpool)
4 Jan Durica, 10.12.81
(Lokomotive Moskau)
5 Norbert Gyömber, 03.07.92 (AS Rom)
6 Jan Gregus, 29.01.91 (FK Jablonec)
7 Vladimir Weiss, 30.11.89
(Al-Gharafa Doha)
8 Ondrej Duda, 05.12.94
(Legia Warschau)
9 Stanislav Sestak, 16.12.82
(Ferencvaros Budapest)
10 Miroslav Stoch, 19.10.89 (Bursaspor)
11 Adam Nemec, 02.09.85
(Willem II Tilburg)
12 Jan Novota, 29.11.83 (Rapid Wien)
13 Patrik Hrosovsky, 22.04.92
(Viktoria Pilsen)
14 Milan Skriniar, 11.02.95
(Sampdoria Genua)
15 Tomas Hubocan, 17.09.85
(Dynamo Moskau)
16 Kornel Salata, 24.01.85
(Slovan Bratislava)
17 Marek Hamsik, 27.07.87 (SSC Neapel)
18 Dusan Svento, 01.08.85 (1. FC Köln)
19 Juraj Kucka, 26.02.87 (AC Mailand)
20 Robert Mak, 08.03.91
(PAOK Saloniki)
21 Michal Duris, 01.06.88
(Viktoria Pilsen)
22 Viktor Pecovsky, 24.05.83
(MSK Zilina)
23 Matus Kozacik, 27.12.83
(Viktoria Pilsen)

Trainer: Jan Kozak

Vorbildliche Schusshaltung: Der walisische Superstar Gareth Bale, Schütze des 1:0

Wales – Slowakei 2:1

Aus Wales wird »Bales«

Es war der Tag, auf den ein ganzes Land 58 Jahre lang gewartet hatte. Das kleine Wales war endlich wieder bei einem großen Turnier dabei. 1958 hatten die Drachen zuletzt bei einer WM mitgespielt, 2016 gaben sie in Frankreich ihr Debüt bei einer Europameisterschaft. Das musste gefeiert werden. Über 20 000 Fans waren deshalb nach Bordeaux gekommen, sie verwandelten die eine Hälfte des Stadions in eine singende rote Wand.

Für die stolzen Waliser war dieser 11. Juni ein glücklicher Tag. Schon den Moment, als im Stade de Bordeaux die Nationalhymne erklang und aus Zigtausenden Kehlen begleitet wurde, bezeichnete Trainer Chris Coleman als »absolut unglaublich«. Aber es kam noch besser: Gareth Bale, der Superstar der Waliser in Diensten des aktuellen Champions-League-Gewinners Real Madrid, brachte sein Land per Freistoß früh in Führung, am Ende schoss Joker Hal Robson-Kanu Wales zum 2:1-Sieg. »Es ist ein historischer Augenblick für unser Land«, schwärmte Bale nach dem gelungenen Auftakt.

Der Schlüssel zum Erfolg war für die Waliser der Teamgeist. »Zusammen. Stärker.«, lautete ihr Turniermotto, an das sich auch Bale hielt. Doch auch er konnte nicht verhindern, dass bei den Fans nach seinem Treffer aus Wales »Bales« wurde. »Er hat verstanden, dass es nicht um ihn geht, sondern um sein Land. Dafür lieben ihn drei Millionen Waliser«, lobte Coleman seinen Angreifer für dessen Einsatz. Und auch Bale selbst stellte klar: »Es ist egal, wer die Tore schießt. Wir gehören zusammen, und wir wollen so weit wie möglich kommen.«

Für die Slowakei um ihren Star Marek Hamsik (SSC Neapel) ging die EM-Premiere hingegen schief. Eine Steigerung in der zweiten Hälfte brachte zwar ein Chancenplus und den zwischenzeitlichen Ausgleich durch Ondrej Duda, aber am Ende reichte es nicht. »Der Gegner hatte etwas mehr Glück«, bilanzierte Trainer Jan Kozak. Doch auch für den Slowaken war der erste Auftritt bei einer EM »eine tolle Erfahrung, bis auf das Ergebnis. Wir haben die Atmosphäre genossen. Es war sehr positiv für die Entwicklung des slowakischen Fußballs«.

Vom Sturm ins Mittelfeld: Englands Kapitän Wayne Rooney zieht ab, Sergey Ignashevich und Vasiliy Berezutskiy können es nicht verhindern.

11. Juni in Bordeaux
Wales – Slowakei 2:1 (1:0)

Eingewechselt: 69. Ledley für Edwards, 71. Robson-Kanu für J. Williams, 88. Richards für Ramsey – 59. Nemec für Duris, 60. Duda für Hrosovsky, 83. Stoch für Weiss

Tore: 1:0 Bale (10.), 1:1 Duda (61.), 2:1 Robson-Kanu (81.)

Gelbe Karten: Hrosovsky, Mak, Weiss, Kucka, Skrtel

Schiedsrichter: Moen (Norwegen)

Zuschauer: 37 831

Kozacik/4,5
Pekarik/3 Skrtel/4 Durica/4,5 Svento/3,5
Kucka/3,5 Hrosovsky/4 Hamsik/2,5
Mak/3,5 Weiss/4,5
Duris/4,5
Bale/2,5
Ramsey/3 J. Williams/3,5
D. Edwards/3,5 Allen/2,5
N. Taylor/4 Gunter/3
B. Davies/3 A. Williams/3 Chester/3,5
Ward/3

**VORRUNDE
Gruppe B**

England – Russland 1:1

Rooneys neue Rolle und wüste Randale

Es wurde wieder nichts mit einem englischen Auftaktsieg bei einer EM. Doch diesmal schrammten die Briten nur haarscharf an einem Erfolg vorbei, der Ausgleichstreffer von Vasiliy Berezutskiy fiel erst in der zweiten Minute der Nachspielzeit. »Wir sind sehr enttäuscht. Wir haben so toll gespielt, und dann solch ein spätes Gegentor. Das ist bitter«, ärgerte sich Eric Dier, der die Three Lions mit einem direkt verwandelten Freistoß in Führung gebracht hatte.

Es hatte eine taktische Änderung zur Ursache, dass die Engländer drückend überlegen waren und der russische Torhüter Igor Akinfeev zum Schwerstarbeiter mutierte: Englands Trainer Roy Hodgson hatte Stürmer-Urgestein Wayne Rooney zurück ins Mittelfeld beordert. Der mittlerweile 30-Jährige ackerte und rackerte auf seiner neuen Position, spielte kluge Pässe und bestach durch seine Defensivarbeit. Doch auch ihm war der Frust nach dem Abpfiff anzumerken: »Das ist sehr enttäuschend für uns. Wir hatten unsere Chancen – aber so ist Fußball.«

Bei der Mannschaft von Leonid Slutskiy stand zunächst das Debüt von Roman Neustädter vom FC Schalke 04 im Vordergrund. Der Sohn eines ukrainischen Vaters und einer russischen Mutter hatte Mitte Mai von Kremlchef Wladimir Putin die russische Staatsbürgerschaft erhalten. Weil der 28-Jährige für Deutschland lediglich zwei Freundschaftsspiele absolviert hatte, durfte er für sein neues Team bei der EM antreten.

Doch die Russen schrieben in erster Linie negative Schlagzeilen. Hooligans hatten tagsüber bereits im Spielort Marseille wüst randaliert, kurz vor dem Abpfiff stürmten sie den englischen Block und prügelten wild auf die Fans der Briten ein. Die UEFA verdonnerte den Verband zu einer drakonischen Geldstrafe in Höhe von 150 000 Euro und kündigte im Wiederholungsfall, bei weiteren Ausschreitungen im Stadion, den sofortigen Ausschluss der Mannschaft von der EM an.

Ein Skandal: Russische Hooligans stürmen einen englischen Block.

Der späte Ausgleich: Vasiliy Berezutskiy springt höher als Danny Rose.

11. Juni in Marseille
England – Russland 1:1 (0:0)

Eingewechselt: 78. Wilshere für Rooney, 87. Milner für Sterling – 77. Shirokov für Golovin, 80. Glushakov für Neustädter, 85. Mamaev für Smolov
Tore: 1:0 Dier (73.), 1:1 V. Berezutskiy (90./+2)
Gelbe Karten: Cahill – Shchennikov
Schiedsrichter: Rizzoli (Italien)
Zuschauer: 62 343

Akinfeev/4
Smolnikov/4,5 Ignashevich/3,5 V. Berezutskiy/3 Shchennikov/4
Neustädter/4
Smolov/3,5 Shatov/4 Golovin/4,5 Kokorin/4
Dzyuba/4,5
Kane/4
Sterling/3,5 Lallana/3
Rooney/3 Dier/2,5 Alli/3
D. Rose/4 Smalling/3 Cahill/2,5 Walker/3
Hart/3,5

Russland – Slowakei 1:2

Hamsiks historischer Triumph

Zweimal italienischer Pokalsieger, einmal Superpokalsieger – es sind nicht die großen Vereinstitel, die in Marek Hamsiks Vita stehen. Von daher sagte sein Nationaltrainer Jan Kozak nach den ersten beiden Auftritten des Offensivspielers bei der EM auch: »Neapel ist zu klein für ihn. Marek hätte es verdient, bei einem größeren Klub zu spielen.«

Kurz zuvor hatte der fast 29-Jährige die Slowakei in Lille mit einer großartigen Leistung zum 2:1 gegen Russland geführt. Es war der erste Sieg für das kleine Land überhaupt bei einer EM-Endrunde, an der es in Frankreich zum ersten Mal, seit die Tschechoslowakei 1993 in die zwei Staaten Tschechien und Slowakei getrennt wurde, teilnahm. Und der Offensivspieler des SSC Neapel hatte am historischen Triumph entscheidend Anteil: Zunächst leitete er das 1:0 durch Vladimir Weiss mit einem Traumpass tief aus der eigenen Hälfte ein, kurz vor der Pause traf Hamsik dann selbst per tollem Schuss an den Innenpfosten. Vier Tage zuvor hatte er bereits gegen Wales überzeugt, trotz der 1:2-Niederlage. Wer weiß, wie die Partie gelaufen wäre, wenn der Gegner nach tollem Hamsik-Dribbling nach drei Minuten nicht den Ball von der Linie geschlagen hätte.

Ganz ohne Wenn und Aber wurde der Mann mit der Irokesen-Frisur gegen Russland völlig zu Recht als »Man of the Match« ausgezeichnet. Kaum aber war die Partie vorbei, rauchte der »Indianer« die Friedenspfeife: »Ich habe noch viel Luft nach oben.«

Doch auch Nationalelfkollege Peter Pekarik von Hertha BSC Berlin meinte: »Mareks Schuss beim zweiten Treffer war überragend, das war bisher das schönste Tor bei diesem Turnier. Er ist ein Führungsspieler auf dem Platz und in der Kabine.«

Das 1:0 gegen Russland: Vladimir Weiss legt den Grundstein zum ersten EM-Sieg der Slowakei.

Trotz all der Weihen durch Mitspieler und Trainer betonte der Gelobte: »Mein Platz ist in Neapel.« Dort wo sie ihn vergöttern. Seit neun Jahren nun schon. Doch im Fußball weiß man nie, ein letzter großer Wechsel wäre mit 28 noch möglich. Wann – wenn nicht nach dieser EM?

Fünfmal war er Fußballer des Jahres in der Slowakei. Auch 2010 bei der ersten WM-Teilnahme des Landes war er dabei: gar als Kapitän mit gerade 24 Jahren. Damals schaltete die Slowakei Italien aus und zog ins Achtelfinale ein, Hamsik jubelte: »Wie im Traum.« Diesmal: »Es war brillant.« Damit war alles gesagt.

---

15. Juni in Lille
Russland – Slowakei 1:2 (0:2)

Eingewechselt: 46. Mamaev (4) für Golovin, 46. Glushakov (2,5) für Neustädter, 75. Shirokov für Kokorin – 67. Nemec für Duda, 72. Svento für Weiss, 80. Duris für Mak

Tore: 0:1 Weiss (32.), 0:2 Hamsik (45.), 1:2 Glushakov (80.)

Gelbe Karte: Durica

Schiedsrichter: Skomina (Slowenien)

Zuschauer: 38 989

Aufstellung Slowakei: Kozacik/2,5; Pekarik/3,5, Skrtel/3,5, Durica/2,5, Hubocan/4; Kucka/3,5, Pecovsky/4,5, Hamsik/1; Mak/4, Duda/4,5, Weiss/2

Aufstellung Russland: Akinfeev/3; Smolnikov/4, V. Berezutskiy/4, Ignashevich/3,5, Shchennikov/3,5; Golovin/4,5, Shatov/3; Smolov/3,5, Dzyuba/4, Kokorin/5; Neustädter/5,5

Ich will euch jubeln hören: Der überragende Marek Hamsik lässt sich von den Fans feiern.

VORRUNDE
Gruppe B

England – Wales 2:1

Hodgson jubelt sich den Kopf wund

Applaus: Roy Hodgson wechselt zwei Torschützen ein.

Wertvoller Joker: Jamie Vardy kommt zur zweiten Halbzeit und besorgt kurz darauf das 1:1 für England.

Manchmal ist das richtige Näschen auch eine Frage der Alternativen. 0:1 lagen die Engländer zur Halbzeit gegen Wales hinten, die Stürmer Harry Kane und Raheem Sterling blieben ohne Durchschlagskraft. Also musste Roy Hodgson reagieren. Ein kurzer Blick zur Auswechselbank, dort saßen mit Jamie Vardy und Daniel Sturridge zwei Hochkaräter. Hodgson brachte beide. War er nach dem 1:1 zum Auftakt für seine Wechsel noch hart kritisiert worden, lag er dieses Mal goldrichtig. »Ob es die besten Einwechselungen meiner Karriere waren, weiß ich nicht«, sagte der 68-Jährige, »dafür ist sie zu lang«, fügte er mit britischem Humor an. 1976 begann er als Trainer bei Halmstads BK in Schweden ...

Vardy knüpfte da an, wo er beim Sensationsmeister Leicester City aufgehört hatte. Ein Stürmer mit Torriecher, 1:1. »Ich bin auch glücklich, wenn ich eingewechselt werde. Es ist Turnier-Fußball, es können nicht mehr als elf starten.« Wohl dem, der so einen Joker hat: bescheiden und in der Lage, eine Partie zu kippen. Gleiches gilt für Sturridge, der über die rechte Seite gemeinsam mit Außenverteidiger Kyle Walker viel Dampf machte. Als alles schon nach einem Remis in der »Battle of Britain« aussah, stocherte er den Ball ins kurze Eck. Hodgson stieß sich vor lauter Jubel den Kopf an, sein Glaube an den Fußball war zurückgekehrt. »Es ist hart für Wales, dass sie in der 92. Minute den Gegentreffer bekommen, aber das ist wie die ausgleichende Gerechtigkeit nach dem Last-minute-Gegentreffer gegen Russland.« Kann man so sehen. Wie zerronnen, so ein paar Tage später gewonnen.

So sehr die Engländer jubelten, so geknickt schlichen die Waliser vom Feld. Mit ihren begrenzten Mitteln führten sie 1:0, weil Superstar Gareth Bale mit einem verwandelten Freistoß aus 35 Metern mal wieder die traditionelle englische Torhüterproblematik offengelegt hatte. »Wir sind tief enttäuscht«, sagte der zweimalige Champions-League-Sieger mit Real Madrid. Das 1:2 fiel zu spät, um nochmals zu reagieren, und einen Vardy oder Sturridge hatten die Waliser auch nicht auf der Bank.

Keine gute Figur: Joe Hart lässt Gareth Bales Freistoß aus 35 Metern passieren.

16. Juni in Lens
England – Wales 2:1 (0:1)

Eingewechselt: 46. Vardy (2,5) für Kane, 46. Sturridge (2) für Sterling, 73. Rashford für Lallana – 67. Edwards für Ledley, 71. J. Williams für Robson-Kanu

Tore: 0:1 Bale (42.), 1:1 Vardy (56.), 2:1 Sturridge (90./+2)

Gelbe Karte: Davies

Schiedsrichter: Dr. Brych (München)

Zuschauer: 34 033

Hennessey/3,5
Chester/4 A. Williams/5 B. Davies/4
Gunter/4,5   N. Taylor/4
Ramsey/2   Allen/3
Robson-Kanu/5   Ledley/3
                    Bale/2,5
Sterling/5   Kane/5
Rooney/2,5   Lallana/2,5
D. Rose/3   Dier/4   Alli/3
      Smalling/3 Cahill/3 Walker/2
              Hart/5

35

Verbissenes Duell: Marek Hamsik und Jordan Henderson (oben)

Nullnummer: Der Engländer Adam Lallana scheitert an Torhüter Matus Kozacik.

Slowakei – England 0:0

Martin Skrtel, ein Kerl wie ein Baum

Am Ende waren es 27 Torschüsse, fünf davon fanden ihr Ziel, und elf Ecken. Die Überlegenheit der Engländer gegen die Slowakei in nackten Zahlen ausgedrückt war an diesem Montagabend in St. Etienne deutlich. Die Kräfteverhältnisse auf dem Rasen spiegelte der Rahmen auf der Tribüne wider, wo eine Minderheit gegen knapp 30 000 Anhänger der Three Lions vereinzelt und verzweifelt ansang. Doch: Die Osteuropäer wankten, sie fielen aber nicht. Diese Kerle wie Bäume um ihren Anführer Martin Skrtel, der einmal gegen Dele Alli für seinen geschlagenen Torwart retten musste. Skrtel, der Polier dieser slowakischen Maurer. Mörtel Skrtel möchte man sagen. Acht Jahre hatte er zum Zeitpunkt des Gruppenfinales auf der Insel gespielt, nicht bei irgendeinem Klub, sondern beim FC Liverpool. Er kannte sie alle, die da versuchten, seinen Beton zu knacken.

Wenn er sich zwei Stürmer raussuchen müsste aus diesem englischen Team, wurde er nach dem 0:0 gefragt, wen würde er wohl wählen? »Alle«, sagte er. Das aber war ja nicht die Frage. »Die müsst ihr schon Roy Hodgson stellen.« Skrtel grinste, diese einschüchternde Erscheinung von 1,93 Metern mit Schultern, breit wie der Ärmelkanal. »Sie sind halt alle unterschiedlich. Vardy ist ständig unterwegs, versucht immer, hinter die Viererkette zu kommen. Sturridge ist ein klasse Fußballer. Kane ist immer gefährlich im Strafraum.«

Ein Tor aber wollte den Briten nicht gelingen, trotz zahlreicher Gelegenheiten. Was Jordan Henderson und Eric Dier an guten Bällen in die Spitze brachten im Stade Geoffroy Guichard, konnte sich sehen lassen. Das Problem: Wenn Skrtel einmal umspielt war, stand mit Matus Kozacik ein Riese im slowakischen Tor. Fünf Paraden, einwandfreie Leistung.

Ein bisschen an die Qualifikationspartien gegen Spanien erinnert fühlte sich sein Trainer Jan Kozak. »Starker Gegner, offensiv ausgerichtet«, zollte er seinem Gegenüber Roy Hodgson Respekt. Seine Rechnung war eine andere gewesen vor dem Turnierauftakt. »Ich bin davon ausgegangen, dass wir nur dann vier Punkte erreichen können, wenn wir Wales schlagen.« Das war Kozaks Team nicht gelungen, gegen die Drachen hatte es zum Auftakt ein 1:2 gegeben.

Dass die Rechnung doch aufging und sich die Slowaken als einer der vier besten Gruppendritten qualifizierten, lag auch an Mörtel Skrtel.

20. Juni in Saint-Etienne
Slowakei – England 0:0

Eingewechselt: 57. Svento (3) für Duda, 67. Gyömber für Pecovsky, 78. Skriniar für Weiss – 56. Rooney (3,5) für Wilshere, 60. Alli (3,5) für Lallana, 76. Kane für Sturridge

Gelbe Karten: Pecovsky – Bertrand

Schiedsrichter: Velasco Carballo (Spanien)

Zuschauer: 39 051

England: Hart/3,5; Clyne/2,5, Cahill/2, Smalling/3,5, Bertrand/3,5; J. Henderson/2, Dier/2, Wilshere/4; Sturridge/3, Vardy/3, Lallana/4

Slowakei: Kozacik/2; Pekarik/2,5, Skrtel/2,5, Durica/3,5, Hubocan/4,5; Kucka/3, Pecovsky/3,5; Mak/4, Duda/4,5, Weiss/5; Hamsik/4

Der Turm in der Schlacht: Martin Skrtel dirigiert die Abwehr der Slowakei beim 0:0 gegen England.

**VORRUNDE
Gruppe B**

Der Schlusspunkt des Debakels: Gareth Bale überlistet mit langem Bein Igor Akinfeev.

Es ist zum Weinen: Die russischen Fans können das frühe Ausscheiden ihrer Mannschaft nicht fassen.

Russland – Wales 0:3

Viel Leidenschaft und eine Bankrotterklärung

Rot – das ist die Farbe der Liebe und der Leidenschaft. Rot – das ist auch die Farbe der Waliser. Und an diesem lauen Juniabend waren rund 15 000 von ihnen »Rot vor Freude«, wie die französische Sportzeitung »L'Equipe« treffend titelte. Sie erfüllten das Stadion mit ihren inbrünstigen Gesängen und untermalten eine berauschende Leistung ihrer Mannschaft.

Das kleine Wales schaffte tatsächlich das Wunder und zog durch einen klaren 3:0-Sieg gegen Russland ins Achtelfinale ein. Sogar als Gruppensieger vor dem großen Nachbarn England, was bei der Einblendung der Abschlusstabelle auf der Anzeigetafel noch einmal lauten Jubel entfachte. »Es war unser Hauptziel, die Gruppe zu überstehen. Sie zu gewinnen, ist ein fantastisches Gefühl. Damit hat keiner gerechnet. Wir haben unsere Fans stolz gemacht«, freute sich Aaron Ramsey.

Der Offensivspieler vom FC Arsenal war einer von drei Spielern, die aus einer klug verteidigenden und konternden Mannschaft herausstachen. Er nutzte seine Freiheiten glänzend, tauchte überall auf dem Platz auf, traf selbst und bereitete ein Tor vor. In Szene gesetzt wurde er beim 1:0 durch Joe Allen, der mehrmals als präziser Passgeber auffiel. Der Dritte im Bunde war Gareth Bale, der immer wieder zu unwiderstehlichen Soli ansetzte, das 3:0 erzielte und damit in jedem Vorrundenspiel einmal getroffen hat. »Wir sind ein kleines Land, aber gemessen an der Leidenschaft kann man uns heute als Kontinent bezeichnen«, lobte Trainer Chris Coleman sein Team und die Fans.

Ganz anders war die Stimmung bei den Russen. Sie gaben in Toulouse ein unterirdisches Bild ab und schieden ohne einen Sieg nach der Vorrunde aus. Trainer Leonid Slutskiy übernahm die Verantwortung für das Debakel und deutete unmittelbar nach der Niederlage seinen Rücktritt an. Zwei Jahre vor der WM im eigenen Land war der Auftritt der russischen Mannschaft eine einzige Bankrotterklärung.

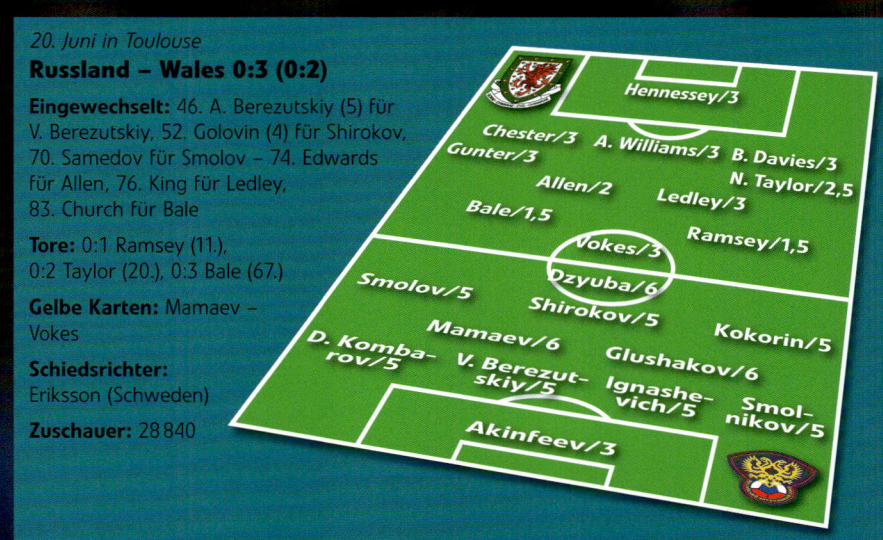

20. Juni in Toulouse
Russland – Wales 0:3 (0:2)

Eingewechselt: 46. A. Berezutskiy (5) für V. Berezutskiy, 52. Golovin (4) für Shirokov, 70. Samedov für Smolov – 74. Edwards für Allen, 76. King für Ledley, 83. Church für Bale

Tore: 0:1 Ramsey (11.), 0:2 Taylor (20.), 0:3 Bale (67.)

Gelbe Karten: Mamaev – Vokes

Schiedsrichter: Eriksson (Schweden)

Zuschauer: 28 840

Hennessey/3
Chester/3 A. Williams/3 B. Davies/3
Gunter/3   N. Taylor/2,5
     Allen/2   Ledley/3
Bale/1,5   Ramsey/1,5
        Vokes/3
        Dzyuba/6
Smolov/5 Shirokov/5
                           Kokorin/5
     Mamaev/6
D. Komba- V. Berezut- Glushakov/6
rov/5   skiy/5   Ignashe-
                        vich/5   Smol-
                                  nikov/5
        Akinfeev/3

Polen – Nordirland		1:0 (0:0)
Deutschland – Ukraine		2:0 (1:0)
Ukraine – Nordirland		0:2 (0:0)
Deutschland – Polen		0:0
Ukraine – Polen		0:1 (0:0)
Nordirland – Deutschland		0:1 (0:1)

1. Deutschland	3	3:0	7
2. Polen	3	2:0	7
3. Nordirland	3	2:2	3
4. Ukraine	3	0:5	0

Zwei Trainer im Achtelfinale: Joachim Löw und der Nordire Michael O'Neill freuen sich gemeinsam.

Torloses Duell: Manuel Neuer bleibt Sieger gegen seinen EM-Gegner und Vereinskollegen Robert Lewandowski.

Vorrunde
Gruppe C

Deutschland
Ukraine
Polen
Nordirland

Deutschland und Polen überstanden als einzige Mannschaften die Vorrunde ohne Gegentor – da ist es mathematisch zwingend, dass das direkte Duell mit einem 0:0 endete. Der Weltmeister hatte Probleme in der Offensive, aber auch dem hochgelobten Robert Lewandowski gelang kein Tor – ebenso wie der gesamten ukrainischen Elf, die ohne Punkt und Treffer ausschied. Nordirland nutzte diese Schwäche und erreichte überraschend das Achtelfinale.

Deutschland

1. Manuel Neuer, 27.03.86 (Bayern München)
2. Shkodran Mustafi, 17.04.92 (FC Valencia)
3. Jonas Hector, 27.05.90 (1. FC Köln)
4. Benedikt Höwedes, 29.02.88 (FC Schalke 04)
5. Mats Hummels, 16.12.88 (Borussia Dortmund)
6. Sami Khedira, 04.04.87 (Juventus Turin)
7. Bastian Schweinsteiger, 01.08.84 (Manchester United)
8. Mesut Özil, 15.10.88 (FC Arsenal)
9. André Schürrle, 06.11.90 (VfL Wolfsburg)
10. Lukas Podolski, 04.06.85 (Galatasaray Istanbul)
11. Julian Draxler, 20.09.93 (VfL Wolfsburg)
12. Bernd Leno, 04.03.92 (Bayer 04 Leverkusen)
13. Thomas Müller, 13.09.89 (Bayern München)
14. Emre Can, 12.01.94 (FC Liverpool)
15. Julian Weigl, 08.09.95 (Borussia Dortmund)
16. Jonathan Tah, 11.02.96 (Bayer 04 Leverkusen)
17. Jerome Boateng, 03.09.88 (Bayern München)
18. Toni Kroos, 04.01.90 (Real Madrid)
19. Mario Götze, 03.06.92 (Bayern München)
20. Leroy Sané, 11.01.96 (FC Schalke 04)
21. Joshua Kimmich, 08.02.95 (Bayern München)
22. Marc-André ter Stegen, 30.04.92 (FC Barcelona)
23. Mario Gomez, 10.07.85 (Besiktas Istanbul)

Trainer: Joachim Löw

Ukraine

1. Denis Boyko, 29.01.88 (Besiktas Istanbul)
2. Bogdan Butko, 13.01.91 (Amkar Perm)
3. Yevhen Khacheridi, 28.07.87 (Dynamo Kiew)
4. Anatoliy Tymoshchuk, 30.03.79 (Qairat Almaty)
5. Oleksandr Kucher, 22.10.82 (Schachtar Donezk)
6. Taras Stepanenko, 08.08.89 (Schachtar Donezk)
7. Andriy Yarmolenko, 23.10.89 (Dynamo Kiew)
8. Roman Zozulya, 17.11.89 (FC Dnipro)
9. Viktor Kovalenko, 14.02.96 (Schachtar Donezk)
10. Yevhen Konoplyanka, 29.09.89 (FC Sevilla)
11. Yevhen Seleznev, 20.07.85 (Kuban Krasnodar)
12. Andriy Pyatov, 28.06.84 (Schachtar Donezk)
13. Vyacheslav Shevchuk, 13.05.79 (Schachtar Donezk)
14. Ruslan Rotan, 29.10.81 (FC Dnipro)
15. Pylyp Budkivskyi, 10.03.92 (Sorja Luhansk)
16. Serhiy Sydorchuk, 02.05.91 (Dynamo Kiew)
17. Artem Fedetskyy, 26.04.85 (FC Dnipro)
18. Serhiy Rybalka, 01.04.90 (Dynamo Kiew)
19. Denys Garmash, 19.04.90 (Dynamo Kiew)
20. Yaroslav Rakytskyy, 03.08.89 (Schachtar Donezk)
21. Oleksandr Zinchenko, 15.12.96 (FK Ufa)
22. Oleksandr Karavaev, 02.06.92 (Sorja Luhansk)
23. Mykyta Shevchenko, 26.01.93 (Sorja Luhansk)

Trainer: Mykhaylo Fomenko

Polen

1. Wojciech Szczesny, 18.04.90 (AS Rom)
2. Michal Pazdan, 21.09.87 (Legia Warschau)
3. Artur Jedrzejczyk, 04.11.87 (Legia Warschau)
4. Thiago Cionek, 21.04.86 (US Palermo)
5. Krzysztof Maczynski, 23.05.87 (Wisła Krakau)
6. Tomasz Jodlowiec, 08.09.85 (Legia Warschau)
7. Arkadiusz Milik, 28.02.94 (Ajax Amsterdam)
8. Karol Linetty, 02.02.95 (Lech Posen)
9. Robert Lewandowski, 21.08.88 (Bayern München)
10. Grzegorz Krychowiak, 29.01.90 (FC Sevilla)
11. Kamil Grosicki, 08.06.88 (Stade Rennes)
12. Artur Boruc, 20.02.80 (AFC Bournemouth)
13. Mariusz Stepinski, 12.05.95 (Ruch Chorzow)
14. Jakub Wawrzyniak, 07.07.83 (Lechia Danzig)
15. Kamil Glik, 03.02.88 (FC Turin)
16. Jakub Blaszczykowski, 14.12.85 (AC Florenz)
17. Slawomir Peszko, 19.02.85 (Lechia Danzig)
18. Bartosz Salamon, 01.05.91 (Cagliari Calcio)
19. Piotr Zielinski, 20.05.94 (FC Empoli)
20. Lukasz Piszczek, 03.06.85 (Borussia Dortmund)
21. Bartosz Kapustka, 23.12.96 (Cracovia Krakau)
22. Lukasz Fabianski, 18.04.85 (Swansea City)
23. Filip Starzynski, 27.05.91 (Zaglebie Lubin)

Trainer: Adam Nawalka

Nordirland

1. Michael McGovern, 12.07.84 (Hamilton Academical)
2. Conor McLaughlin, 26.07.91 (Fleetwood Town)
3. Shane Ferguson, 12.07.91 (FC Millwall)
4. Gareth McAuley, 05.12.79 (West Bromwich Albion)
5. Jonathan Evans, 03.01.88 (West Bromwich Albion)
6. Chris Baird, 25.02.82 (Derby County)
7. Niall McGinn, 20.07.87 (FC Aberdeen)
8. Steven Davis, 01.01.85 (FC Southampton)
9. William Grigg, 03.07.91 (Wigan Athletic)
10. Kyle Lafferty, 16.09.87 (Birmingham City)
11. Conor Washington, 18.05.92 (Queens Park Rangers)
12. Roy Carroll, 30.09.77 (Notts County)
13. Corry Evans, 30.07.90 (Blackburn Rovers)
14. Stuart Dallas, 19.04.91 (Leeds United)
15. Luke McCullough, 15.02.94 (Doncaster Rovers)
16. Oliver Norwood, 12.04.91 (FC Reading)
17. Patrick McNair, 27.04.95 (Manchester United)
18. Aaron Hughes, 08.11.79 (Vereinslos)
19. Jamie Ward, 12.05.86 (Nottingham Forest)
20. Craig Cathcart, 06.02.89 (FC Watford)
21. Josh Magennis, 15.08.90 (FC Kilmarnock)
22. Lee Hodson, 02.10.91 (FC Kilmarnock)
23. Alan Mannus, 19.05.82 (FC St. Johnstone)

Trainer: Michael O'Neill

Das deutsche Team
Alle 23 Spieler der EM 2016

(Stand der Angaben: bei EM-Beginn)

Manuel Neuer (1)
Torwart, Bayern München – Geboren am 27. März 1986 in Gelsenkirchen. Größe: 1,93 m, Gewicht: 92 kg
Länderspiele: 65

Shkodran Mustafi (2)
Verteidiger, FC Valencia – Geboren am 17. April 1992 in Bad Hersfeld. Größe: 1,84 m, Gewicht: 82 kg
Länderspiele: 10

Jonas Hector (3)
Verteidiger, 1. FC Köln – Geboren am 27. Mai 1990 in Saarbrücken. Größe: 1,85 m, Gewicht: 75 kg
Länderspiele: 14

Benedikt Höwedes (4)
Verteidiger, FC Schalke 04 – Geboren am 29. Februar 1988 in Haltern. Größe: 1,87 m, Gewicht: 82 kg
Länderspiele: 34

André Schürrle (9)
Mittelfeldspieler, VfL Wolfsburg – Geboren am 6. November 1990 in Ludwigshafen. Größe: 1,84 m, Gewicht: 74 kg
Länderspiele: 52

Lukas Podolski (10)
Mittelfeldspieler, Galatasaray Istanbul – Geboren am 4. Juni 1985 in Gliwice (Polen). Größe: 1,82 m, Gewicht: 83 kg
Länderspiele: 128

Julian Draxler (11)
Mittelfeldspieler, VfL Wolfsburg – Geboren am 20. September 1993 in Gladbeck. Größe: 1,87 m, Gewicht: 75 kg
Länderspiele: 19

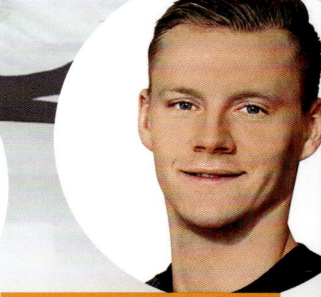

Bernd Leno (12)
Torwart, Bayer 04 Leverkusen – Geboren am 4. März 1992 in Bietigheim-Bissingen. Größe: 1,90 m, Gewicht: 82 kg
Länderspiel: 1

Jerome Boateng (17)
Verteidiger, Bayern München – Geboren am 3. September 1988 in Berlin. Größe: 1,92 m, Gewicht: 90 kg
Länderspiele: 59

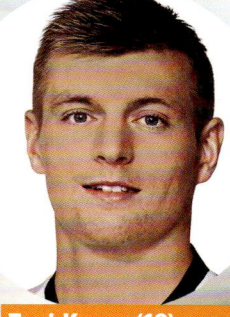

Toni Kroos (18)
Mittelfeldspieler, Real Madrid – Geboren am 4. Januar 1990 in Greifswald. Größe: 1,82 m, Gewicht: 78 kg
Länderspiele: 65

Mario Götze (19)
Stürmer, Bayern München – Geboren am 3. Juni 1992 in Memmingen. Größe: 1,76 m, Gewicht: 64 kg
Länderspiele: 52

Leroy Sané (20)
Mittelfeldspieler, FC Schalke 04 – Geboren am 11. Januar 1996 in Essen. Größe: 1,83 m, Gewicht: 75 kg
Länderspiele: 3

Mats Hummels (5)
Verteidiger, Borussia Dortmund – Geboren am 16. Dezember 1988 in Bergisch Gladbach. Größe: 1,91 m, Gewicht: 92 kg
Länderspiele: 46

Sami Khedira (6)
Mittelfeldspieler, Juventus Turin – Geboren am 4. April 1987 in Stuttgart. Größe: 1,89 m, Gewicht: 85 kg
Länderspiele: 60

Bastian Schweinsteiger (7)
Mittelfeldspieler, Manchester United – Geboren am 1. August 1984 in Kolbermoor. Größe: 1,83 m, Gewicht: 79 kg
Länderspiele: 115

Mesut Özil (8)
Mittelfeldspieler, FC Arsenal – Geboren am 15. Oktober 1988 in Gelsenkirchen. Größe: 1,83 m, Gewicht: 76 kg
Länderspiele: 73

Thomas Müller (13)
Mittelfeldspieler, Bayern München – Geboren am 13. September 1989 in Weilheim. Größe: 1,86 m, Gewicht: 75 kg
Länderspiele: 71

Emre Can (14)
Verteidiger, FC Liverpool – Geboren am 12. Januar 1994 in Frankfurt/Main. Größe: 1,84 m, Gewicht: 82 kg
Länderspiele: 6

Julian Weigl (15)
Mittelfeldspieler, Borussia Dortmund – Geboren am 8. September 1995 in Bad Aibling. Größe: 1,86 m, Gewicht: 71 kg
Länderspiel: 1

Jonathan Tah (16)
Verteidiger, Bayer 04 Leverkusen – Geboren am 11. Februar 1996 in Hamburg. Größe: 1,92 m, Gewicht: 90 kg
Länderspiel: 1

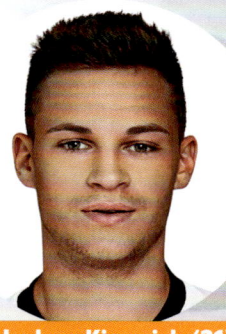

Joshua Kimmich (21)
Mittelfeldspieler, Bayern München – Geboren am 8. Februar 1995 in Rottweil. Größe: 1,76 m, Gewicht: 70 kg
Länderspiel: 1

Marc-André ter Stegen (22)
Torwart, FC Barcelona – Geboren am 30. April 1992 in Mönchengladbach. Größe: 1,89 m, Gewicht: 85 kg
Länderspiele: 6

Mario Gomez (23)
Stürmer, Besiktas Istanbul – Geboren am 10. Juli 1985 in Riedlingen. Größe: 1,89 m, Gewicht: 88 kg
Länderspiele: 64

Die EM in Frankreich war Joachim Löws fünftes großes Turnier als Bundestrainer. Er setzte auf viele verdiente Kräfte, aber auch auf einige junge Wilde.

Allein gegen ganz Nordirland: Arkadiusz Milik erzielt das einzige Tor für Polen.

Polen – Nordirland 1:0

Die Wandlung des Arkadiusz Milik

Für viele Experten hatte Robert Lewandowski vor dem Start des Turniers das Zeug, sich zum EM-Superstar aufzuschwingen. Doch beim Auftaktspiel der Polen stahl dem Torschützenkönig der vorangegangenen Bundesligasaison ein Spieler die Show, der es bei zwei deutschen Vereinen nicht geschafft hatte, sich durchzusetzen: Arkadiusz Milik. Anfang 2013 war er für 2,6 Millionen Euro von Gornik Zabrze nach Leverkusen gewechselt. Weil Milik den Anforderungen nicht gerecht wurde, verlieh Bayer ihn an den FC Augsburg. Doch auch dort gelang der Durchbruch nicht, der Angreifer kam im Spieljahr 2013/14 auf 18 Einsätze, in denen er lediglich zwei Treffer erzielte. »Vielleicht kam mein Wechsel nach Deutschland zu früh, vielleicht habe ich die ganze Sache auch zu leicht genommen«, sagte der inzwischen 22-Jährige nach dem 1:0 über Nordirland, dem ersten EM-Sieg in der Geschichte seines Landes. Für den polnischen Präsidenten Andrzej Duda war es nicht nur ein historischer, sondern auch ein richtungweisender Erfolg: »Die Freude ist ungeheuer. Dieses erste Match bei der EM ist sehr wichtig, das ist der Eisbrecher.«

Obwohl Milik wegen seines Treffers überschwänglich gefeiert wurde, ordnete Nordirlands Trainer Michael O'Neill die sportlichen Zusammenhänge richtig ein: »Lewandowski ist der Spieler schlechthin bei den Polen. Ich denke, Milik hatte auch mehr Räume, weil Robert auf dem Platz stand.« Seine Mannschaft hatte lange höchst defensiv agiert und bis zum Rückstand kein einziges Mal ernsthaft versucht, selbst in torgefährliche Regionen vorzustoßen. O'Neill versuchte, diese vornehme britische Zurückhaltung zu entschuldigen: »Wir haben Spieler aus der zweiten englischen Liga, andere kommen in ihren Klubs kaum zum Einsatz. Und hier treten sie gegen Gegner an, die höchstes Niveau gewohnt sind. Für viele meiner Jungs war das hier das größte Spiel ihrer bisherigen Karriere.« Für die 15 000 nordirischen Fans im Stade de Nice war es das auch. Sie sangen, hüpften und feierten die »Green and White Army« bis zum Abpfiff – und noch lange danach.

---

12. Juni in Nizza
Polen – Nordirland 1:0 (0:0)

Eingewechselt: 78. Jodlowiec für Maczynski, 80. Grosicki für Blaszczykowski, 88. Peszko für Kapustka – 46. Dallas (4,5) für McNair, 66. Washington für Ferguson, 76. Ward für Baird

Tor: 1:0 Milik (51.)

Gelbe Karten: Kapustka, Piszczek – Cathcart

Schiedsrichter: Hategan (Rumänien)

Zuschauer: 33 742

Nordirland: McGovern/3,5; Cathcart/3,5, McAuley/3,5, J. Evans/3; McLaughlin/4, McNair/4, Baird/4, Ferguson/4,5, Norwood/3,5; St. Davis/4, K. Lafferty/4

Polen: Szczesny/2,5; Jedrzejczyk/4, Pazdan/3,5, Glik/3,5, Piszczek/2,5; Maczynski/4, Krychowiak/3,5; Kapustka/2, Blaszczykowski/1,5; Lewandowski/4,5, Milik/2

VORRUNDE
Gruppe C

Deutschland – Ukraine 2:0

Schöne Geschichten von Mustafi und Schweinsteiger

Es gibt Spiele, in denen sind die Torschützen die besten Spieler. Manchmal auch nicht, dafür haben sie trotzdem die schönsten Geschichten zu bieten. Wie Skhodran Mustafi und Bastian Schweinsteiger beim 2:0-Auftaktsieg der Mannschaft gegen die Ukraine.

Geht es um Turniere, scheint Mustafi ein vom Glück geküsster Profi zu sein. Zwei Jahre zuvor gehörte der Verteidiger des FC Valencia zum erweiterten Kader, stand dann aber auf Joachim Löws Streichliste. Erst die Verletzung von Marco Reus sicherte ihm ein Last-minute-Ticket nach Brasilien und sogar drei Einsätze bei der WM. Eine Verletzung im Achtelfinale stoppte Mustafi damals, Weltmeister darf er sich dennoch mit Berechtigung nennen.

Zwei Jahre später stand hinter seiner Nominierung kein großes Fragezeichen. Dennoch fehlte Mustafis Name in so ziemlicher jeder Wunsch- oder Idealelf. In den beiden Tests vor der EM ließ Löw ihn keine Minute ran. Doch dann riss sich Antonio Rüdiger das Kreuzband, Mats Hummels war nach einer Wadenblessur noch nicht fit – und Mustafi dafür in der deutschen Startelf in Lille. Die Pointe folgt in Minute 19, als Toni Kroos seine Freistoßflanke perfekt getimt in den Strafraum schlug und Mustafi den Ball mit Wucht ins Tor köpfte. Sein erster Länderspieltreffer brachte die wichtige Führung, Mustafi trug sich als

Er kommt, schießt, trifft und jubelt: Der eingewechselte Bastian Schweinsteiger nach seinem 2:0 für Deutschland

34. deutscher Torschütze in die EM-Annalen ein. »Mich freut es natürlich, ein Tor erzielt zu haben. Dazu ohne Gegentor, das ist ein doppelter Erfolg und für das weitere Turnier ganz wichtig«, erzählte er kurz vor Mitternacht in den Katakomben des Stade Pierre Mauroy.

Was er verschwieg: Die Sache ohne Gegentor hing am seidenen Faden und zum Großteil mit der starken Leistung Manuel Neuers zusammen. Auch Mustafi wirkte in seinem Kerngeschäft, der Defensive, nicht immer sattelfest. Schon nach vier Minuten leistete er sich einen Fehlpass, der verhängnisvoll hätte enden können, doch Neuer parierte gegen Konoplyanka. Später verlor er ein Kopfballduell im eigenen Strafraum, wieder bügelte es Neuer aus. Und kurz vor Schluss merkte er nicht, dass sein Keeper bei einem hohen Ball aus dem Strafraum geeilt war, köpfte über ihn hinweg Richtung eigenes, aber eben nicht ins eigene Tor. Schwein gehabt. Ungefähr zur selben Zeit machte sich am Spielfeldrand ein leicht ergrauter Mann bereit. Bastian Schweinsteiger kam für die Schlussphase. Seine ersten Turnierminuten seit dem denkwürdigen WM-Finale gegen Argentinien, in dem er zur Symbolfigur deutschen Fußballkampfes aufstieg. Der Titel wird für immer mit seinem Namen verbunden bleiben.

Sportlich bekam der Schweinsteiger-Lack in den zwei Jahren danach aber viele Kratzer. Zwar beerbte der Münchner den zurückgetretenen Philipp Lahm als Kapitän der deutschen Auswahl, konnte das Amt aber kaum ausüben, weil er meistens verletzt fehlte. Die Bayern waren im Sommer 2015 nicht böse über seinen Wechselwunsch, das erste Jahr bei Manchester United brachte aber erneut viele Blessuren. Über den Zenit hinaus sei Schweinsteiger, hieß es des Öfteren, der Körper nach fast eineinhalb Jahrzehnten Leistungssport abgenutzt. Schweinsteiger frühzeitig abzuschreiben wäre jedoch ein Fehler gewesen. 2014 raffte er sich auf den Punkt zur Höchstform auf, 2016 sprang er ohne Wettkampfpraxis auf den EM-Zug auf. Dass er zu Turnierbeginn höchstens Luft für 20 Minuten hatte, war ihm und Löw klar. Verzichten wollte der Bundestrainer auf Schweinsteiger trotzdem nicht. Und der dankte es prompt. Ein Ballgewinn von Mustafi, ein Sprint von Mesut Özil über links, eine exakte Hereingabe, und Schweinsteiger stand nach einem Tempolauf über das halbe Spielfeld genau richtig. 2:0, die Entscheidung. Fast noch imposanter war

Stimmen zum Spiel

Teammanager Oliver Bierhoff: »Das war das erste Spiel im Turnier mit zwei Toren Abstand. Da kann man zufrieden sein.«

Joachim Löw: »Eigentlich war nicht geplant, dass Schweinsteiger so weit vorne auftaucht. Aber es freut mich sehr, dass er nach der ganzen Schufterei der letzten Wochen so ein Comeback geschafft und das entscheidende 2:0 gemacht hat. Das gibt ihm und uns allen ein bisschen Auftrieb.«

Bastian Schweinsteiger: »Unglaublich, dass es so was gibt, das kann man sich nur wünschen.«

Manuel Neuer: »Die Qualität von Bastian Schweinsteiger kennt man. Er bringt die Ordnung in unser Spiel, die wir brauchen, und weiß genau, wann man Tempo rausnehmen muss.«

Toni Kroos: »Wir sind noch nicht da, wo wir hinmüssen, wenn wir das Turnier gewinnen wollen.«

12. Juni in Lille
Deutschland – Ukraine 2:0 (1:0)
Eingewechselt: 78. Schürrle für Draxler, 90. Schweinsteiger für Götze – 66. Seleznev für Zozulya, 74. Zinchenko für Kovalenko
Tore: 1:0 Mustafi (19.), 2:0 Schweinsteiger (90./+2)
Gelbe Karte: Konoplyanka
Schiedsrichter: Atkinson (England)
Zuschauer: 43 035

Die Führung für Deutschland: Shkodran Mustafi köpft nach einem Freistoß von Toni Kroos das 1:0.

VORRUNDE
Gruppe C

sein Jubelsprint zurück zur deutschen Bank bis in die Arme von Lukas Podolski. Freude pur. »Da wollte er dem Trainer beweisen, dass er fit ist«, sagte Neuer mit einem Augenzwinkern. »Für Basti freut es mich besonders. Ich hoffe, dass er so bald wie möglich wieder von Anfang an spielen kann.«

Löw und Komparsen waren zufrieden, die Ukraine weniger. Sehr selbstbewusst gab sich Deutschlands erster Gegner noch am Tag vor dem Auftakt – nicht ganz zu Unrecht. In den ersten 45 Minuten zeigten vor allem die Flügelstürmer Konoplyanka und Yarmolenko ihre Klasse und brachten den Gegner mehrmals in Not. »Die Ukraine ist besser als vor vier Jahren bei ihrer Heim-EM«, analysierte Löw richtig. Nach dem Seitenwechsel fiel ihnen aber nicht mehr viel ein, der Weltmeister entpuppte sich als eine Nummer zu groß.

Ins Netz gegangen: Jerome Boateng verhindert mit einer artistischen Einlage ein Eigentor von sich selbst.

Match-Daten

Deutschland		Ukraine
2	Tore	0
18	Torschüsse gesamt	5
9	Torschüsse aufs Tor	3
9	begangene Fouls	9
597	erfolgreiche Pässe	205
88 %	Passquote	68 %
68 %	Ballbesitz	32 %
57 %	Zweikampfquote	43 %
0	Gelbe Karten	1
0	Rote Karten	0
2	Abseits	2
6	Ecken	12
114 km	Laufstrecke	115 km

Die deutschen Spieler in der Einzelanalyse

#	Spieler	Ballkontakte	Pässe	Passbilanz %	Zweikampfquote %	Torschüsse	Fouls
1	Manuel NEUER (TW)	48	31	81	100	0	0
4	Benedikt HÖWEDES	53	33	79	60	0	1
17	Jerome BOATENG	115	102	89	100	1	0
2	Shkodran MUSTAFI	97	83	90	57	1	3
3	Jonas HECTOR	77	55	91	67	1	1
6	Sami KHEDIRA	92	78	90	100	3	0
18	Toni KROOS	126	109	94	53	3	2
13	Thomas MÜLLER	70	48	81	55	1	0
8	Mesut ÖZIL	68	56	88	50	1	1
11	Julian DRAXLER bis 78.	63	45	84	50	3	1
19	Mario GÖTZE bis 90.	44	28	93	50	2	1
9	André SCHÜRRLE ab 78.	7	5	100	100	1	0
7	Bastian SCHWEINSTEIGER ab 90.	3	2	50	0	1	0

Fußball-Ballett:
Mesut Özil und
Yevhen Khacheridi

Enteilt:
Toni Kroos und
Viktor Kovalenko

Pressestimmen

»Die Deutschen verwalten ihr Auftaktspiel. Nach Anfangsschwierigkeiten hat der Weltmeister das Turnier mit einem Sieg begonnen, der nicht alle Probleme regelt.«
L'EQUIPE (FRANKREICH)

»Solide und ohne romantische Gefühle hat der Weltmeister den Auftakt in die EM bewältigt.« LE PARISIEN (FRANKREICH)

»Hinter einer wackligen Abwehr hat Neuer den Weltmeister in der ersten Halbzeit gerettet.« OUEST FRANCE (FRANKREICH)

»Deutschland ist wie das alte Rezept von Omas Makkaroni, es gelingt immer. Fast am Ende kam die Petersilie drauf, als Schweinsteiger plötzlich seinen Auftritt hatte.« AS (SPANIEN)

»Deutschland scheitert nicht, macht aber auch niemandem Angst. Es gab Momente, in denen Deutschland das Spiel durch die Finger flutschte.« MARCA (SPANIEN)

»Mit zehn Weltmeistern in der Startelf und treu seiner Tradition ist es ein guter Beginn für Deutschland. Neuer war nicht zu schlagen.« SPORT (SPANIEN)

»Deutschland wurde von Neuers goldenen Handschuhen zusammengehalten.« EL PAIS (SPANIEN)

»Die Blau-Gelben waren gefährlich, aber Neuer hielt alles.« EKSPRES (UKRAINE)

»Der Beginn war gut. Aber in der zweiten Halbzeit kontrollierte Deutschland, sie machten fast keine Fehler mehr. Dann kam Routinier Schweinsteiger und machte alles klar.«
FAKTY I KOMMENTARII (UKRAINE)

»Deutschland startet mit zu viel Herzklopfen.«
GAZZETTA DELLO SPORT (ITALIEN)

»Die Leistung des Weltmeisters zeigt auch Schattenseiten, vor allem wegen der Verteidigung.« TUTTOSPORT (ITALIEN)

»Neuer und Boateng retten Deutschland. Der Weltmeister hat gegen wirblige Ukrainer phasenweise große Probleme.«
BLICK (SCHWEIZ)

»Deutschland startet mit einem vollen Erfolg, hat aber unter der Ukraine sehr zu leiden.« DER STANDARD (ÖSTERREICH)

VORRUNDE
Gruppe C

Ukraine – Nordirland 0:2

Ein Sieg für die Geschichtsbücher

Historischer Jubel: Gareth McAuley legt mit seinem 1:0 den Grundstein für den ersten EM-Sieg Nordirlands.

Von Amerikas Songwriter-Superstar Neil Diamond ist nicht bekannt, ob er sich jemals mit Fußball, erst recht mit dem aus Nordirland, befasst hat. Vermutlich wird es den mittlerweile 75-Jährigen Künstler aber freuen, dass vor den Spielen der nordirischen Nationalmannschaft regelmäßig einer seiner größten Hits gesungen wird. Wenn die ausnahmslos in Grün gekleideten Fans »Sweet Caroline« anstimmen und – abweichend vom Original – mit spanischem Stierkampf-Flair (»Olé«) eine eigene Note geben, macht sich die »Green and White Army« bereit, Großes zu leisten.

Seit dem 2:0 über die Ukraine ist sie nun selbst ein Hit – und hat mit dem ersten Sieg bei einem EM-Endturnier Eingang in die Geschichtsbücher des 1,8-Millionen-Einwohner-Landes gefunden. Gareth McAuley und Niall McGinn versetzten mit ihren Toren eine ganze Nation in einen Taumel der Begeisterung. Gleichzeitig strichen sie die Ukraine von der Teilnehmerliste des Turniers. Als deren Mittelfeldspieler Taras Stepanenko und sein Abwehrkollege Artem Fedetskyy nach Spielende aufgebrachte Anhänger zu besänftigen versuchten, mussten sie nur ihr Totalversagen gegen Nordirland erklären. Drei Stunden später stand nach dem torlosen Remis zwischen Deutschland und Polen fest, dass die Ukraine wie bei der Heim-Europameisterschaft 2012 die Vorrunde nicht überstanden hatte.
Erst noch reichlich nebulös machte der in der Öffentlichkeit seit jeher umstrittene Trainer Mykhaylo Fomenko dafür »psychologische Gründe« verantwortlich. Später präzisierte der 67-Jährige seine Deutung und kritisierte fatale Mentalitäts-Defizite seiner Spieler: »Sie haben den Gegner unterschätzt.« Überraschend anders als sonst hatten die Nordiren freilich nicht gespielt. Sie blieben sich mit überragender Kampf- und Kopfballstärke selbst treu. Und feierten einen der bedeutendsten Siege ihrer Historie.

16. Juni in Lyon
Ukraine – Nordirland 0:2 (0:0)
Eingewechselt: 71. Zozulya für Seleznev, 76. Garmash für Sydorchuk, 83. Zinchenko für Kovalenko – 69. McGinn für Ward, 84. Magennis für Washington, 90./+3 McNair für C. Evans
Tore: 0:1 McAuley (49.), 0:2 McGinn (90./+6)
Gelbe Karten: Seleznev, Sydorchuk – Ward, Dallas, J. Evans
Bes. Vork.: Wegen eines Hagelschauers wurde das Spiel in der 57. Minute kurz unterbrochen.
Schiedsrichter: Kralovec (Tschechien)
Zuschauer: 51 043

Nordirland:
McGovern/2,5
A. Hughes/3, McAuley/2, Cathcart/3, J. Evans/3
C. Evans/3, Norwood/3
J. Ward/2,5, St. Davis/2,5
Washington/4, Dallas/3,5

Ukraine:
Pyatov/3
V. Shevchuk/4, Khacheridi/5, Fedetskyy/4
Rakytskyy/4,5, Sydorchuk/4,5
Stepanenko/4, Yarmolenko/4,5
Konoplyanka/5, Kovalenko/5
Seleznev/4,5

Deutschland – Polen 0:0

Boateng nennt klar die Mängel

Immer wieder Boateng: Der deutsche Abwehrspieler bekämpft Arkadiusz Milik (oben) und Robert Lewandowski.

Immer wieder einen Schritt zu spät: Mario Götze gegen Lukasz Piszczek (oben) und Thomas Müller gegen Grzegorz Krychowiak

Irgendwann Mitte der zweiten Halbzeit, Jerome Boateng hatte soeben Robert Lewandowski eher etwas rustikal vom Ball getrennt, ohne dass der Schiedsrichter auf Foul entschieden hätte, da umarmte der Abwehrspieler den Polen, redete kurz mit ihm und tätschelte ihn. Man kennt und schätzt sich. Im normalen Leben Arbeitskollegen und Freunde beim FC Bayern, trafen sie nun im zweiten Vorrundenspiel der Gruppe C als Gegner aufeinander. Zwei Ausnahmespieler lieferten sich ein Duell auf allerhöchstem Niveau. »Es ist immer schwer, gegen Robert zu spielen. Das hat man gesehen, er hat uns gut beschäftigt, aber wir haben das als Mannschaft gut gelöst«, lautete Boatengs Kommentar nach dem Spiel.

Aus deutscher Sicht war es das einzig Positive an diesem Abend. Kein Gegentor gegen die Polen; nach dem 2:0 gegen die Ukraine wieder ein Zunull-Spiel. Auf die Defensive konnte sich Jogi Löw bis auf zwei Situationen, in denen Arkadiusz Milik, der polnische Stürmer von Ajax Amsterdam, die Führung leichtfertig vergab, verlassen. Das hatte auch mit der Rückkehr von Mats Hummels zu tun, der nach einer Wadenverletzung, die er sich im DFB-Pokalfinale gegen Bayern München zugezogen hatte, wieder ins Team zurückkehrte. »Mats ist ein wichtiger Spieler für uns. Er hat sich gut eingefügt. Wir beide sind gut eingespielt. Das hat uns auf jeden Fall geholfen«, lobte Boateng seinen zukünftigen Nebenmann beim FC Bayern. Es war das einzige Lob, das der beste Mann auf dem Platz nach dem Spiel im Pariser Stade de France aussprach. Mit klaren Worten benannte Boateng die Mängel seiner Mannschaft. »Wir spielen ganz gut bis ins letzte Drittel, kommen dann aber nicht am Gegner vorbei. Wir müssen Tore erzielen, sonst kommen

VORRUNDE
Gruppe C

wir nicht weit.« Boateng war nicht allein mit seiner Ansicht. Es fehlte etwas im Spiel des Weltmeisters, der jedoch am Donnerstagabend ganz bewusst das letzte Risiko vermied. »Wir waren gewarnt«, erklärte Benedikt Höwedes, »wir wussten, dass die Polen auf Konter aus sind und wollten da nicht hineinlau-

Stimmen zum Spiel

Toni Kroos: »Wir haben es verpasst, uns gute Torchancen herauszuspielen. Manchmal haben wir uns ganz gut durch kombiniert, vor allem über die linke Seite, haben aber zu wenig daraus gemacht. Das Problem war, dass wir die Bälle vorne nicht fest gemacht haben, den Ball nicht kontrollieren konnten. Dann ist es halt schwer, zu vielen Chancen zu kommen. Ganz vorne hat einfach ein bisschen was gefehlt. Defensiv haben wir ordentlich gespielt, gut die Konter unterbunden und gut von hinten raus gespielt.«

Mesut Özil: »Wir haben nicht so viele Torchancen rausgespielt, weil Polen auch mit 50 Mann hinten drin stand. Da ist es ja normal, dass man Schwierigkeiten hat. Wir wissen ja, dass vor allem kleinere Nationen gegen uns defensiv eingestellt sind und auf Konter lauern. Heute haben wir die Wege nicht gefunden, sie zu schlagen. Trotz des Punktes ist die Enttäuschung relativ groß.«

Robert Lewandowski: »Wir sind zufrieden mit dem einen Punkt. Deutschland hatte mehr Ballbesitz und hat sehr schnell und sehr gut mit dem Ball gespielt. Wir wollten gut stehen und, wenn möglich, auch etwas nach vorne machen. In der ersten Halbzeit hatten wir viel Respekt, aber in der zweiten Halbzeit hatten wir auch unsere Möglichkeiten.«

Pressestimmen

»Ein kapitales Match, volle Zweikämpfe bis zum Schlusspfiff. Siegreiches Unentschieden der Polen.«
GAZETA WYBORCZA (POLEN)

»Wir haben uns den Deutschen nicht ergeben. Vor Beginn des Spiels hätten wir ein 0:0 mit Handkuss entgegen genommen, aber nach dem Schlusspfiff kann man gemischte Gefühle haben. Die Weltmeister bestimmten wie erwartet das Spiel, aber die Weiß-Roten hatten bessere Chancen.«
SUPER EXPRESS (POLEN)

»Wir hätten das gewinnen können!«
FAKT (POLEN)

»Die polnische Mauer hält stand. Deutschland gelang es nicht zu treffen, weil die gesamte Offensivabteilung keine Schnelligkeit oder Ideen hatte.«
LA GAZZETTA DELLO SPORT (ITALIEN)

»Deutschland gibt ein unbeschriebenes Blatt ab. Aus Mangel an Inspiration beißt sich der Weltmeister gegen eine erstaunliche polnische Mannschaft fest.«
L'ÉQUIPE (FRANKREICH)

»Löws Männer drehen den Strom zurück, aber Milik schafft es nicht, das für Polen auszunutzen.«
THE GUARDIAN (GROSSBRITANNIEN)

»Ein Superlangweiler. Das Spiel Deutschland gegen Polen war nur etwas für Liebhaber taktischer Varianten.«
MARCA (SPANIEN)

»Dieses Deutschland macht niemandem Angst.« AS (SPANIEN)

»Deutschland und Polen boten Intensität und taktische Disziplin.«
DER STANDARD (ÖSTERREICH)

»Überraschend unsichtbar – der Weltmeister hat Mühe.«
BASLER ZEITUNG (SCHWEIZ)

fen.« Doch die Balance war nicht da. »Es hat einfach ein bisschen was gefehlt, die Bälle waren zu einfach weg«, monierte Toni Kroos, dem wie seinen Nebenleuten Kreativität und Inspiration fehlte, um die dicht gestaffelte Abwehr der Polen auszuspielen. Vieles blieb Stückwerk beim Versuch, das polnische Bollwerk zu knacken, wirkte nicht aufeinander abgestimmt. Julian Draxler besetzte fast nie den ihm zugedachten linken Flügel, sondern zog immer wieder in die Mitte; Mesut Özil hatte lediglich einzelne Momente, in denen er auftauchte; Thomas Müller bestach zwar durch Eifer, hatte aber kaum spielerische Lösungen parat; und Mario Götze fand gar kein Durchkommen. »Im letzten Drittel hatten wir Probleme«, weiß Löw, »wir haben dort nicht das Tempo erhöht, sondern abgebrochen. Offensiv war es nicht das, was wir von unserer Mannschaft erwarten können.« Die von ihm vorgegebene Ausrichtung sieht der Bundestrainer ausdrücklich nicht als Knackpunkt an: »Polen ist stark in der Luft, und wir sind eine Mannschaft, die eigentlich stark am Boden kombiniert. Aber uns hat die Durchsetzungsfähigkeit gefehlt«, fiel die Analyse von Trainer Jogi Löw wenig erbaulich aus. Ganz anders die Polen, die nach dem Spiel das 0:0 gegen den amtierenden Weltmeister wie einen Sieg feierten. Wer in die Gesichter der Spieler und Verantwortlichen schaute, registrierte im Stade

Unter Strom: Jerome Boateng, gegen Polen auch als Leader gefordert

Der Bundestrainer am Ball: Jogi Löw möchte am liebsten mitspielen.

Kung Fu: Julian Draxler gegen Kamil Glik, der mit dem Kopf klärt.

VORRUNDE
Gruppe C

de France: Da ist eine Mannschaft, die nach zwei Spielen bei dieser EURO mächtig Selbstvertrauen getankt hat. Die Polen merkten an diesem Abend, dass sie sich mit dieser Ansammlung an Spielern vor keinem Team des Kontinents verstecken müssen. »Wenn wir so weiterspielen, können wir weit kommen«, prognostizierte Mittelfeldspieler Krychowiak. Auch Trainer Adam Nawalka zeigte sich »glücklich« mit der Leistung seines Teams. »Wir hatten die Kontrolle über das Geschehen auf dem Platz, ein Spiel, das wir uns genau so ausgerechnet hatten. Das 0:0 ist ein hervorragendes Ergebnis.«

Match-Daten

Deutschland		Polen
0	Tore	0
16	Torschüsse gesamt	7
3	Torschüsse aufs Tor	0
14	begangene Fouls	9
523	erfolgreiche Pässe	183
85 %	Passquote	68 %
69 %	Ballbesitz	31 %
49 %	Zweikampfquote	51 %
3	Gelbe Karten	3
0	Rote Karten	0
2	Abseits	3
8	Ecken	2
110 km	Laufstrecke	112 km

Die deutschen Spieler in der Einzelanalyse

#	Spieler	Ballkontakte	Pässe	Passbilanz %	Zweikampfquote %	Torschüsse	Fouls
1	Manuel NEUER (TW)	32	25	68	0	0	0
4	Benedikt HÖWEDES	62	31	84	80	0	0
17	Jerome BOATENG	82	69	86	60	0	2
5	Mats HUMMELS	81	64	92	62	1	1
3	Jonas HECTOR	100	66	86	57	1	0
6	Sami KHEDIRA	85	71	83	64	3	2
18	Toni KROOS	130	100	93	36	3	2
13	Thomas MÜLLER	56	35	74	62	1	2
8	Mesut ÖZIL	86	66	88	36	2	3
11	Julian DRAXLER bis 71.	50	36	78	67	2	0
19	Mario GÖTZE bis 66.						
9	André SCHÜRRLE ab 66.	21	15	100	0	0	0
23	Mario GOMEZ ab 71.	5	3	0	100	1	0

16. Juni in Paris St. Denis
Deutschland – Polen 0:0

Eingewechselt: 66. Schürrle für Götze, 71. Gomez für Draxler – 76. Jodlowiec für Maczynski, 80. Kapustka für Blaszczykowski, 87. Peszko für Grosicki

Gelbe Karten: Khedira, Özil, Boateng – Maczynski, Grosicki, Peszko

Schiedsrichter: Kuipers (Niederlande)

Zuschauer: 73 648

Aufstellung Polen: Fabianski/3; Piszczek/3, Glik/3,5, Pazdan/2, Jedrzejczyk/3,5; Krychowiak/2,5, Maczynski/4; Blaszczykowski/4, Milik/5, Grosicki/4; Lewandowski/3

Aufstellung Deutschland: Neuer/3; Höwedes/3,5, Boateng/1,5, Hummels/2,5, Hector/3,5; Khedira/3, Kroos/2,5; Müller/4, Özil/4, Draxler/5; Götze/5

Vorbei die Zeiten der Zurückhaltung. Krychowiak drückt das neue polnische Selbstbewusstsein aus: »Wir haben gezeigt, dass wir auch in dieser Gruppe Erster werden können. Das Spiel gegen die Ukraine wird sehr wichtig, und wir werden da alles dafür tun, um vor Deutschland zu landen.«

verhältnis deutlich aufhübschen müssen. Sie startete dann auch, als wolle sie Gegner Ukraine mit Haut und Haaren verspeisen. Polens Herrlichkeit endete nach den zwei vergebenen Hochkarätern von Milik und Lewandowski aber so schnell, wie sie begonnen hatte.

Zu dem Spieler-Quartett, das Nawalka nach dem Deutschland-Spiel schon im Hinblick auf das bevorstehende Achtelfinale gegen die Schweiz schonte, gehörte anfangs auch Ex-Kapitän Jakub Blaszczykowski. Immerhin durfte der noch immer

Eingenetzt: Torwart Andriy Pyatov und Taras Stepanenko kommen beim 0:1 zu spät (oben).

Trikot-Test: Ruslan Rotan versucht, Robert Lewandowski zu bremsen.

Ukraine – Polen 0:1

Blaszczykowskis Kunstschuss

Exakt vier Minuten durfte man im architektonisch vielleicht schönsten Stadion der Europameisterschaft unter kühn geschwungenen Tribünendächern einen Gedanken daran verschwenden, dass Polen noch ernsthaft auf den Gruppensieg aus sei. Dazu hätte die Mannschaft von Adam Nawalka ihr Tor-

VORRUNDE
Gruppe C

Die Null steht: Polens Torhüter Lukasz Fabianski ist auch von Andriy Yarmolenko nicht zu überwinden.

pfeilschnelle Flügelspieler mit Beginn der zweiten Hälfte sein Revier auf der rechten Seite aufsuchen. Und dort unterstrich der 30-Jährige, welchen Wert er weiterhin für die Auswahl seines Landes besitzt. Sein Tor, das am Ende auch das goldene war, gehört in die Auswahl der technisch bisher besten und schönsten des Turniers. Saubere Ballannahme, kurze Drehung, platzierter Kunstschuss – Blaszczykowski legte seine ganze Klasse in diese Aktion. Sie verhalf Polen ins Achtelfinale einer Europameisterschaft, zum ersten Mal in der Geschichte des Verbandes, der 2008 und 2012 noch sang- und klanglos in der Vorrunde gescheitert war. Dass Nawalkas Nationalteam keinen Spielwitz versprühte und gegen die zuvor bereits ausgeschiedene Ukraine auch noch das Glück gepachtet hatte, erklärte der diesmal geschonte Außenverteidiger Lukasz Piszczek auf seine Weise: »Wir wissen, dass wir nicht Deutschland und nicht Brasilien sind. Wir werden weiter hart arbeiten.«

Notfalls sorgt Blaszczykowski selbst dafür, dass diese Arbeit am Ende auch belohnt wird.

After-Work-Party: Jakub Blaszczykowski feiert den polnischen Sieg.

21. Juni in Marseille
Ukraine – Polen 0:1 (0:0)

Eingewechselt: 73. Kovalenko für Zinchenko, 90./+2 Tymoshchuk für Zozulya – 46. Blaszczykowski (2,5) für Zielinski, 71. Grosicki für Kapustka, 90./+3 Starzynski für Milik

Tor: 0:1 Blaszczykowski (54.)

Gelbe Karten: Rotan, Kucher – Kapustka

Schiedsrichter: Moen (Norwegen)

Zuschauer: 58 874

Fabianski/3
Cionek/3,5 Glik/3,5 Pazdan/3 Jedrzejczyk/3
Jodlowiec/5 Krychowiak/4
Kapustka/4,5 Zielinski/5 Milik/3,5
Lewandowski/4,5

Konoplyanka/2,5 Zozulya/3
Stepanenko/3 Zinchenko/2 Yarmolenko/4
Butko/4 Kucher/3 Rotan/2
Khacheridi/3,5 Fedetskyy/4
Pyatov/3

Nordirland – Deutschland 0:1

Nur Gomez kommt an McGovern vorbei

Den Platz auf dem Podium für die Ehrung zum Spieler des Spiels hatten die Juroren der UEFA für Mesut Özil reserviert. Deutschlands Regisseur hatte überaus umtriebig den ihm zugedachten Auftrag erfüllt, Chance um Chance vorbereitet oder zumindest mit inszeniert. Und damit jenen Mann ins Blickfeld gerückt, der den Star des FC Arsenal beim deutschen Gruppen-Finale in Paris noch überstrahlt hat: Michael McGovern. Der Keeper der Nordiren stand von Beginn an 90 Minuten unter Beschuss, 13 Großchancen für die Elf von Joachim Löw waren am Ende notiert. Doch nur Mario Gomez hat getroffen. Weil McGovern über sich hinausgewachsen war.

»Wir sind immer wieder an einem herausragenden Keeper gescheitert«, konstatierte Mario Götze nach der Partie. Der Hochgelobte nahm es dankend zur Kenntnis und ließ keinen Zweifel daran, dass auch ihm klar war, dass er Außergewöhnliches geleistet hatte. »Es war das Spiel meines Lebens«, sagte er in den Katakomben des Prinzenparks zu einem Zeitpunkt, da er noch nicht wusste, was seine Gala tatsächlich wert war. Sie brachte Nordirland tags darauf als einem der vier besten Drittplatzierten das Achtelfinale, und die Vorgabe dafür hatte er mit seinen Glanzparaden erfüllt: eine knappe Niederlage. »Jetzt gehen wir Fernsehen gucken«, verriet McGovern noch, bevor er in den Bus entschwand und nach dem TV-Studium der anderen Gruppen jubeln konnte. Die Spiele waren so ausgegangen, dass die Nordiren zu den vier besten Gruppendritten gehörten, und so waren McGoverns Glanztaten am Ende die nächste Runde wert, und der Held von Paris machte gar kein Hehl daraus, dass es eigentlich nur darum ging. »Wir wollten am Ende nicht mehr aufmachen, damit wir nicht höher verlieren.«

Denn spielerisch war Nordirland hoffnungslos unterlegen gegen eine deutsche Elf,

Strippenzieher: Mesut Özil wird zum Spieler des Spiels gekürt.

VORRUNDE
Gruppe C

Chance Nummer eins: Thomas Müller scheitert an Michael McGovern.

Stimmen zum Spiel

Joachim Löw: »Wenn die K.-o.-Spiele kommen, muss man die wenigen Chancen eiskalt verwerten und nicht damit spaßen. Wir haben zu viele Chancen vergeben. Wir hätten schon zur Halbzeit 3:0 oder 4:0 führen müssen.«

Mario Gomez: »Das war nicht einfach da vorne. Da standen zwei Ochsen. Alles in allem können wir zufrieden sein. Wir sind Gruppenerster. Das zählt bei einer EM. Jetzt hoffen wir, dass wir auch noch die Tore schießen. Vielleicht haben wir uns die Tore für die K.-o.-Phase aufgehoben.«

Thomas Müller: »Wir haben das umgesetzt, was wir trainiert haben. Nur die Tore haben gefehlt. Wir waren aber gierig und haben uns reingebissen. Das war eine deutliche Steigerung. Wenn wir den Hunger behalten, geht der Ball auch wieder rein.«

Joshua Kimmich: »Wir haben es in der ersten Halbzeit vorn extrem gut gemacht, haben viele Chancen herausgespielt. Der Trainer kam vor zwei Tagen zu mir und hat gesagt, dass er überlegt, mich rechts hinten zu bringen. Gestern hat er es mir dann gesagt. Im Team hat es vom ersten Tag an gestimmt. Auch heute hat es gepasst.«

Pressestimmen

»Party in Paris! Nordirland erkämpft sich einen Platz in den Top 16. Es war schon fast Mitternacht, als die Jubelgesänge noch immer durch die Straßen von Paris hallten.«
BELFAST TELEGRAPH (NORDIRLAND)

»Ein magischer McGovern beschert Nordirland den Einzug in die nächste Runde!« THE IRISH NEWS (NORDIRLAND)

»Mit einem echten Neuner ist alles viel einfacher für Deutschland. Torhüter McGovern verhinderte eine skandalöse Niederlage mit einem deutschen Torfestival. Löw lag goldrichtig mit der Aufstellung von Mario Gomez und Joshua Kimmich. Deutschland war gegen Nordirland wieder die Dampfwalze. ‚Die Mannschaft' ist wieder aufgestanden.« MARCA (SPANIEN)

»Deutsche Pünktlichkeit. Deutschland erscheint immer im passenden Moment. Der nordirische Torwart hätte beim Verlassen des Stadions Lotterielose kaufen müssen – es war sein Glückstag. Deutschland tanzte mit Nordirland. Das macht einem Angst – ein bisschen auf jeden Fall.« AS (SPANIEN)

»Deutschland antwortet den nordirischen Fan-Gesängen in einem einstimmigen Chor. Die nordirischen Fans waren präsenter als ihre Mannschaft. Das enge Ergebnis spiegelt den Spielverlauf nie und nimmer wider.« L'EQUIPE (FRANKREICH)

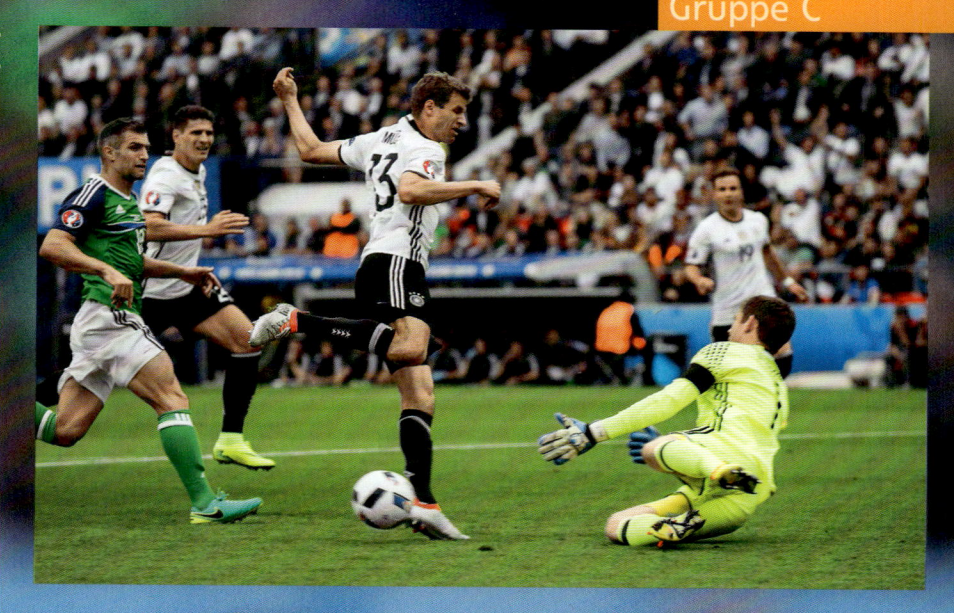

Chance Nummer zwei: McGovern und Craig Cathcart bremsen gemeinsam Mario Götze.

Chance Nummer drei: Mario Gomez springt höher als Aaron Hughes, aber auch sein Kopfball geht nicht ins Tor.

die munter kombinierte und von Löws Korrekturen profitierte: Joshua Kimmich hatte als Rechtsverteidiger den Vorzug vor Benedikt Höwedes erhalten, und der Coach bekam dafür sogar ein Lob vom auf die Bank verbannten Schalker. »Kimmich«, lobte Höwedes, »hat das Spiel über den Flügel belebt, es war die richtige Entscheidung des Trainers.« Gleiches gilt für den Einbau von Gomez. Es war die Rückkehr eines klassischen Mittelstürmers in das System Löw, die sich nicht allein wegen des Siegtores des früheren Stuttgarters auszahlte. Gomez brachte ein anderes Element in das von Kombinationen und Ballstafetten geprägte Spiel ein, war im Zentrum als Anspielstation und Prellbock wertvoll. »Wir

Applaus, Applaus: Toni Kroos, Thomas Müller und Mats Hummels (von links) sind Gruppenerster.

VORRUNDE
Gruppe C

haben es geschafft, uns gegen einen sehr tief stehenden Gegner viele Möglichkeiten zu erarbeiten«, sagte Mats Hummels. Tatsächlich war der Begriff »tief stehend« beinahe noch eine Verniedlichung: Im 4-1-4-1-System angeordnet, wurden die nominell offensiven Außenbahnspieler der Nordiren, Jamie Ward und Stuart Dallas, zu Außenverteidigern. Bei deutschem Ballbesitz also verteidigte die Mannschaft mit einer Sechserkette. Und konnten die deutsche Chancenflut dennoch nicht eindämmen. Auch, weil Gomez' Startelf-Nominierung Götze ein wenig in die Spur verhalf. Der zuvor als »falsche Neun« eingesetzte Bayern-Star wurde auf die linke Seite zurückversetzt und gestand: »Die Rolle in den Zwischenräumen liegt mir ein wenig mehr. Meine Aufgabe war es, Mario ganz vorn zu unterstützen, immer wieder nachzurücken.« Das gelang, obwohl auch Götzes Spiel mit einem ganz großen Makel behaftet blieb, der sinnbildlich für die Partie war: Er kam trotz dreier Großchancen nicht an McGovern vorbei.

Die grüne Wand: Nordirlands Fans stehen wie ein Mann hinter ihrer Mannschaft.

Die Entdeckung des Spiels: Joshua Kimmich überzeugt gegen Nordirland als rechter Außenverteidiger.

Die deutschen Spieler in der Einzelanalyse

#	Spieler	Ballkontakte	Pässe	Passbilanz %	Zweikampfquote %	Torschüsse	Fouls
1	Manuel NEUER (TW)	36	24	92	0	0	0
21	Joshua KIMMICH	104	67	87	56	2	1
17	Jerome BOATENG bis 76.	78	75	87	0	0	0
5	Mats HUMMELS	99	90	89	80	1	1
3	Jonas HECTOR	81	53	92	55	1	1
6	Sami KHEDIRA bis 69.	86	77	87	33	3	0
18	Toni KROOS	145	130	93	62	2	0
13	Thomas MÜLLER	63	39	82	41	6	2
8	Mesut ÖZIL	91	68	99	67	4	0
19	Mario GÖTZE bis 55.	34	22	91	33	3	1
23	Mario GOMEZ	27	15	73	43	5	1
9	André SCHÜRRLE ab 55.	20	14	93	0	1	0
7	Bastian SCHWEINSTEIGER ab 69.	41	35	91	57	0	1
4	Benedikt HÖWEDES ab 76.	10	10	100	50	0	0

Match-Daten

Nordirland		Deutschland
0	Tore	1
2	Torschüsse gesamt	28
0	Torschüsse aufs Tor	12
10	begangene Fouls	8
110	erfolgreiche Pässe	647
56 %	Passquote	90 %
21 %	Ballbesitz	79 %
49 %	Zweikampfquote	51 %
0	Gelbe Karten	0
0	Rote Karten	0
2	Abseits	3
3	Ecken	6
113 km	Laufstrecke	111 km

21. Juni in Paris
Nordirland – Deutschland 0:1 (0:1)

Eingewechselt: 59. Lafferty (5) für Washington, 70. Magennis für Ward, 84. McGinn für C. Evans – 55. Schürrle (4,5) für Götze, 69. Schweinsteiger für Khedira, 76. Höwedes für Boateng

Tor: 0:1 Gomez (30.)

Schiedsrichter: Turpin (Frankreich)

Zuschauer: 44 125

Aufstellung:
- Neuer/3
- Kimmich/2, Boateng/2, Hummels/2,5, Hector/3,5
- Khedira/4, Kroos/3,5
- Müller/3, Özil/2, Götze/4
- Gomez/2

Nordirland:
- Washington/5
- Dallas/4,5, St. Davis/4, C. Evans/5, J. Ward/5
- J. Evans/5, Cathcart/4,5, Norwood/4,5, McAuley/4,5, A. Hughes/5
- McGovern/1

Türkei – Kroatien			0:1 (0:1)
Spanien – Tschechien			1:0 (0:0)
Tschechien – Kroatien			2:2 (0:1)
Spanien – Türkei			3:0 (2:0)
Kroatien – Spanien			2:1 (1:1)
Tschechien – Türkei			0:2 (0:1)
1. Kroatien	3	5:3	7
2. Spanien	3	5:2	6
3. Türkei	3	2:4	3
4. Tschechien	3	2:5	1

Auf die Mütze bekommen: Torwart Petr Cech wird mit Tschechien Gruppenletzter.

Wie früher: Alvaro Morata knüpft mit Spanien an glorreiche Zeiten an. Die Türkei mit Gökhan Gönül (rechts) und Mehmet Topal scheidet aus.

Vorrunde
Gruppe D

Spanien
Tschechien
Türkei
Kroatien

Der amtierende Europameister kann es doch noch. Spanien, das viele nach einer desaströsen WM in Brasilien 2014 schon auf dem absteigenden Ast sahen, kombinierte in seinen ersten beiden Spielen wie zu besten Tiki-Taka-Zeiten. Kroatien landete mit überragenden Einzelkönnern auf Platz 1. Ein Wechselbad der Gefühle gab es für die Türkei, die auf Rang 3 landete, aber im Gruppen-Quervergleich nicht zum Lucky Loser wurde.

Spanien

1. Iker Casillas, 20.05.81 (FC Porto)
2. Cesar Azpilicueta, 28.08.89 (FC Chelsea)
3. Gerard Piqué, 02.02.87 (FC Barcelona)
4. Marc Bartra, 15.01.91 (FC Barcelona)
5. Sergio Busquets, 16.07.88 (FC Barcelona)
6. Andres Iniesta, 11.05.84 (FC Barcelona)
7. Alvaro Morata, 23.10.92 (Juventus Turin)
8. Koke, 08.01.92 (Atletico Madrid)
9. Lucas Vazquez, 01.07.91 (Real Madrid)
10. Cesc Fabregas, 04.05.87 (FC Chelsea)
11. Pedro, 28.07.87 (FC Chelsea)
12. Hector Bellerin, 19.03.95 (FC Arsenal)
13. David de Gea, 07.11.90 (Manchester United)
14. Thiago, 11.04.91 (Bayern München)
15. Sergio Ramos, 30.03.86 (Real Madrid)
16. Juanfran, 09.01.85 (Atletico Madrid)
17. Mikel San José, 30.05.89 (Athletic Bilbao)
18. Jordi Alba, 21.03.89 (FC Barcelona)
19. Bruno Soriano, 12.06.84 (FC Villarreal)
20. Aritz Aduriz, 11.02.81 (Athletic Bilbao)
21. David Silva, 08.01.86 (Manchester City)
22. Nolito, 15.10.86 (Celta Vigo)
23. Sergio Rico, 01.09.93 (FC Sevilla)

Trainer: Vicente del Bosque

Tschechien

1. Petr Cech, 20.05.82 (FC Arsenal)
2. Pavel Kaderabek, 25.04.92 (TSG Hoffenheim)
3. Michal Kadlec, 13.12.84 (Fenerbahce Istanbul)
4. Theodor Gebre Selassie, 24.12.86 (Werder Bremen)
5. Roman Hubnik, 06.06.84 (Viktoria Pilsen)
6. Tomas Sivok, 15.09.83 (Bursaspor)
7. Tomas Necid, 13.08.89 (Bursaspor)
8. David Limbersky, 06.10.83 (Viktoria Pilsen)
9. Borek Dockal, 30.09.88 (Sparta Prag)
10. Tomas Rosicky, 04.10.80 (FC Arsenal)
11. Daniel Pudil, 27.09.85 (Sheffield Wednesday)
12. Milan Skoda, 16.01.86 (Slavia Prag)
13. Jaroslav Plasil, 05.01.82 (Girondins Bordeaux)
14. Daniel Kolar, 27.10.85 (Viktoria Pilsen)
15. David Pavelka, 18.05.91 (Kasimpasa Istanbul)
16. Tomas Vaclik, 29.03.89 (FC Basel)
17. Marek Suchy, 29.03.88 (FC Basel)
18. Josef Sural, 30.05.90 (Sparta Prag)
19. Ladislav Krejci, 05.07.92 (Sparta Prag)
20. Jiri Skalak, 12.03.92 (Brighton & Hove Albion)
21. David Lafata, 18.09.81 (Sparta Prag)
22. Vladimir Darida, 08.08.90 (Hertha BSC)
23. Tomas Koubek, 26.08.92 (Slovan Liberec)

Trainer: Pavel Vrba

Türkei

1 Volkan Babacan, 11.08.88
  (Istanbul Basaksehir FK)
2 Semih, 24.02.91
  (Galatasaray Istanbul)
3 Hakan Balta, 23.03.83
  (Galatasaray Istanbul)
4 Ahmet Calik, 26.02.94
  (Genclerbirligi Ankara)
5 Nuri Sahin, 05.09.88
  (Borussia Dortmund)
6 Hakan Calhanoglu, 08.02.94
  (Bayer 04 Leverkusen)
7 Gökhan Gönül, 04.01.85
  (Fenerbahce Istanbul)
8 Selcuk, 10.02.85
  (Galatasaray Istanbul)
9 Cenk Tosun, 07.06.91
  (Besiktas Istanbul)
10 Arda Turan, 30.01.87 (FC Barcelona)
11 Olcay Sahan, 26.05.87
  (Besiktas Istanbul)
12 Onur, 01.01.88 (Trabzonspor)
13 Ismail Köybasi, 10.07.89
  (Besiktas Istanbul)
14 Oguzhan, 23.09.92 (Besiktas Istanbul)
15 Mehmet Topal, 03.03.86
  (Fenerbahce Istanbul)
16 Ozan Tufan, 23.03.95
  (Fenerbahce Istanbul)
17 Burak, 15.07.85 (Beijing Guo'an)
18 Caner, 04.10.88 (Fenerbahce Istanbul)
19 Yunus Malli, 24.02.92
  (1. FSV Mainz 05)
20 Volkan Sen, 07.07.87
  (Fenerbahce Istanbul)
21 Emre Mor, 24.07.97
  (FC Nordsjaelland)
22 Sener, 23.01.90 (Fenerbahce Istanbul)
23 Harun Tekin, 17.06.89 (Bursaspor)

Trainer: Fatih Terim

Kroatien

1 Ivan Vargic, 15.03.87 (HNK Rijeka)
2 Sime Vrsaljko, 10.01.92
  (Sassuolo Calcio)
3 Ivan Strinic, 17.07.87 (SSC Neapel)
4 Ivan Perisic, 02.02.89 (Inter Mailand)
5 Vedran Corluka, 05.02.86
  (Lokomotive Moskau)
6 Tin Jedvaj, 28.11.95
  (Bayer 04 Leverkusen)
7 Ivan Rakitic, 10.03.88 (FC Barcelona)
8 Mateo Kovacic, 06.05.94
  (Real Madrid)
9 Andrej Kramaric, 19.06.91
  (TSG Hoffenheim)
10 Luka Modric, 09.09.85 (Real Madrid)
11 Dario Srna, 01.05.82
  (Schachtar Donezk)
12 Lovre Kalinic, 03.04.90 (Hajduk Split)
13 Gordon Schildenfeld, 18.03.85
  (Dinamo Zagreb)
14 Marcelo Brozovic, 16.11.92
  (Inter Mailand)
15 Marko Rog, 19.07.95
  (Dinamo Zagreb)
16 Nikola Kalinic, 05.01.88 (AC Florenz)
17 Mario Mandzukic, 21.05.86
  (Juventus Turin)
18 Ante Coric, 14.04.97
  (Dinamo Zagreb)
19 Milan Badelj, 25.02.89 (AC Florenz)
20 Marko Pjaca, 06.05.95
  (Dinamo Zagreb)
21 Domagoj Vida, 29.04.89
  (Dynamo Kiew)
22 Duje Cop, 01.02.90 (FC Malaga)
23 Danijel Subasic, 27.10.84
  (AS Monaco)

Trainer: Ante Cacic

Der Torschuss: Luka Modric knallt den Ball volley ins türkische Tor.

Türkei – Kroatien 0:1

Modric versöhnt sich mit der Geschichte

Die Wunden aus den vorangegangenen 90 Minuten versteckte Vedran Corluka in den Katakomben des Pariser Prinzenparks unter einer schwarzen Baseballcap. Und er redete offen über Narben aus der Vergangenheit. Viermal musste der kroatische Abwehrchef während des 1:0-Sieges gegen die Türkei vom Feld, um sich nach einem Ellbogencheck von Cenk Tosun seine klaffende und stark blutende Platzwunde neu verarzten zu lassen. Die Fans feierten den früheren Leverkusener für seinen heroischen Auftritt, doch er erklärte im Anschluss, dass der Schmerz nicht vergleichbar sei mit jenem von 2008.

Bei der EM-Endrunde in Österreich und der Schweiz war Kroatien im Viertelfinale gegen die Türkei in der 119. Minute durch Ivan Klasnic mit 1:0 in Führung gegangen, vorzeitig im Jubelrausch versunken – und anschließend in einem Tränenmeer. Nach dem Ausgleich in der Nachspielzeit der Verlängerung brachen alle Systeme zusammen, im Elfmeterschießen versagten außer Kapitän Dario Srna sämtlichen Schützen die Nerven. »Das«, sagte Corluka nach dem siegreichen Auftakt in Frankreich, »war der schwärzeste und schmerzhafteste Moment meiner Karriere. Es hat lange gedauert, sich davon zu erholen.« Gescheitert war acht Jahre zuvor vom Punkt auch Luka Modric, gleich als erster Schütze. An jenem Sonntag von Paris gelang auch ihm die Versöhnung mit der Geschichte. Nach 41 Minuten hatte der kleine Mittelfeldstar von Real Madrid den Ball mit vollem Risiko volley genommen und das goldene Tor erzielt. »Kein Zufall« war der Schuss für Ivan Rakitic, »Luka hat unglaubliche Qualität, er trifft den Ball perfekt.« Und entschied damit ein Spiel, in dem Kroatien weitaus überlegener war, als es das knappe Ergebnis ausdrückt.

Diese Erkenntnis musste auch die Türkei hinnehmen. »Kroatien war ein starker Gegner«, erkannte Fatih Terim an. Einer, gegen den der Coach nicht die richtigen Mittel gewählt hatte. Den Leverkusener Hakan Calhanoglu hatte Terim im 4-1-4-1-System 45 Minuten lang auf dem rechten Flügel versteckt, auch seine Korrektur nach der Pause mit dem Kunstschützen in der zentralen Rolle brachte nicht den Umschwung. »In der Zentrale«, sagte Calhanoglu, »fühle ich mich wohler.«

Ein Last-minute-Wunder wie 2008 lag im Regen von Paris nicht mal ansatzweise in der Luft. Auch, weil sich Corluka nach abermaligem Verbandswechsel trotz seins blutdurchtränkten Turbans wie selbstverständlich in jedes Kopfballduell warf. Die schmerzhaften Wunden hatten dieses Mal die Türken.

---

12. Juni in Paris
Türkei – Kroatien 0:1 (0:1)

Eingewechselt: 46. Sen (5) für Oguzhan, 65. Burak für Arda Turan, 69. Mor für Tosun – 87. Kramaric für Perisic, 90. Schildenfeld für Rakitic, 90./+3 Pjaca für Mandzukic

Tor: 0:1 Modric (41.)

Gelbe Karten: Tosun, Hakan Balta, Sen – Strinic

Schiedsrichter: Eriksson (Schweden)

Zuschauer: 43 842

Kroatien: Subasic/3; Srna/2,5, Corluka/3, Vida/4, Strinic/3,5; Brozovic/2,5, Modric/2, Rakitic/3, Badelj/3,5; Mandzukic/4, Perisic/2,5

Türkei: Volkan Babacan/4,5; Caner/5, Hakan Balta/4, Topal/4, Gökhan Gönül/3,5; Selcuk/3,5; Arda Turan/5, Tufan/4, Oguzhan/4,5, Calhanoglu/5; Tosun/5

**VORRUNDE
Gruppe D**

Spanien – Tschechien 1:0

Und wieder startet Spanien schleppend

Dass der Start in ein Turnier nicht immer leicht fällt, wissen die Spanier aus eigener Erfahrung. Bei der WM 2010 wurde der amtierende Europameister zum Auftakt von der Schweiz düpiert (0:1), zwei Jahre später kam er gegen Italien nicht über ein Unentschieden hinaus (1:1). Die Geschichte hat sie aber auch gelehrt, dass ein schwieriger Beginn kein Indiz für ein schlechtes Ende sein muss: 2010 wurde Spanien Weltmeister, 2012 verteidigte die Mannschaft von Vicente del Bosque als erste Nation überhaupt den EM-Titel.

Insofern konnte das zähe 1:0 gegen die Tschechen durchaus Mut machen. Zum Auftaktspiel seiner Fußballer kam sogar König Felipe VI. über die Pyrenäen ins grenznahe Toulouse. Er sah eine Mannschaft, die dominierte und kombinierte, die hin und wieder Lücken in der dicht gestaffelten Defensive der Tschechen fand, aber die es nicht schaffte, den Ball im gegnerischen Tor unterzubringen. Mal machten die Dribbelkünstler einen Haken zu viel, und immer wieder scheiterten sie am herausragenden Keeper Petr Cech.

Es war zwei bewährten Kräften vorbehalten, die Partie kurz vor Schluss zu entscheiden: Andres Iniesta, der umsichtige und gefühlvolle Taktgeber, flankte, Piqué, der lange Abwehrrecke, köpfte – 1:0 für Spanien. »Wir hatten das Spiel komplett unter Kontrolle«, resümierte der stoische Vicente del Bosque zufrieden. Der Trainer vollzog zum EM-Start zugleich den Generationenwechsel im Tor und ersetzte Routinier Iker Casillas durch David de Gea. Die Tschechen wiederum standen trotz tapferer Gegenwehr und einiger Torchancen nach Kontern und Standards am Ende mit leeren Händen da. »Wir haben auf dem maximalen Level gespielt. Es ist ärgerlich, dass wir nicht mindestens einen Punkt geholt haben«, meinte Trainer Pavel Vrba. Doch auch er wollte nach der Enttäuschung zu Beginn natürlich noch nicht aufgeben. Ein schleppender Start muss ja kein schlechtes Ende nach sich ziehen, das wissen nicht nur die Spanier.

Der Torschütze: Gerard Piqué erzielt den einzigen Treffer gegen Tschechien.

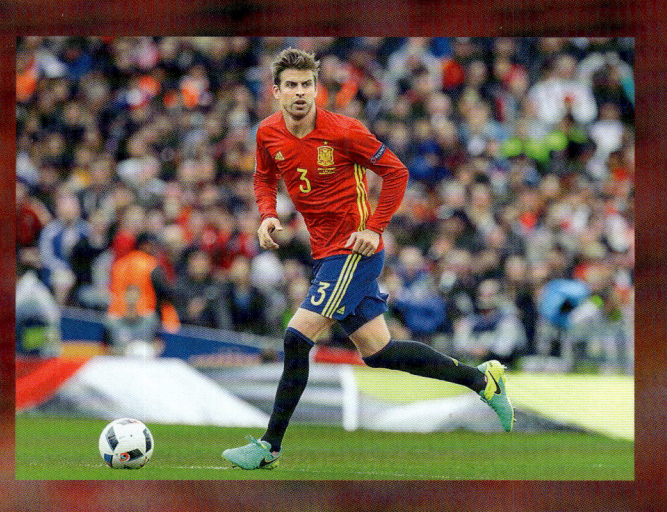

Zu spät: Der Tscheche Vladimir Darida kann Alvaro Morata nicht bremsen.

13. Juni in Toulouse
Spanien – Tschechien 1:0 (0:0)
Eingewechselt: 62. Aduriz für Morata, 70. Thiago für Fabregas, 82. Pedro für Nolito – 75. Lafata für Necid, 86. Sural für Gebre Selassie, 88. Pavelka für Rosicky
Tor: 1:0 Piqué (87.)
Gelbe Karte: Limbersky
Schiedsrichter: Marciniak (Polen)
Zuschauer: 29 400

Aufstellung:
P. Cech/1,5
Kaderabek/3,5 – Sivok/3 – Hubnik/3 – Limbersky/4,5
Plasil/4 – Darida/3
Gebre Selassie/3,5 – Rosicky/4,5 – Krejci/3,5
Necid/4,5

Nolito/3,5 – Morata/3 – Silva/3
Iniesta/1,5 – Fabregas/3,5
Jordi Alba/3 – Busquets/2,5 – Sergio Ramos/3 – Piqué/2,5 – Juanfran/3
de Gea/3

Tschechien – Kroatien 2:2

Ein emotionaler Ausnahmezustand

Vergeblich: Kroatische Spieler versuchen, die Randalierer zu beruhigen.

86 Minuten lang leitete Englands Top-Schiedsrichter Mark Clattenburg eine ganz normale Partie, vielleicht abgesehen davon, dass Kroatien trotz turmhoher Dominanz nur 2:1 gegen Tschechien führte. Ein paar Umdrehungen des Sekundenzeigers fehlten noch, und Spiel Nummer 20 der Europameisterschaft wäre ohne besondere Vorkommnisse zu Ende gegangen. Wenn, ja wenn kroatische Hooligans und Schläger sich nicht ausgerechnet das Stadion in St. Etienne als Bühne für ihre Exzesse ausgesucht hätten.

Bengalos flogen auf den Rasen, Zuschauer droschen aufeinander ein, kurz zuvor in Kompaniestärke aufmarschierte Polizisten schauten zu. Clattenburg unterbrach, pfiff erst fünf Minuten später wieder an und setzte den dramaturgischen Höhepunkt mit einem berechtigten Handelfmeter, den Tomas Necid zum 2:2-Ausgleich wuchtig in die Maschen jagte.

Dass sich der im offensiven Mittelfeld vorzügliche Ivan Rakitic kurz danach zu der abstrusen Verschwörungstheorie hinreißen ließ, der Schiedsrichter habe Kroatien wegen der Ausschreitungen »einen mitgeben« wollen, belegt den emotionalen Ausnahmezustand, in dem sich alle Beteiligten noch lange nach Spielende befanden. Kroatiens Trainer Ante Cacic bezeichnete die von den eigenen Anhängern angezettelten Ausschreitungen nachvollziehbar als »Schande«. Aufgebracht klagte er die Schläger gleich als »Terroristen« an. Die UEFA ließ relative Milde walten und verurteilte den Verband zu einer Geldstrafe in Höhe von 100 000 Euro, von einem befürchteten Turnierausschluss, eventuell auch auf Bewährung, war nicht die Rede.

Ob diese blinde Aggression den Ausgang des Spiels entscheidend beeinflusst hatte, darüber gingen die Meinungen auseinander. »Natürlich haben uns die kroatischen Ultras geholfen«, meinte Tschechiens Torhüter Petr Cech. Rakitic verneinte einen Zusammenhang zwischen den Krawallen und dem späten Ausgleich. »Das«, betonte er, »wäre zu einfach. Wir hätten das cleverer runterspielen müssen.« Noch einfacher wäre gewesen, die vielen Chancen in den ersten 70 Minuten der Partie besser zu nutzen.

17. Juni in Saint-Etienne
Tschechien – Kroatien 2:2 (0:1)

Eingewechselt: 67. Skoda für Lafata, 67. Sural für Skalak, 86. Necid für Plasil – 62. Kovacic für Modric, 90./+7 Schildenfeld für Rakitic, 90./+8 Vrsaljko für Strinic

Tore: 0:1 Perisic (37.), 0:2 Rakitic (59.), 1:2 Skoda (76.), 2:2 Necid (90./+3, HE)

Gelbe Karten: Sivok – Badelj, Brozovic, Vida

Bes. Vork.: Wegen Ausschreitungen im kroatischen Fanblock (86.) wurde das Spiel für fünf Minuten unterbrochen.

Schiedsrichter: Clattenburg (England)
Zuschauer: 38 376

Kroatien: Subasic/3; Srna/2,5, Corluka/3,5, Vida/4, Strinic/3; Modric/2, Badelj/3, Brozovic/3, Rakitic/2, Perisic/2,5; Mandzukic/4

Tschechien: P. Cech/3,5; Kaderabek/3, Sivok/3,5, Hubnik/4,5, Limbersky/3; Skalak/5, Darida/3, Plasil/4,5, Rosicky/4; Krejci/3,5; Lafata/5

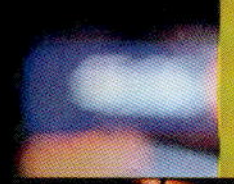

**VORRUNDE
Gruppe D**

Spanien – Türkei 3:0

Estamos aqui, hier sind wir!

An Selbstbewusstsein mangelte es den Spaniern schon vor dem Turnier nicht. Da formulierte Trainer Vicente del Bosque klar und deutlich: »Wir streben zum Turnierauftakt nach dem maximalen Erfolg.« Die zweite EM-Titelverteidigung sollte es also sein, der dritte Pokal in Serie. Doch der angenehm entschleunigte del Bosque wusste auch: »Man bekommt nur das, was man sich erarbeitet.«

Nun verfügt die Seleccion fast schon traditionell nicht unbedingt über Spieler vom Format Wasserträger. Sie erging sich in der Zeit nach dem überraschenden WM-Aus 2014 in glanzlosem Tiki-Taka, ein echter Vollstrecker fehlte. Vielleicht war das deutliche 3:0 gegen erschreckend schwache Türken die Geburt eines neuen Torjägers. Denn Alvaro Morata traf zweimal, wenn auch beim 3:0 Vorlagengeber Jordi Alba im Abseits stand.

Zu diesem Zeitpunkt des Turniers war der ungefährdete Sieg in Nizza ein Ausrufezeichen an die noch nicht voll überzeugende Konkurrenz aus Deutschland, Frankreich oder England. Estamos aqui, hier sind wir! Mit welcher Präzision Andres Iniesta die gegnerische Viererkette aushebelte, ließ die Kicker vom Bosporus zu Salzsäulen erstarren. Sie eröffneten den Iberern Räume, die sonst nur einem Hausmeister mit Generalschlüssel offenstehen. Und Hakan Calhanoglu zog vor Iniesta verbal den Hut: »Der lebt in einer anderen Welt.« Die Klasse der Sieger musste auch Türkei-Trainer Fatih Terim neidlos anerkennen: »Spanien ist eine besondere Mannschaft. Wenn man gegen sie ein Tor kassiert, sollte man nicht gleich den Kopf hängen lassen, aber das zweite Tor hat es sehr schwer für uns gemacht.« In der Tat. Zwischen Moratas Dosenöffner und dem 2:0 durch Nolito lagen nicht einmal drei Minuten. Der Genickbruch für die Halbmondsterne – und ein echtes Ausrufezeichen der Seleccion.

Kommt ein Spanier geflogen: Sergio Ramos zeigt vollen Einsatz.

Vorbereiter: Andres Iniesta war auch von drei türkischen Abwehrspielern nicht zu bremsen.

Vollstrecker: Alvaro Morata lässt Torwart Volkan Babacan keine Chance und trifft zum Endstand.

17. Juni in Nizza
Spanien – Türkei 3:0 (2:0)

Eingewechselt: 64. Bruno Soriano für Silva, 71. Koke für Fabregas, 81. Azpilicueta für Jordi Alba – 46. Sahin (4) für Calhanoglu, 62. Sahan für Oguzhan, 70. Malli für Selcuk

Tore: 1:0 Morata (34.), 2:0 Nolito (37.), 3:0 Morata (48.)

Gelbe Karten: Sergio Ramos – Burak, Tufan

Schiedsrichter: Mazic (Serbien)

Zuschauer: 33 409

Volkan Babacan/3,5
Gökhan Gönül/5 — Topal/5,5 — Hakan Balta/4 — Caner/4
Oguzhan/5 — Selcuk/5,5 — Tufan/5
Calhanoglu/4,5 — Burak/4,5 — Arda Turan/5

Nolito/2 — Morata/1,5
Iniesta/1,5 — Fabregas/3 — Silva/2,5
Jordi Alba/2,5 — Busquets/2 — Juanfran/3
Sergio Ramos/3,5 — Piqué/2,5
de Gea/3

Kroatien – Spanien 2:1

Iniesta: »Wir sind Spanien!«

Danijel Subasic schmunzelte, seine Brillanten in beiden Ohrläppchen strahlten im nächtlichen Scheinwerferlicht. »Wir hatten uns viele Videos angeschaut. Ich hatte eigentlich keinen Elfmeter an David Silva gesehen – und dann habe ich ihn eben gehalten!« Die Schlüsselszene von Bordeaux im Spiel zwischen Kroatien und Spanien. Es war die 70. Minute, als Schiedsrichter Björn Kuipers auf eine Schwalbe von Spaniens Silva hereinfiel und auf den Punkt zeigte. Doch Kapitän Sergio Ramos scheiterte unkonzentriert und leichtfertig an Subasic. Der Keeper des AS Monaco hatte vorher wohl noch entscheidende Hinweise bekommen. Flüsterpost auf Kroatisch: Luka Modric, Klub-Kollege von Ramos bei Real Madrid, hatte von der Reservebank Kapitän Dario Srna instruiert, der die Elfer-Geheimnisse an den Keeper weitergab. Subasic parierte leicht und gab damit den Impuls, dass Kroatien in der Schlussphase das Spiel noch zu seinen Gunsten drehte. 2:1 – ein Schuss vor den Bug der Roja. Der Titelverteidiger musste im Achtelfinale gegen Italien ran. Das Revival des EM-Finales von Kiew 2012 – damals siegten die Spanier mit 4:0 und verteidigten ihren Titel!

Vielleicht sollte man das Spiel nicht ganz so ernst nehmen. Spanien war schon fürs Achtelfinale qualifiziert und spielte dementsprechend nur mit halbem Gas. Kroatien verzichtete gar auf fünf Stammspieler (drei wegen einer drohenden Gelbsperre, Modric und Mario Mandzukic wurden wegen leichter Blessuren geschont). Trainer Ante Cacic zockte, weil sein Team nicht schlechter als auf Platz drei enden konnte. Und er hatte Erfolg, weil der überragende Ivan Perisic in der 87. Minute den Deckel draufmachte.

Aber welche Schlüsse musste man ziehen? Spaniens Trainer Vicente del Bosque vertraute im dritten Spiel in Folge seiner Stammelf. Aber die wirkte nach der langen Saison leicht übermüdet und konnte in der entscheidenden Phase keinen Gang mehr zulegen. Doch Andres Iniesta, das eigentliche Schwungrad des Tiki-Taka-Zaubers, sagte ebenso gelassen wie trotz der Niederlage selbstbewusst: »Theoretisch spielen wir jetzt in der schwierigeren Hälfte. Aber wir sind Spanien und können überzeugt von uns bleiben!«

Elfmeter pariert: Kroatiens Torhüter Danijel Subasic wird nach seiner Großtat gefeiert.

Torgefährlich: Ivan Perisic schießt das Siegtor gegen Spanien.

---

21. Juni in Bordeaux

Kroatien – Spanien 2:1 (1:1)

Eingewechselt: 82. Kovacic für Rog, 90./+2 Cop für Pjaca, 90./+4 Kramaric für Perisic – 60. Bruno Soriano (3,5) für Nolito, 67. Aduriz für Morata, 84. Thiago für Fabregas

Tore: 0:1 Morata (7.), 1:1 N. Kalinic (45.), 2:1 Perisic (87.)

Gelbe Karten: Rog, Srna, Vrsaljko, Perisic

Bes. Vork.: Subasic hält FE von Sergio Ramos (72.)

Schiedsrichter: Kuipers (Niederlande)

Zuschauer: 37 245

Aufstellung Spanien: de Gea/4,5; Juanfran/4, Piqué/3,5, Sergio Ramos/4,5, Jordi Alba/4; Busquets/2,5; Silva/2, Fabregas/3, Iniesta/3,5; Nolito/4, Morata/3

Aufstellung Kroatien: Subasic/2; Vrsaljko/4, Jedvaj/4, Corluka/3, Srna/3; Badelj/3, Rog/3,5; Pjaca/3,5, Rakitic/3, Perisic/1,5; N. Kalinic/2

VORRUNDE
Gruppe D

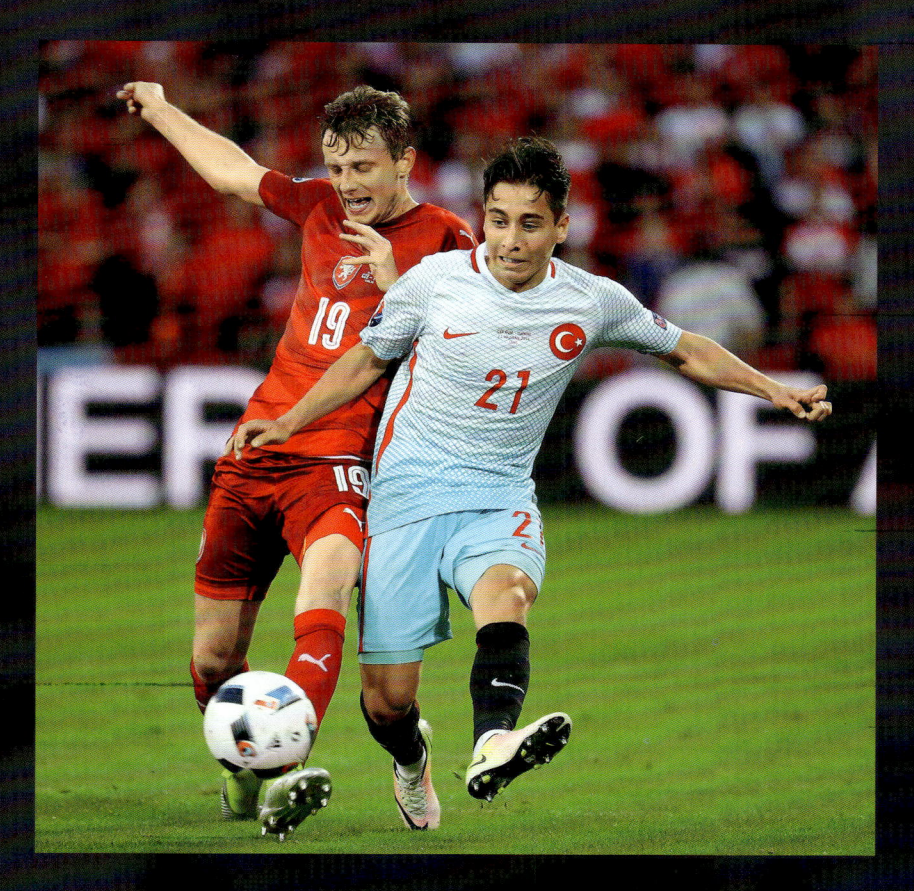

Gesiegt und doch verloren: Emre Mor scheidet trotz des 2:0 über Tschechien mit Ladislav Krejci (links) aus.

Tschechien – Türkei 0:2

Mor, die Blume der Türkei

Zwei Spiele, zwei Niederlagen. Das sind Momente, in denen Trainer etwas ändern müssen. Fatih Terim, der »Imperator« der türkischen Nationalelf, bildet da keine Ausnahme. Also stellte er im letzten Gruppenspiel erstmals Emre Mor in die Startelf. Das sollte sich beim 2:0 über Tschechien voll auszahlen. Noch vor dem Turnier hatte sich Borussia Dortmund die Dienste des 18-jährigen Rohdiamanten gesichert. 9,5 Millionen Euro überwiesen sie deshalb an den dänischen Erstligisten FC Nordsjaelland. Bekommen haben sie dafür einen 1,68 Meter kleinen Wirbelwind, der zumindest eine Abwehr wie die tschechische überfordern kann. »Ich glaube immer, dass was geht«, sagte er nach der Partie.

Und wie! Nach knapp zehn Minuten nahm Mor nach einem öffnenden Pass Arda Turans auf rechts Fahrt auf. Einen kurzen Blick und eine präzise Hereingabe später führten die Türken, Burak hatte die gekonnte Vorarbeit eiskalt vollendet. »Ich habe Emre Mor bis zu dieser EM nicht gekannt. Er ist großartig, er ist unsere Blume, wir werden ihn hegen und pflegen«, schwärmte der Torschütze. »Burak sagte vor dem Spiel, lasst uns Geschichte schreiben«, schilderte Vorbereiter Mor.

Er wuchs in Dänemark als Sohn eines türkischen Vaters und einer mazedonischen Mutter auf. Terim zögerte nicht, den am Bosporus nahezu Unbekannten in sein Aufgebot zu berufen, und sah sich bestätigt: »Er war heute unser Retter, er hatte großen Einfluss auf unser Spiel.« Dabei hatte er Mor in der Aufstellung dem etablierten Leverkusener Hakan Calhanoglu vorgezogen.

Nach dem Sieg war vor dem Zittern. Erst 24 Stunden später wussten die Türken, dass sie trotz des Sieges nicht zu den besten Gruppendritten gehörten und das Achtelfinale verpasst hatten.

Die Tschechen verabschiedeten sich mit nur einem Punkt aus drei Partien. Außer Torwartlegende Petr Cech erinnerte nichts mehr an die vielen Generationen herausragender Fußballer. Der Europameister von 1976 bestand nur noch aus biederen Kämpfern. »Länder wie Spanien oder Kroatien spielen in einer anderen Welt. Wir haben keinen Iniesta oder Modric«, musste Trainer Pavel Vrba eingestehen. Sie haben nicht einmal einen Emre Mor.

---

21. Juni in Lens
Tschechien – Türkei 0:2 (0:1)

Eingewechselt: 57. Skoda (4,5) für Pavelka, 71. Sural für Dockal, 90. Kolar für Plasil – 61. Oguzhan für Sen, 69. Sahan für Mor, 90. Tosun für Burak

Tore: 0:1 Burak (10.), 0:2 Tufan (65.)

Gelbe Karten: Plasil, Pavelka, Sural – Köybasi, Hakan Balta

Schiedsrichter: Collum (Schottland)

Zuschauer: 32 836

Volkan Babacan/2,5
Gökhan Gönül/3 — Topal/4 — Hakan Balta/3 — Köybasi/4,5
Tufan/3 — Selcuk/3,5
Mor/2 — Arda Turan/3,5
Burak/3 — Necid/4 — Sen/4
Krejci/4,5 — Darida/3,5 — Plasil/3,5 — Dockal/4
Pudil/4,5 — Pavelka/4,5
Hubnik/4,5 — Sivok/4,5 — Kaderabek/3
P. Cech/3,5

69

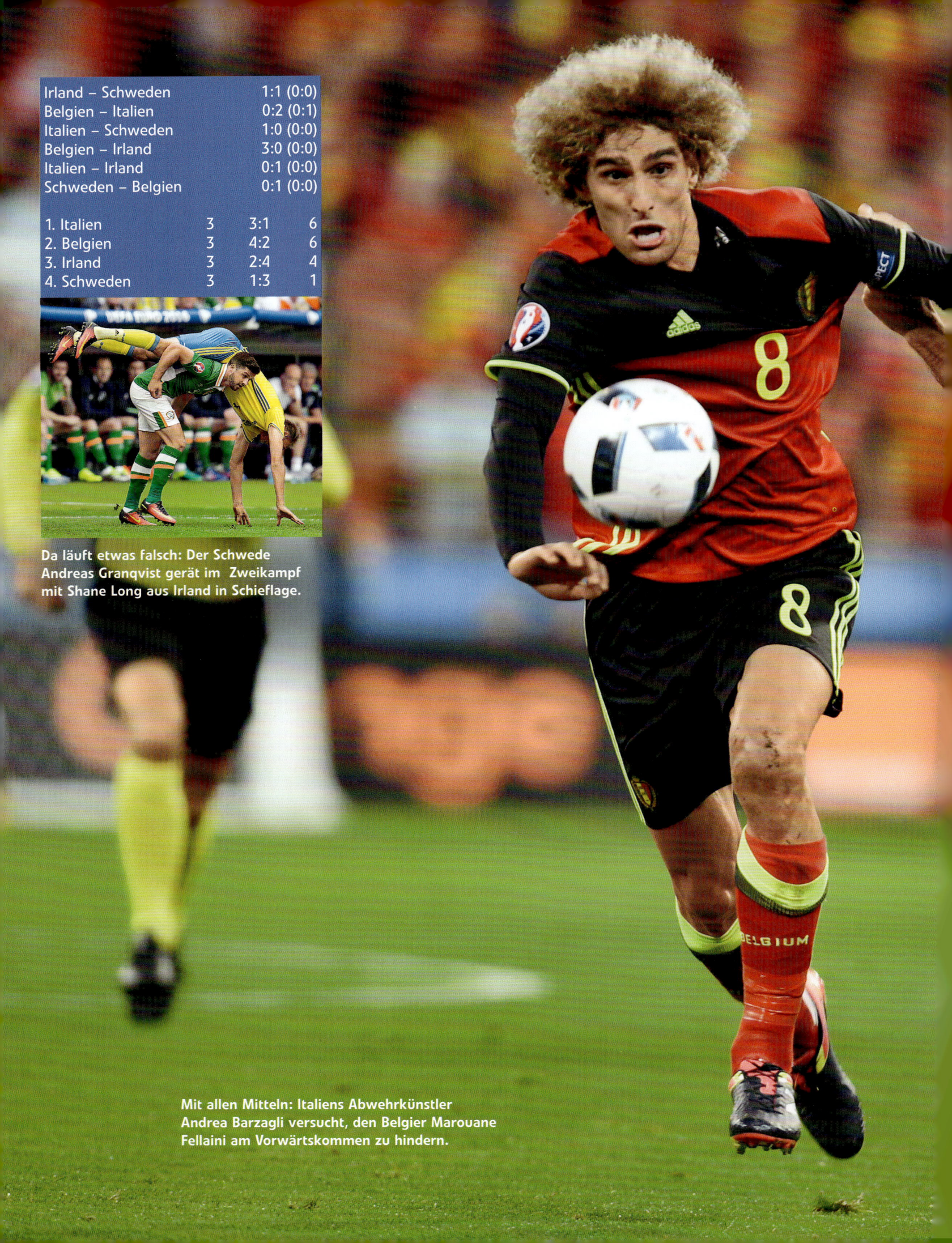

Irland – Schweden			1:1 (0:0)
Belgien – Italien			0:2 (0:1)
Italien – Schweden			1:0 (0:0)
Belgien – Irland			3:0 (0:0)
Italien – Irland			0:1 (0:0)
Schweden – Belgien			0:1 (0:0)
1. Italien	3	3:1	6
2. Belgien	3	4:2	6
3. Irland	3	2:4	4
4. Schweden	3	1:3	1

Da läuft etwas falsch: Der Schwede Andreas Granqvist gerät im Zweikampf mit Shane Long aus Irland in Schieflage.

Mit allen Mitteln: Italiens Abwehrkünstler Andrea Barzagli versucht, den Belgier Marouane Fellaini am Vorwärtskommen zu hindern.

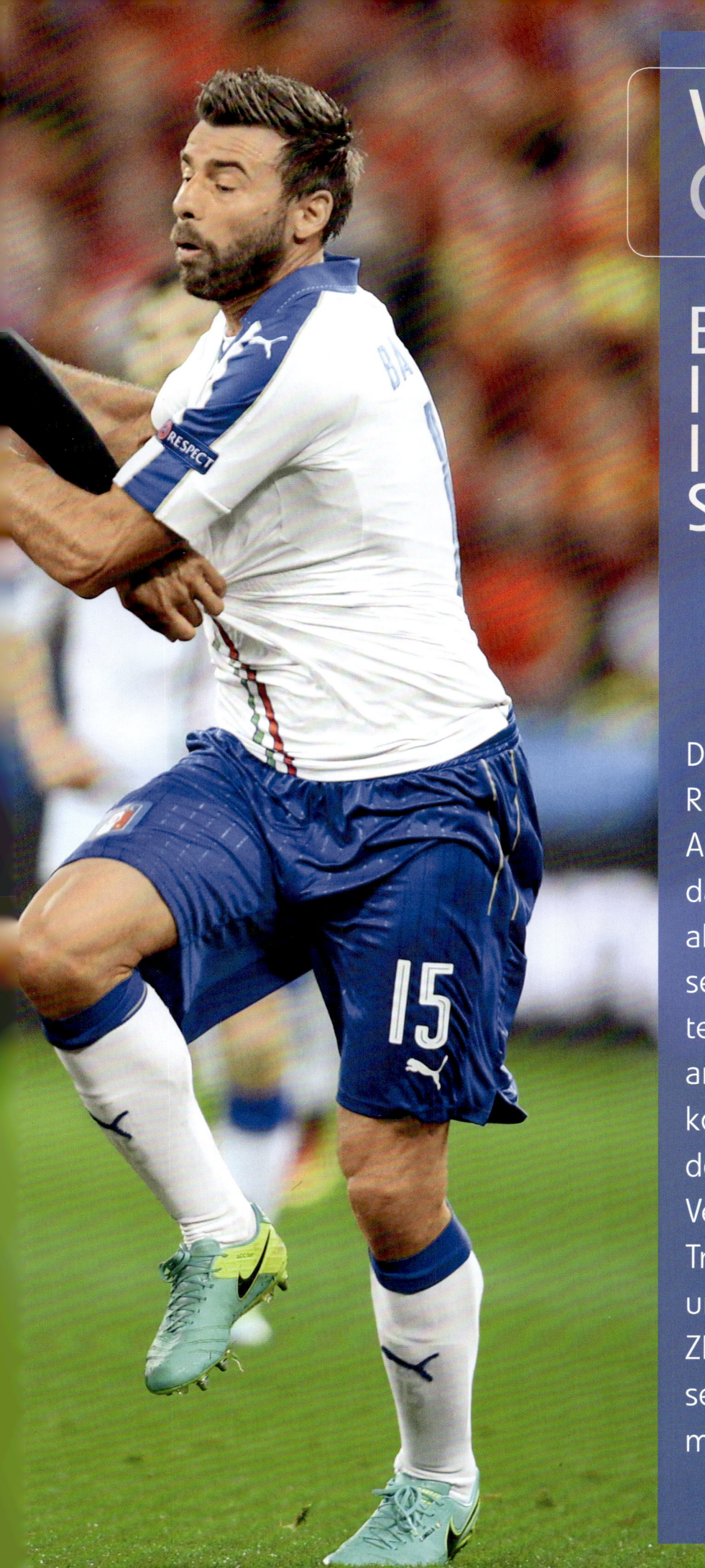

Vorrunde
Gruppe E

Belgien
Italien
Irland
Schweden

Die italienische Altherren-Riege demonstrierte ihre Abwehrkünste, wenn es darauf ankam. Unspektakulär, aber erfolgreich. Belgien mit seinen in ganz Europa verstreuten Top-Fußballern biss sich an ihnen die Zähne aus. Irland komplettierte den Gesamterfolg der britischen Inseln – alle vier Vertreter kamen weiter. Trauer in Schweden: letzter Platz, und der exzentrische Superstar Zlatan Ibrahimovic beendete seine Karriere in der Nationalmannschaft.

Belgien

1. Thibaut Courtois, 11.05.92 (FC Chelsea)
2. Toby Alderweireld, 02.03.89 (Tottenham Hotspur)
3. Thomas Vermaelen, 14.11.85 (FC Barcelona)
4. Radja Nainggolan, 04.05.88 (AS Rom)
5. Jan Vertonghen, 24.04.87 (Tottenham Hotspur)
6. Axel Witsel, 12.01.89 (Zenit St. Petersburg)
7. Kevin De Bruyne, 28.06.91 (Manchester City)
8. Marouane Fellaini, 22.11.87 (Manchester United)
9. Romelu Lukaku, 13.05.93 (FC Everton)
10. Eden Hazard, 07.01.91 (FC Chelsea)
11. Yannick Ferreira-Carrasco, 04.09.93 (Atletico Madrid)
12. Simon Mignolet, 06.03.88 (FC Liverpool)
13. Jean Francois Gillet, 31.05.79 (KV Mechelen)
14. Dries Mertens, 06.05.87 (SSC Neapel)
15. Jason Denayer, 28.06.95 (Galatasaray Istanbul)
16. Thomas Meunier, 12.09.91 (FC Brügge)
17. Divock Origi, 18.04.95 (FC Liverpool)
18. Christian Kabasele, 24.02.91 (KRC Genk)
19. Moussa Dembelé, 16.07.87 (Tottenham Hotspur)
20. Christian Benteke, 03.12.90 (FC Liverpool)
21. Jordan Lukaku, 25.07.94 (KV Oostende)
22. Michy Batshuayi, 02.10.93 (Olympique Marseille)
23. Laurent Ciman, 05.08.85 (Montreal Impact)

Trainer: Marc Wilmots

Italien

1. Gianluigi Buffon, 28.01.78 (Juventus Turin)
2. Mattia de Sciglio, 20.10.92 (AC Mailand)
3. Giorgio Chiellini, 14.08.84 (Juventus Turin)
4. Matteo Darmian, 02.12.89 (Manchester United)
5. Angelo Ogbonna, 23.05.88 (West Ham United)
6. Antonio Candreva, 28.02.87 (Lazio Rom)
7. Simone Zaza, 25.06.91 (Juventus Turin)
8. Alessandro Florenzi, 11.03.91 (AS Rom)
9. Graziano Pelle, 15.07.85 (FC Southampton)
10. Thiago Motta, 28.08.82 (Paris St. Germain)
11. Ciro Immobile, 20.02.90 (FC Turin)
12. Salvatore Sirigu, 12.01.87 (Paris St. Germain)
13. Federico Marchetti, 07.02.83 (Lazio Rom)
14. Stefano Sturaro, 09.03.93 (Juventus Turin)
15. Andrea Barzagli, 08.05.81 (Juventus Turin)
16. Daniele de Rossi, 24.07.83 (AS Rom)
17. Eder, 15.11.86 (Inter Mailand)
18. Marco Parolo, 25.01.85 (Lazio Rom)
19. Leonardo Bonucci, 01.05.87 (Juventus Turin)
20. Lorenzo Insigne, 04.06.91 (SSC Neapel)
21. Federico Bernardeschi, 16.02.94 (AC Florenz)
22. Stephan El Shaarawy, 27.10.92 (AS Rom)
23. Emanuele Giaccherini, 05.05.85 (FC Bologna)

Trainer: Antonio Conte

Irland

1 Keiren Westwood, 23.10.84 (Sheffield Wednesday)
2 Seamus Coleman, 11.10.88 (FC Everton)
3 Ciaran Clark, 26.09.89 (Aston Villa)
4 John O'Shea, 30.04.81 (AFC Sunderland)
5 Richard Keogh, 11.08.86 (Derby County)
6 Glenn Whelan, 13.01.84 (Stoke City)
7 Aiden McGeady, 04.04.86 (Sheffield Wednesday)
8 James McCarthy, 12.11.90 (FC Everton)
9 Shane Long, 22.01.87 (FC Southampton)
10 Robbie Keane, 08.07.80 (Los Angeles Galaxy)
11 James McClean, 22.04.89 (West Bromwich Albion)
12 Shane Duffy, 01.01.92 (Blackburn Rovers)
13 Jeff Hendrick, 31.01.92 (Derby County)
14 Jonathan Walters, 20.09.83 (Stoke City)
15 Cyrus Christie, 30.09.92 (Derby County)
16 Shay Given, 20.04.76 (Stoke City)
17 Stephen Ward, 20.08.85 (FC Burnley)
18 David Meyler, 29.05.89 (Hull City)
19 Robbie Brady, 14.01.92 (Norwich City)
20 Wesley Hoolahan, 20.05.82 (Norwich City)
21 Daryl Murphy, 15.03.83 (Ipswich Town)
22 Stephen Quinn, 01.04.86 (FC Reading)
23 Darren Randolph, 12.05.87 (West Ham United)

Trainer: Martin O'Neill

Schweden

1 Andreas Isaksson, 03.10.81 (Kasimpasa Istanbul)
2 Mikael Lustig, 13.12.86 (Celtic Glasgow)
3 Erik Johansson, 30.12.88 (FC Kopenhagen)
4 Andreas Granqvist, 16.04.85 (FK Krasnodar)
5 Martin Olsson, 17.05.88 (Norwich City)
6 Emil Forsberg, 23.10.91 (RasenBallsport Leipzig)
7 Sebastian Larsson, 06.06.85 (AFC Sunderland)
8 Albin Ekdal, 28.07.89 (Hamburger SV)
9 Kim Källström, 24.08.82 (Grasshopper Club Zürich)
10 Zlatan Ibrahimovic, 03.10.81 (Paris St. Germain)
11 Marcus Berg, 17.08.86 (Panathinaikos Athen)
12 Robin Olsen, 08.01.90 (FC Kopenhagen)
13 Pontus Jansson, 13.02.91 (FC Turin)
14 Victor Nilsson Lindelöf, 17.07.94 (Benfica Lissabon)
15 Oscar Hiljemark, 28.06.92 (US Palermo)
16 Pontus Wernbloom, 25.06.86 (ZSKA Moskau)
17 Ludwig Augustinsson, 21.04.94 (FC Kopenhagen)
18 Oscar Lewicki, 14.07.92 (Malmö FF)
19 Emir Kujovic, 22.06.88 (IFK Norrköping)
20 John Guidetti, 15.04.92 (Celta Vigo)
21 Jimmy Durmaz, 22.03.89 (Olympiakos Piräus)
22 Erkan Zengin, 05.08.85 (Trabzonspor)
23 Patrik Carlgren, 08.01.92 (AIK Solna)

Trainer: Erik Hamren

Vorbereitung: Dieser Pass von Zlatan Ibrahimovic führt zum Eigentor von Ciaran Clark.

Chance verpasst: John O'Shea scheitert an Andreas Isaksson (rechts).

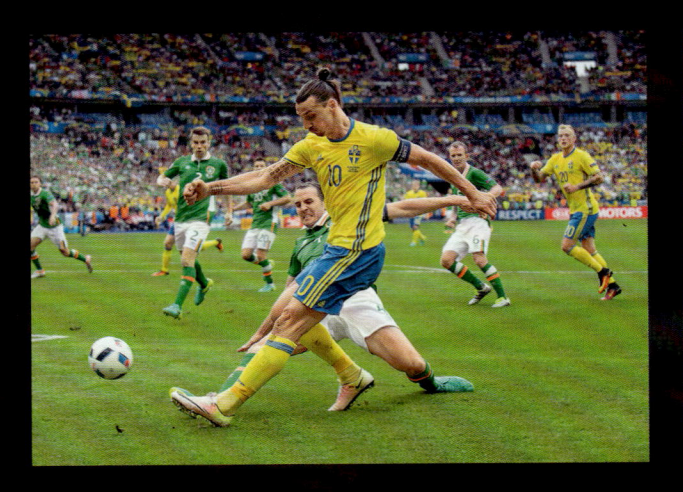

Irland – Schweden 1:1

Ibrahimovic: »Ich kann es viel besser«

Die Rückkehr hatte sich auch Zlatan Ibrahimovic anders vorgestellt. Dreieinhalb Wochen zuvor hatte der schwedische Star im Pokalfinale im Stade de France noch auf fulminante Art und Weise seinen Abschied aus Frankreich zelebriert. Der Stürmer traf beim 4:2 von Paris St. Germain gegen Marseille zweimal und legte dazu ein Tor auf. Doch gegen Irland enttäuschte »Ibra« – so wie sein ganzes Team. Am Ende kam kein einziger Schuss aufs Tor.

Dass die Schweden überhaupt einen Treffer erzielten, verdankten sie dem etwas ungelenken irischen Verteidiger Ciaran Clark (Aston Villa), der Ibrahimovics Hereingabe ins eigene Tor lenkte. Es sollte die einzige erwähnenswerte Szene des langen Stürmers bleiben. »Wir haben Zlatan gut kontrolliert und ihn mit zunehmendem Spielverlauf immer mehr gezwungen, sich weg vom Strafraum zu halten«, freute sich der irische Trainer Martin O'Neill. Dass er und sein Team sich am Ende nur mit einem Punkt begnügen mussten, hatte allein mit der mangelnden Chancenverwertung zu tun. »Im Fußball geht es am Ende immer noch um die Tore. Wir hätten liebend gerne die drei Punkte. Das hätten wir verdient«, fand O'Neill. In der irischen Kabine ging es deshalb nach dem Spiel auch eher ruhig zu. »Die Spieler waren enttäuscht, aber sie müssen es nicht sein.« Das sah Torschütze Wes Hoolahan, Mittelfeldspieler von Norwich City, der mit einer herausragenden Leistung zum »Man of the Match« wurde, später genauso. »Wir hätten höher führen müssen, aber wir sind glücklich über unsere Leistung.«

Das konnte man von den Schweden nicht wirklich sagen. »Wir hatten in der Offensive nicht genug Bewegung, haben den Ball nicht gut zirkulieren lassen, und wir haben auch die zweiten Bälle nicht gewonnen«, kritisierte Schwedens Trainer Erik Hamrén. Seinen Stürmerstar wollte er aber explizit nicht kritisiert wissen. »Der Angriff benötigt Unterstützung«, beklagte der Coach. Ibrahimovic sah das genauso: »Uns fehlt Qualität«, schimpfte er hinterher. »Ich habe getan, was ich konnte, wenn man bedenkt, wie viele Pässe ich bekommen habe. Aber ich kann viel besser spielen. Immerhin haben wir nicht verloren«, so der Schwede missmutig. Und das war für die Schweden an diesem Abend die allerbeste Nachricht.

Ärger: Zlatan Ibrahimovic reagiert missmutig auf das 1:1 gegen Irland.

---

13. Juni in Paris St. Denis

Irland – Schweden 1:1 (0:0)

Eingewechselt: 64. McClean für Walters, 78. Keane für Hoolahan, 85. McGeady für McCarthy – 45. Johansson (4) für Lustig, 59. Guidetti (4) für Berg, 86. Ekdal für Lewicki

Tore: 1:0 Hoolahan (48.), 1:1 Clark (71., ET)

Gelbe Karten: McCarthy, Whelan – Nilsson Lindelöf

Schiedsrichter: Mazic (Serbien)

Zuschauer: 73 419

Aufstellung Schweden: Isaksson/2; Lustig/5, Nilsson Lindelöf/3,5, Granqvist/3,5, Martin Olsson/2,5; Lewicki/5, Källström/5; Larsson/4,5, Forsberg/4; Ibrahimovic/4, Berg/5

Aufstellung Irland: Randolph/2,5; Coleman/2,5, O'Shea/3,5, Clark/4,5, Brady/3; Hendrick/2, Whelan/3,5, J. McCarthy/4; Walters/4, Hoolahan/2; S. Long/4

VORRUNDE
Gruppe E

Abgeblockt: Giorgio Chiellini wirft sich in den Schuss von Kevin De Bruyne (links).

Die Entscheidung: Graziano Pelle trifft zum 0:2, Ciro Immobile schaut interessiert zu.

Belgien – Italien 0:2

Alter schlägt Talent

Das Alter hat nichts Schönes, sagt der Volksmund. Aber es hatte drei Punkte für Italien zum Auftakt. Die Frührentnertruppe der Azzurri – Altersdurchschnitt der Startelf: 31 Jahre – bezwang die jungen, mit grandiosem Talent gesegneten Belgier mit 2:0.

Daniele de Rossi, 32, war einer dieser Haudegen, die gefühlt seit Berlusconis erstem Amtsantritt als Ministerpräsident (1994) das Gerüst der Squadra Azzurra bildeten. Der grimmige Römer schritt grimmigen Blickes durch die Mixed Zone. Als er gefragt wurde, ob er überrascht war ob der physischen Überlegenheit seines Altherren-Klubs, schaute er kurz noch ein bisschen grimmiger. Dann sagte er: »Das war vielleicht für euch überraschend.«

Bis zum Pausenpfiff lief Italien sechs Kilometer mehr als Belgien, deren Startelf einen Altersschnitt von 26,8 Jahren hatte. Leonardo Bonuccis gefühlvolles Pässchen und Emanuele Giaccherinis Schlenzer zum 1:0 veredelten diesen Kraftakt. Die hochgehandelte Truppe von Marc Wilmots enttäuschte auf der ganzen Linie. Das frühere Schalker Kampfschwein musste anerkennen: »Italien hat die beste Abwehr des Turniers.« Eine Erkenntnis zu einem bemerkenswert frühen Zeitpunkt der EM, die seine indisponierten Starkicker um Kevin De Bruyne, der eine Leistung so blass wie sein Haupthaar ablieferte, schützen sollte.

»Ein krasser individueller Fehler brachte die Niederlage«, analysierte Wilmots noch und unterschlug damit das 0:2 in der Nachspielzeit durch Graziano Pelle. Vor allem aber prallte Belgien am Juve-Riegel Barzagli-Bonucci-Chiellini ab. Und wenn da mal einer durchrutschte, stand Gianluigi Buffon, ebenso Juve, seinen Mann.

Mit dem Schlusspfiff setzte Gigi zum Sprint in die italienische Kurve an, sprang an die Torlatte, klammerte sich fest, rutschte ab, knallte auf den Rücken – und stand lachend wieder auf. Mit 38 Jahren wirkte der Schlussmann der Azzurri noch spritziger als so manches belgische Talent.

Jubel: Gianluigi Buffon freut sich über das 2:0 gegen Belgien.

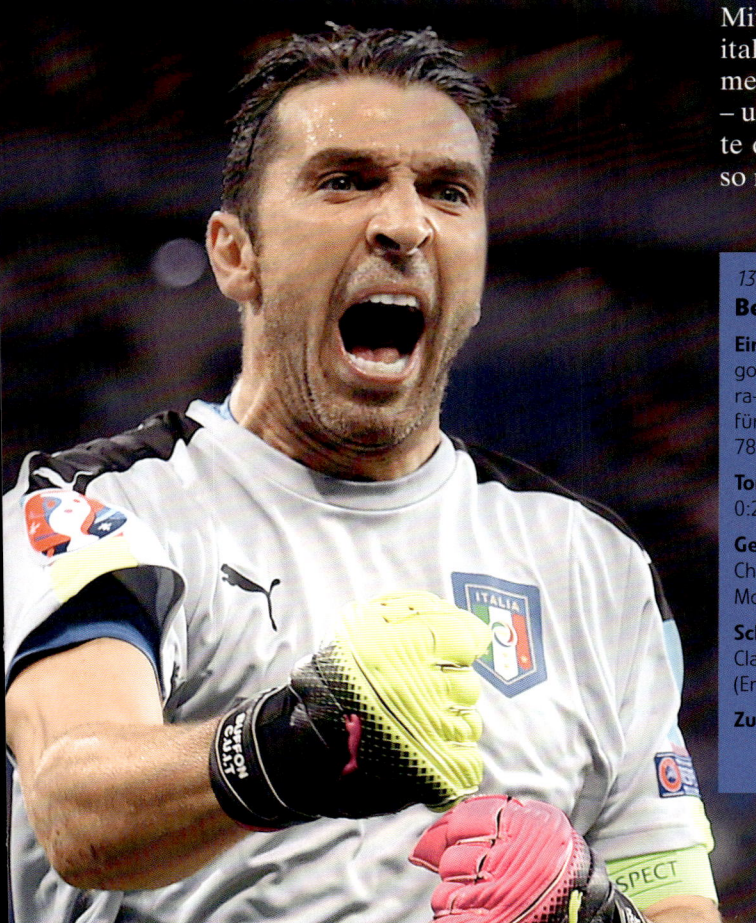

13. Juni in Lyon
Belgien – Italien 0:2 (0:1)

Eingewechselt: 62. Mertens für Nainggolan, 73. Origi für R. Lukaku, 76. Ferreira-Carrasco für Ciman – 58. de Sciglio (3) für Darmian, 75. Immobile für Eder, 78. Motta für de Rossi

Tore: 0:1 Giaccherini (32.), 0:2 Pelle (90./+3)

Gelbe Karten: Vertonghen – Chiellini, Eder, Bonucci, Motta

Schiedsrichter: Clattenburg (England)

Zuschauer: 55 408

Italien: Buffon/3 – Barzagli/2, Bonucci/1,5, Chiellini/2,5 – Candreva/2, Parolo/3,5, de Rossi/3, Giaccherini/3, Darmian/4 – Pelle/2, Eder/4

Belgien: Courtois/2,5 – Vertonghen/5, Vermaelen/3, Alderweireld/5, Ciman/3,5 – Witsel/3,5, Nainggolan/3 – Hazard/3, Fellaini/2,5, De Bruyne/5 – R. Lukaku/4,5

Solo mit Abschluss: Der gebürtige Brasilianer Eder sichert für Italien den Sieg über Schweden.

Italien – Schweden 1:0

Viel Tristesse und »Meister« Eder

Eigentlich hatte der Kick in Toulouse nicht mehr verdient als ein torloses Remis. Die Highlights im Stadion lieferten lange Zeit nur die Strahler der Flutlicht-Anlage, die trotz der Anstoßzeit um 15 Uhr leuchteten. Ansonsten brachten die landenden Flugzeuge in Blagnac wenigstens ein bisschen Abwechslung.

Die Protagonisten aus Italien und Schweden boten dagegen ein eher fades Szenario. Die Taktikfüchse vom Apennin hatten nach dem überraschenden 2:0-Auftakterfolg gegen Belgien schon gerechnet, und auch die Schweden hätten unter Umständen mit einem weiteren Punkt (wie gegen die Iren) leben können. Also wurde beiderseits vorsichtig agiert. Die Offensive fand so gut wie gar nicht statt – auch der selbst ernannte Gott, Schwedens Zlatan Ibrahimovic, konnte das italienische Abwehrbollwerk mit den Juve-Recken nicht erschrecken. Neutralisation war angesagt. Auf einem erschreckend schwachen Niveau. Es fehlte an Inspiration, an Kreativität. Pelle und Eder fanden bei der Squadra Azzurra ebenso wenig statt wie Ibrahimovic und Guidetti auf der Gegenseite. Für Stimmung sorgten bestenfalls die gut 10 000 schwedischen Fans, die eine beeindruckende »gelbe Wand« boten und große Emotionen zeigten.

Für die Entscheidung sorgte dann ausgerechnet einer, den schon niemand mehr auf der Rechnung hatte. »Meister« Eder, in Italien naturalisierter Brasilianer, fasste sich nach einem Einwurf ein Herz, ließ Lindelöf, Källström sowie den strauchelnden Granqvist stehen und überwand Isaksson mit einem Flachschuss ins lange Eck. 1:0 in der 88. Minute.

»Wer hätte schon erwartet, dass wir nach zwei Spielen bereits das Achtelfinale erreicht haben«, freute sich Antonio Conte, Italiens dynamischer Trainer, »aber wir bleiben trotzdem mit beiden Beinen auf dem Boden.« Was sich Conte allerdings wünschte: dass sich die italienischen Tifosi genauso zu ihrem blauen Trikot bekennen wie auf der Gegenseite die Schweden. Doch denen half die große Unterstützung auch nicht weiter. »Ich bin schon ein wenig beunruhigt, weil wir wieder nicht getroffen haben«, meinte Trainer Erik Hamren. Wenn sich das gegen Belgien nicht ändert, ist die EURO 2016 für die Skandinavier schon wieder Vergangenheit – erneut nach der Vorrunde.

---

17. Juni in Toulouse
Italien – Schweden 1:0 (0:0)

Eingewechselt: 60. Zaza (3) für Pelle, 74. Motta für de Rossi, 85. Sturaro für Florenzi – 79. Durmaz für Forsberg, 79. Lewicki für Ekdal, 85. Berg für Guidetti

Tor: 1:0 Eder (88.)

Gelbe Karten: de Rossi, Buffon – Olsson

Schiedsrichter: Kassai (Ungarn)

Zuschauer: 29 600

Schweden: Isaksson/3 – Lindelöf/4,5, Johansson/4,5, Granqvist/4,5, Martin Olsson/4 – Nilsson/4, Ekdal/4, Källström/4,5 – Forsberg/5, Ibrahimovic/3,5, Guidetti/4

Italien: Buffon/3 – Chiellini/3, Bonucci/3, Barzagli/3 – Florenzi/3,5, de Rossi/3,5, Parolo/4, Candreva/3 – Giaccherini/3,5, Eder/3, Pelle/5

VORRUNDE
Gruppe E

Belgien – Irland 3:0

Bittere Medizin von Lukaku

Die höchste Sicherheitsstufe gab's in Bordeaux nur für das angestellte Personal. Terror-Warnungen aus Belgien hatten ganztägig die Hubschrauber über der Stadt und den Stadionbereich kreisen lassen, das Sicherheitspersonal war in höchste Alarmbereitschaft versetzt.

Die Partie zwischen dem EM-Geheimfavoriten Belgien und Irland lief dagegen fast ohne jede Vorsicht ab. Zumindest in der zweiten Halbzeit. Nach einem schwachen Beginn ließen die Roten Teufel die Leinen los – auch weil sich der Gegner als extrem konteranfällig erwies.

Als die Iren nach einer eigenen Ecke bei einem fragwürdigen Einsatz von Toby Alderweireld gegen Shane Long vergeblich einen Elfmeterpfiff von Schiedsrichter Cüneyt Cakir erwarteten, schlugen die Belgier eiskalt zu. Kevin De Bruyne überlief die aufgerückte Defensive, und Romelu Lukaku versenkte den Ball im Tor. Das 2:0 machte der überragende Wuschelkopf Axel Witsel per Kopf nach einer Flanke von Thomas Meunier – übrigens der einzige Belgier, der in der Heimat, bei Meister FC Brügge, kickt. Und auch das 3:0-Endresultat lief nach bewährtem Strickmuster ab. Ein Konter über den flinken Kapitän Eden Hazard, der Ciaran Clark ins Leere grätschen ließ, und in der Mitte vollendete erneut der gefährliche Lukaku.

»Wir haben den Belgiern mit unseren Schwächen geholfen«, gab Irlands Kapitän John O'Shea unumwunden zu, »eigentlich wollten wir die Offensive suchen, aber es entwickelte sich genau andersherum.« Auch Coach Martin O'Neill erkannte die Überlegenheit der Belgier neidlos an: »Wir mussten eine bittere Medizin schlucken.«

Wesentlich besser war dagegen Marc Wilmots gelaunt. Der belgische Nationaltrainer, nach der Auftaktniederlage gegen Italien in der Kritik, empfand Genugtuung. »Ich kann damit leben. Aber manchmal ist Kritik nur da, um Leute zu manipulieren. Ich bin 47 Jahre alt, will gesund sein und mag meinen Job. Leute, die kritisieren, haben kein gutes Leben«, meinte der Ex-Schalker nach dem Spiel – immerhin konnte er die Begegnung in Bordeaux als Heimspiel sehen. Schließlich hat er hier seit 15 Jahren in der Nähe sein Ferienhaus und ist verliebt in die Umgebung.

Dieses ist der erste Streich: Romelu Lukaku trifft mit links zum 1:0 für Belgien.

Trainer dankt Torjäger: Nach Lukakus zweitem Treffer holt Marc Wilmots seinen Stürmer vom Platz.

---

18. Juni in Bordeaux
Belgien – Irland 3:0 (0:0)

Eingewechselt: 57. Nainggolan (3) für Dembelé, 64. Mertens für Ferreira-Carrasco, 83. Benteke für R. Lukaku – 62. McClean für McCarthy, 71. McGeady für Hoolahan, 79. Keane für Long

Tore: 1:0 R. Lukaku (48.), 2:0 Witsel (61.), 3:0 R. Lukaku (70.)

Gelbe Karten: Vermaelen – Hendrick

Schiedsrichter: Cakir (Türkei)
Zuschauer: 39 493

Irland: Randolph/4; Coleman/3,5, O'Shea/4, Clark/5, S. Ward/5; J. McCarthy/5, Whelan/4, Hendrick/3,5; Hoolahan/3,5, Brady/4; S. Long/4,5

Belgien: Courtois/3; Meunier/2,5, Alderweireld/3, Vermaelen/3,5, Vertonghen/3; Witsel/2, Dembelé/3, Ferreira-Carrasco/4,5; De Bruyne/2,5, Hazard/3; R. Lukaku/2

Italien – Irland 0:1

... und dann Pizza mit Guinness

Nachdem sie Italien verputzt hatten, ging das große Fressen erst so richtig los: Jeff Hendrick präsentierte in der Mixed-Zone eine Pizza. Wobei das eine Präsentation der ganz eigenen Art war: Der Mittelfeldmotor der Iren, der zuvor 90 Minuten am Anschlag gearbeitet, die erste Chance selbst und die zweite der Boys in Green aufgelegt hatte, Hendrick also stand zwei Stunden nach dem Spiel im Bauch des Stadions und schlug sich den Ranzen voll. Mit einer Pizza. Salami war darauf, das konnte man ein bisschen sehen. Immer dann, wenn er abbiss. Oder beim Sprechen. Denn sonst hatte er die Pizza wie eine Aktenmappe unter den Arm gesteckt. Natürlich sprach er von einem »großen Abend«, einer »immensen Freude« und einem »verdienten Sieg«.

Der war es gewesen gegen die Squadra Azzurra, auch wenn der Siegtreffer durch Robbie Brady erst in der 85. Minute fiel. Auf Vorarbeit nicht des bis dato überragenden Hendrick. Sondern durch den kurz zuvor eingewechselten Wes Hoolahan. Bemerkenswert: Der hatte Augenblicke zuvor noch eine große Chance gegen Italiens Keeper Salvatore Sirigu vergeben. »Aber er ließ den Kopf nicht hängen«, lobte Trainer Martin O'Neill. »Wie die ganze Mannschaft.« Nie sei er, sagte der 64-Jährige, in seiner langen Karriere auf eine Gruppe »so stolz gewesen wie auf diese«. Hoolahan also ließ sich wie die gesamte Boy-Group nicht unterkriegen, sie brauchten ja unbedingt einen Sieg, sonst wären sie raus gewesen aus diesem Turnier. Hoolahan trat also noch mal an und flankte fast vertikal in den Strafraum: Robbie Brady köpfte den Ball aus vollem Lauf zum Siegtreffer ein. Der Preis für Irland, das nach 1988 und 2012 erst zum dritten Mal bei einer EM-Endrunde dabei war: das Achtelfinale gegen Gastgeber Frankreich.

»Ein wunderbarer Ball«, meinte der zum Man of the Match gewählte Brady später zu Hoolahans Hereingabe. Zwei Absteiger sicherten den Iren den größten Erfolg seit Jahren, wenn man so will. Denn die beiden Profis mussten erst vor ein paar Wochen mit Norwich City die Premier League verlassen.

Und die Italiener? Hatten acht Stammspieler geschont, waren mit einer B-Elf angetreten und entpuppten sich nicht unbedingt als charmante Verlierer. »Das Spielfeld half ihnen mehr als uns«, ätzte Trainer Antonio Conte über den schlimmen Rasen in Lille.

Den Iren war es freilich egal. Sie hatten auf dem Acker die Azzurri verputzt. Und dann gab es, siehe Hendrick, Pizza zum Nachtisch. Runtergespült wurde sie nicht etwa mit Prosecco, sondern mit Guinness.

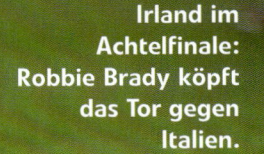

Irland im Achtelfinale: Robbie Brady köpft das Tor gegen Italien.

22. Juni in Lille
Italien – Irland 0:1 (0:0)

Eingewechselt: 60. Darmian (3,5) für Bernardeschi, 74. Insigne für Immobile, 81. El Shaarawy für de Sciglio – 70. McGeady für Murphy, 77. Hoolahan für McCarthy, 90. Quinn für Long

Tor: 0:1 Brady (85.)

Gelbe Karten: Sirigu, Barzagli, Zaza, Insigne – Long, Ward

Schiedsrichter: Hategan (Rumänien)

Zuschauer: 44 268

Randolph/3
Coleman-/3, Duffy/3, Keogh/3,5, S. Ward/4
J. McCarthy/4, Brady/2,5
S. Long/5, Hendrick/2,5, McClean/3,5
Dan Murphy/4

Immobile/4,5, Zaza/4
de Sciglio/4,5, Florenzi/3,5, Sturaro/4, Bernardeschi/4
Ogbonna/3,5, T. Motta/4, Bonucci/4, Barzagli/3
Sirigu/3,5

VORRUNDE
Gruppe E

Schweden – Belgien 0:1

Das Ende des Einzigartigen

Als Zlatan Ibrahimovic nachts um 0:39 Uhr noch einmal vor die seit fast zwei Stunden wartende Presse trat, lag ein Hauch von Wehmut über der Szenerie. Journalisten aus der ganzen Welt drängelten und schubsten, sie klebten an seinen Lippen. Schwedens Superstar hielt Hof, ein letztes Mal in seiner Eigenschaft als Nationalspieler. 116-mal hatte er sein Land repräsentiert, aber mit dem 0:1 im letzten EM-Gruppenspiel gegen starke Belgier verabschiedete sich Ibrahimovic aus dem patriotischen Dienst.

»Ich hatte mir gewünscht, dass uns ein besseres Ende für ihn gelingt«, sagte Nationaltrainer Erik Hamren nach dem nicht ganz unerwarteten Turnier-K.-o. seines Teams. Ibrahimovic wird ein Loch von der Größe eines Kraters reißen, so viel ist klar. Bei all seiner Exzentrik bleibt die Genialität eines großen Sportlers, der als zehnmaliger Fußballer des Jahres in seiner Heimat die verdiente Anerkennung erfahren hat.

Hamren hat Ibrahimovic in seinen sieben Jahren als erster Übungsleiter Schwedens geführt und verneigt sich vor dem Spieler und dessen Verdiensten: »Zlatan ist speziell und einzigartig.« Eins zu eins ersetzen wird man ihn nicht können. Schweden ist ein kleines Land, was die Zahl seiner Fußballer angeht, und Ausnahmetalente wie Ibrahimovic spült auch das Meer nicht an. »So einen wie ihn«, seufzte Hamren, »findet man nicht noch einmal.«

Hamrens belgischer Kollege Marc Wilmots war selbst ein erfolgreicher Profi, Nationalspieler, er gewann mit Schalke 1997 den UEFA-Cup. Und er weiß aus eigener Erfahrung, wie schwer es ist aufzuhören. Nach Spielende in Nizza umarmte er Ibrahimovic und flüsterte ihm ein paar Worte ins Ohr. Welche, hat Wilmots später auf Nachfrage verraten. »Ich hab ihm gesagt, dass er eine große Persönlichkeit des Fußballs ist. Und ich habe ihm zu seiner Karriere gratuliert.«

Ein letzter Schussversuch: Zlatan Ibrahimovic verliert mit Schweden gegen Belgien und beendet seine Karriere in der Nationalelf.

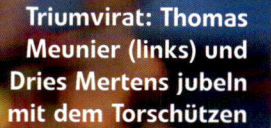

Triumvirat: Thomas Meunier (links) und Dries Mertens jubeln mit dem Torschützen Radja Nainggolan.

22. Juni in Nizza
Schweden – Belgien 0:1 (0:0)

Eingewechselt: 63. Guidetti für Berg, 70. Durmaz für Larsson, 82. Zengin für Forsberg – 71. Mertens für Ferreira-Carrasco, 87. Benteke für R. Lukaku, 90./+3 Origi für Hazard

Tor: 0:1 Nainggolan (84.)

Gelbe Karten:
Ekdal, Johansson – Meunier, Witsel

Schiedsrichter:
Dr. Brych (München)

Zuschauer: 34 011

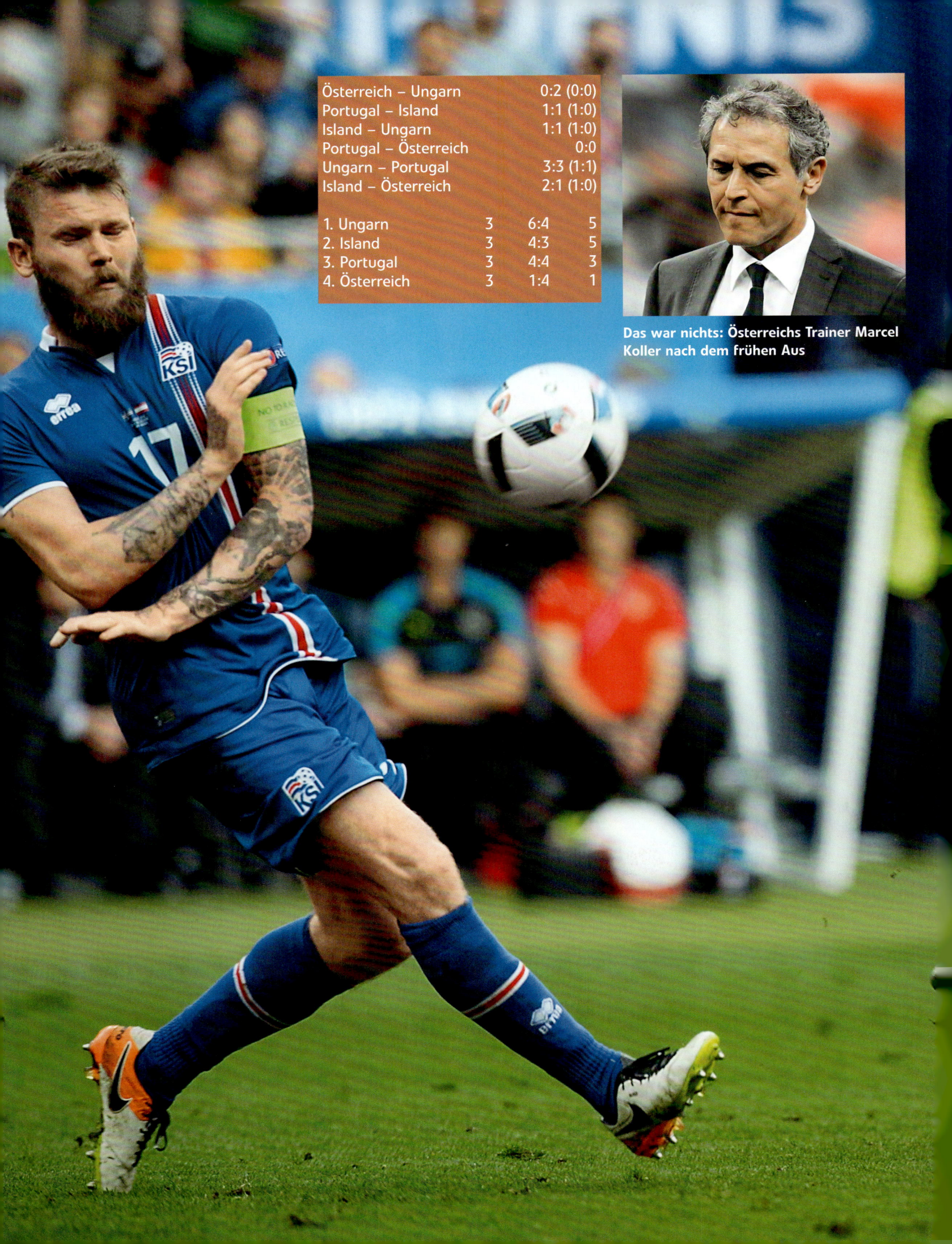

Österreich – Ungarn			0:2 (0:0)
Portugal – Island			1:1 (1:0)
Island – Ungarn			1:1 (1:0)
Portugal – Österreich			0:0
Ungarn – Portugal			3:3 (1:1)
Island – Österreich			2:1 (1:0)
1. Ungarn	3	6:4	5
2. Island	3	4:3	5
3. Portugal	3	4:4	3
4. Österreich	3	1:4	1

Das war nichts: Österreichs Trainer Marcel Koller nach dem frühen Aus

Vorrunde
Gruppe F

Portugal
Island
Österreich
Ungarn

Hier wurden alle Prognosen auf den Kopf gestellt. Ungarn vor Island, so lautete der Zieleinlauf. Beide Außenseiter brauchten für das Weiterkommen nur fünf Punkte, so wenige wie kein anderer Erster oder Zweiter. Portugal musste bei seinem 3:3 gegen die Magyaren im letzten Spiel dreimal einen Rückstand aufholen, um mit Ach und Krach ins Achtelfinale zu gelangen. Österreich, nicht nur in der Heimat hoch eingeschätzt, scheiterte mit Pauken und Trompeten.

Abgeblockt: Der Isländer Aron Gunnarsson ist Endstation für David Alabas Schuss.

Portugal

1. Rui Patricio, 15.02.88 (Sporting Lissabon)
2. Bruno Alves, 27.11.81 (Fenerbahce Istanbul)
3. Pepe, 26.02.83 (Real Madrid)
4. José Fonte, 22.12.83 (FC Southampton)
5. Raphael Guerreiro, 22.12.93 (FC Lorient)
6. Ricardo Carvalho, 18.05.78 (AS Monaco)
7. Cristiano Ronaldo, 05.02.85 (Real Madrid)
8. Joao Moutinho, 08.09.86 (AS Monaco)
9. Eder, 22.12.87 (Lille OSC)
10. Joao Mario, 19.01.93 (Sporting Lissabon)
11. Vieirinha, 24.01.86 (VfL Wolfsburg)
12. Anthony Lopes, 01.10.90 (Olympique Lyon)
13. Danilo Pereira, 09.09.91 (FC Porto)
14. William Carvalho, 07.04.92 (Sporting Lissabon)
15. André Gomes, 30.07.93 (FC Valencia)
16. Renato Sanches, 18.08.97 (Benfica Lissabon)
17. Nani, 17.11.86 (Fenerbahce Istanbul)
18. Rafa, 17.05.93 (Sporting Braga)
19. Eliseu, 01.10.83 (Benfica Lissabon)
20. Ricardo Quaresma, 26.09.83 (Besiktas Istanbul)
21. Cedric, 31.08.91 (FC Southampton)
22. Eduardo, 19.09.82 (Dinamo Zagreb)
23. Adrien Silva, 15.03.89 (Sporting Lissabon)

Trainer: Fernando Santos

Island

1. Hannes Halldorsson, 27.04.84 (FK Bodö/Glimt)
2. Birkir Saevarsson, 11.11.84 (Hammarby IF)
3. Haukur Hauksson, 01.09.91 (AIK Solna)
4. Hjörtur Hermannsson, 08.02.95 (IFK Göteborg)
5. Sverrir Ingason, 05.08.93 (KSC Lokeren OV)
6. Ragnar Sigurdsson, 19.06.86 (FK Krasnodar)
7. Johann Gudmundsson, 27.10.90 (Charlton Athletic)
8. Birkir Bjarnason, 27.05.88 (FC Basel)
9. Kolbeinn Sigthorsson, 14.03.90 (FC Nantes)
10. Gylfi Sigurdsson, 08.09.89 (Swansea City)
11. Alfred Finnbogason, 01.02.89 (FC Augsburg)
12. Ögmundur Kristinsson, 19.06.89 (Hammarby IF)
13. Ingvar Jonsson, 18.10.89 (Sandefjord Fotball)
14. Kari Arnason, 13.10.82 (Malmö FF)
15. Jon Bödvarsson, 25.05.92 (1. FC Kaiserslautern)
16. Runar Sigurjonsson, 18.06.90 (GIF Sundsvall)
17. Aron Gunnarsson, 22.04.89 (Cardiff City)
18. Theodor Bjarnason, 04.03.87 (Aarhus GF)
19. Hördur Magnusson, 11.02.93 (AC Cesena)
20. Emil Hallfredsson, 29.06.84 (Udinese Calcio)
21. Arnor Traustinsson, 30.04.93 (IFK Norrköping)
22. Eidur Gudjohnsen, 15.09.78 (Molde FK)
23. Ari Skulason, 14.05.87 (Odense BK)

Trainer: Lars Lagerbäck, Heimir Hallgrimsson

Österreich

1. Robert Almer, 20.03.84 (Austria Wien)
2. György Garics, 08.03.84 (SV Darmstadt 98)
3. Aleksandar Dragovic, 06.03.91 (Dynamo Kiew)
4. Martin Hinteregger, 07.09.92 (Bor. Mönchengladbach)
5. Christian Fuchs, 07.04.86 (Leicester City)
6. Stefan Ilsanker, 18.05.89 (RasenBallsport Leipzig)
7. Marko Arnautovic, 19.04.89 (Stoke City)
8. David Alaba, 24.06.92 (Bayern München)
9. Rubin Okotie, 06.06.87 (1860 München)
10. Zlatko Junuzovic, 26.09.87 (Werder Bremen)
11. Martin Harnik, 10.06.87 (VfB Stuttgart)
12. Heinz Lindner, 17.07.90 (Eintracht Frankfurt)
13. Markus Suttner, 16.04.87 (FC Ingolstadt 04)
14. Julian Baumgartlinger, 02.01.88 (1. FSV Mainz 05)
15. Sebastian Prödl, 21.06.87 (FC Watford)
16. Kevin Wimmer, 15.11.92 (Tottenham Hotspur)
17. Florian Klein, 17.11.86 (VfB Stuttgart)
18. Alessandro Schöpf, 07.02.94 (FC Schalke 04)
19. Lukas Hinterseer, 28.03.91 (FC Ingolstadt 04)
20. Marcel Sabitzer, 17.03.94 (RasenBallsport Leipzig)
21. Marc Janko, 25.06.83 (FC Basel)
22. Jakob Jantscher, 08.01.89 (FC Luzern)
23. Ramazan Özcan, 28.06.84 (FC Ingolstadt 04)

Trainer: Marcel Koller

Ungarn

1. Gabor Kiraly, 01.04.76 (Szombathely Haladas)
2. Adam Lang, 17.01.93 (Videoton FC Szekesfehervar)
3. Mihaly Korhut, 01.12.88 (Debreceni VSC)
4. Tamas Kadar, 14.03.90 (Lech Posen)
5. Attila Fiola, 17.02.90 (Puskas Akademia)
6. Akos Elek, 21.07.88 (Diosgyöri VTK)
7. Balazs Dzsudzsak, 23.12.86 (Bursaspor)
8. Adam Nagy, 17.06.95 (Ferencvaros Budapest)
9. Adam Szalai, 09.12.87 (Hannover 96)
10. Zoltan Gera, 22.04.79 (Ferencvaros Budapest)
11. Krisztian Nemeth, 05.01.89 (Al-Gharafa Doha)
12. Denes Dibusz, 16.11.90 (Ferencvaros Budapest)
13. Daniel Böde, 24.10.86 (Ferencvaros Budapest)
14. Gergö Lovrencsics, 01.09.88 (Lech Posen)
15. Laszlo Kleinheisler, 08.04.94 (Werder Bremen)
16. Adam Pinter, 12.06.88 (Ferencvaros Budapest)
17. Nemanja Nikolic, 31.12.87 (Legia Warschau)
18. Zoltan Stieber, 16.10.88 (1. FC Nürnberg)
19. Tamas Priskin, 27.09.86 (Slovan Bratislava)
20. Richard Guzmics, 16.04.87 (Wisla Krakau)
21. Barnabas Bese, 06.05.94 (MTK Budapest)
22. Peter Gulacsi, 06.05.90 (RasenBallsport Leipzig)
23. Roland Juhasz, 01.07.83 (Videoton FC Szekesfehervar)

Trainer: Bernd Storck

Österreich – Ungarn 0:2

Ungarns Erfolg made in Germany

Besser hätte es gar nicht laufen können. »Das ist grandios! Ein Traum geht in Erfüllung«, jubelte Ungarns deutscher Trainer Bernd Storck nach dem überraschenden 2:0-Auftaktsieg über Österreich für seine Verhältnisse euphorisch.

Ungarn is back – so lässt sich eine Vielzahl statistischer Aufzählungen deuten. Erstmals seit 1972 konnte sich das Team wieder für eine Europameisterschaft qualifizieren. Damals unterlagen die Magyaren im Halbfinale einer Vierer-Endrunde in Belgien der Sowjetunion mit 0:1, verloren dann auch im Spiel um Platz drei gegen die Gastgeber mit 1:2. Nach 44 Jahren war Ungarn jetzt zurück auf der europäischen Fußball-Bühne.

Made in Germany – mit diesem Gütesiegel feierten die Ungarn ihr europäisches Comeback. Seit Juli 2015 ist Bernd Storck, der zuvor schon als Sportdirektor des Verbandes angestellt war, auf Empfehlung seines Vorgängers Pal Dardai Nationaltrainer Ungarns. Vor den Play-offs im Herbst 2015 holte Storck mit dem Welt- und Europameister Andreas Möller sowie Holger Gehrke zwei weitere Deutsche als Assistent und Torwarttrainer mit ins Boot.

Made in Germany – diesen Stempel trug dann auch der Sieg der Ungarn über die Nachbarn aus Österreich. Dem in der Heimat so umstrittenen Adam Szalai (zuletzt Hannover 96) gelang das 1:0 nach einer tollen Kombination mit dem bei Werder Bremen unter Vertrag stehenden Laszlo Kleinheisler. Später machte der eingewechselte Zoltan Stieber (zuletzt 1. FC Nürnberg) den Deckel drauf und schloss einen Konter eiskalt zum 2:0 ab.

Ein Sieg setzte im Spiel um die Vormachtstellung in der einstigen K.-u.-K.-Monarchie von Österreich-Ungarn den Magyaren in Bordeaux die Krone auf. In Budapest wurde die Nacht zum Tag gemacht. Die Straßen glichen einem Tollhaus. Ungarn

Voll konzentriert: Ungarns deutscher Trainer Bernd Storck

Offensive Grätsche: Adam Szalai spitzelt den Ball an Robert Almer vorbei ins Tor.

---

14. Juni in Bordeaux
Österreich – Ungarn 0:2 (0:0)

Eingewechselt: 59. Sabitzer (4) für Junuzovic, 65. Okotie für Janko, 77. Schöpf für Harnik – 69. Priskin für Szalai, 79. Stieber für Kleinheisler, 89. Pinter für Nemeth

Tore: 0:1 Szalai (62.), 0:2 Stieber (87.)

Gelbe Karte: Nemeth
Gelb-Rote Karte: Dragovic (66.)
Schiedsrichter: Turpin (Frankreich)
Zuschauer: 34 424

Ungarn: Kiraly/2; Fiola/4, Guzmics/4, Lang/4, Kadar/3; A. Nagy/3, Gera/4; Dzsudzsak/3, Kleinheisler/2, Nemeth/4; Szalai/3

Österreich: Almer/3; Klein/4, Dragovic/4,5, Hinteregger/4,5, Fuchs/4; Baumgartlinger/4, Alaba/3,5; Harnik/5, Junuzovic/3, Arnautovic/3; Janko/4,5

VORRUNDE
Gruppe F

Stimmen zum Spiel

Kapitän Christian Fuchs: »Portugal hat große Stars, das wird ein großes Spiel. Wir werden alles dafür tun, um noch länger hier beim Turnier zu sein.«

Trainer Marcel Koller: »Es war eine gewisse Nervosität da, und wir haben es nicht ganz hinbekommen, das abzustellen. Das würde ich mir vorwerfen.«

Früher Vogel und kein Wurm: David Alaba trifft nach 31 Sekunden den Pfosten, kann aber auch das 0:2 gegen Ungarn nicht verhindern.

Pressestimmen

»Um noch ins angestrebte Achtelfinale zu kommen, braucht das Team jetzt ein kleines Fußballwunder mit Siegen gegen Portugal und Island. Zur Enttäuschung bei den Österreichern gesellte sich Ärger über die vergebenen Chancen gegen einen schlagbaren Gegner.« SALZBURGER NACHRICHTEN (ÖSTERREICH)

»Was für ein Fehlstart in die Fußball-Europameisterschaft 2016! Ausgerechnet gegen ›Erzfeind‹ Ungarn hat Österreichs so glanzvoll durch die Qualifikation gestürmte Mannschaft von Teamchef Marcel Koller eine bittere Niederlage hinnehmen müssen.« KRONEN-ZEITUNG (ÖSTERREICH)

schaffte die erste EM-Sensation gegen zugegeben enttäuschende Österreicher. Ein Erfolg – made in Germany!
Und die Österreicher? Die wähnten sich nach der erfolgreichen Qualifikation schon unter den Topteams des Turniers. Ein Irrglaube, wie sich herausstellte. Ein Pfostenschuss von David Alaba nach 31 Sekunden, je eine Chance für Junuzovic und Harnik – das war's dann schon mit der Austria-Herrlichkeit. Danach ging's bergab. Der unerwartete Rückstand, dann noch Gelb-Rot gegen Innenverteidiger Aleksandar Dragovic, und schon war es um die mit Bundesliga- und Premier-League-Akteuren gespickte Elf des schweizerischen Nationaltrainers Marcel Koller geschehen.
Hochmut kommt vor dem Fall. Der Vorschuss-Lorbeer war schon welk, kaum dass das Turnier so richtig angefangen hatte. Das hatten sich auch die knapp 15 000 mitgereisten Fans der Rot-Weiß-Roten ganz anders vorgestellt. Und nicht nur die ...

Portugal – Island 1:1

Cristiano Ronaldo schimpft auf Island

Unbequemer Gegenspieler: Aron Gunnarssons Verhalten ärgert den großen Cristiano Ronaldo.

Natürlich Cristiano Ronaldo. Wer sonst? Der Superstar legte sich in der Nachspielzeit den Ball zurecht, um die Scharte auszuwetzen. Acht Großchancen hatten seine Portugiesen liegen lassen, nur Nani getroffen – doch auf der Gegenseite eben auch ein langhaariger, blonder Isländer mit dem schönen Namen Birkir Bjarnason, weil Vieirinha ein Deckungsverhalten wie ein altersmüder Zuchthengst an den Tag gelegt hatte.

Die üblichen fünf, sechs Schritte lief CR 7 rückwärts, Cowboy-Stellung, Anlauf. Ein uninspirierter Schuss in die Mauer, überhaupt ein wenig überzeugender Auftritt des 31-Jährigen. Auch nach dem überraschenden 1:1-Endergebnis zeugten seine Aussagen nicht gerade von Klasse: »Sie haben den Mannschaftsbus vors Tor gestellt. Sie haben gefeiert, als hätten sie die EM gewonnen. Das ist eine schwache Mentalität.«

Doch gerade mit ihrer Mentalität rangen die Männer aus dem Norden ohne Turniererfahrung der technisch versierten Selecao diesen Punkt ab. U-21-Nationaltrainer Eyjölfur Sverisson war sich sicher: »Die sind nicht nervös, sondern laufen sich vor Freude die Lungen raus.« So kam es. Jon Dadi Bödvarsson jedenfalls konnte sich an kein Spiel erinnern, in dem er so viele Wege gemacht hatte: »Ich bin so müde.«

Wie die Kante aus Kaiserslautern war diese ganze isländische Mannschaft: fußballerisch überschaubar, dafür robust und willig, dazu reagierte Hannes Halldorsson im Kasten glänzend: Nanis Kopfball, Schüsse von André Gomes und Raphael Guerreiro wehrte er ab und behielt bei einem Gestocher nach Vieirinha-Hereingabe die Nerven. Nur einmal musste er gegen Superstar Ronaldo parieren, als dieser völlig frei nach einer Flanke des wesentlich stärkeren Nani zum Kopfball kam. Ansonsten prallte der Megastar aus Madrid am isländischen Mannschaftsbus ab, wie bei seinem kläglichen Versuch in der Nachspielzeit.

Der überraschende Ausgleich: Birkir Bjarnason schießt das 1:1 für Island.

14. Juni in Saint-Etienne
Portugal – Island 1:1 (1:0)

Eingewechselt: 71. Renato Sanches für Joao Moutinho, 76. Ricardo Quaresma für Joao Mario, 84. Eder für André Gomes – 81. Finnbogason für Sigthorsson, 90. T. Bjarnason für Gudmundsson

Tore: 1:0 Nani (31.), 1:1 B. Bjarnason (50.)

Gelbe Karten: B. Bjarnason, Finnbogason

Schiedsrichter: Cakir (Türkei)

Zuschauer: 38 742

Halldorsson/2
B. Saevarsson/4,5 — R. Sigurdsson/4 — Arnason/3 — A. Skulason/3
Gunnarsson/3 — G. Sigurdsson/3,5
Gudmundsson/3 — B. Bjarnason/2,5
Sigthorsson/4 — Bödvarsson/4

Cristiano Ronaldo/4 — Nani/2
Joao Mario/3,5 — Joao Moutinho/3
Guerreiro/2 — Danilo Pereira/3 — André Gomes/2,5
Ricardo Carvalho/3,5 — Pepe/3 — Vieirinha/4,5
Rui Patricio/2,5

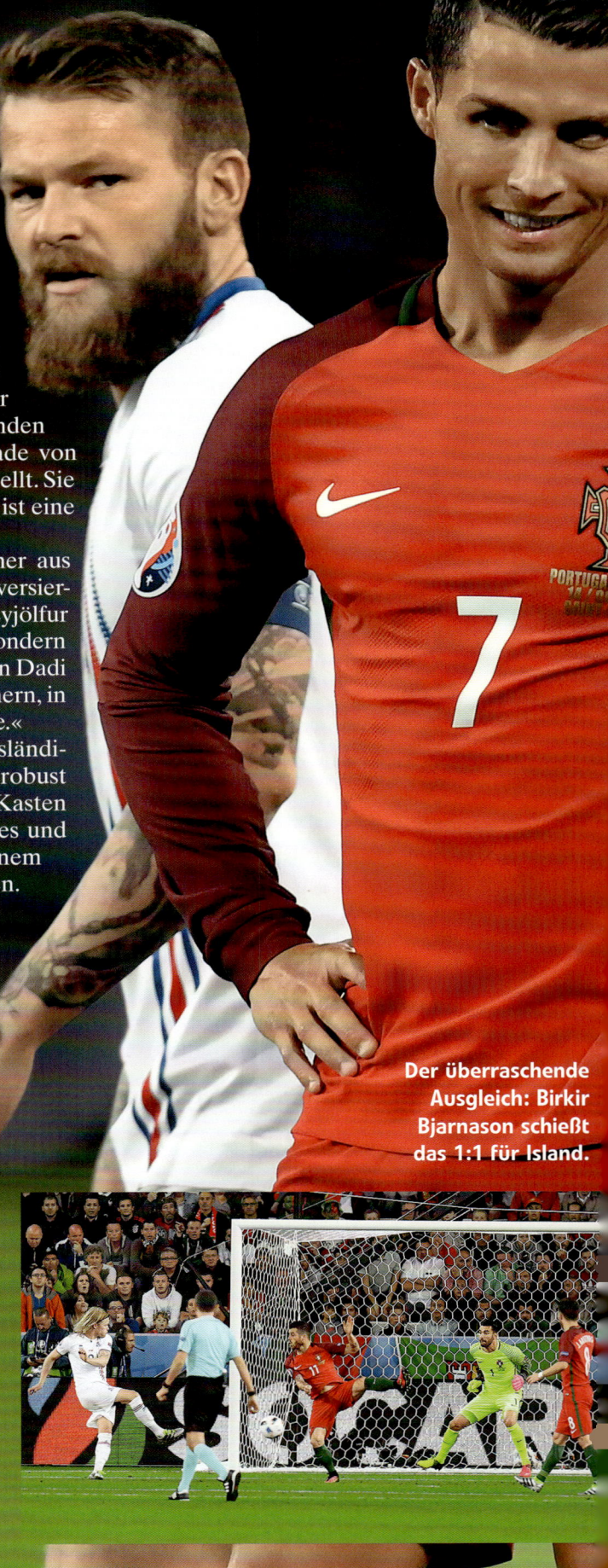

VORRUNDE
Gruppe F

Island – Ungarn 1:1

Eigentor – Ungarn schlängelt sich zum 1:1

Es war wie mit dem Kaninchen vor der Schlange im Stade Velodrome. Nur andersrum. Denn die Ungarn dominierten Island über 90 Minuten inklusive Nachspielzeit – doch es dauerte bis kurz vor Schluss, ehe sie zubissen. Und selbst dann waren die Magyaren auf den Gegner angewiesen. Birkir Saevarsson drückte den Ball zum späten 1:1-Ausgleich über die Torlinie. Dummerweise war es die eigene, und der Rechtsverteidiger hatte stark unter Bedrängnis gestanden.

Wie die Nordmänner überhaupt in der eigenen Hälfte eingeschnürt waren, vor allem nach dem unberechtigten Elfmeter, den Gylfi Sigurdsson zur Führung verwandelt hatte. Danach »haben wir alles an Offensivkraft reingeworfen«, sagte Trainer Bernd Storck freudig über den Punkt, der den Ungarn vor dem Gruppenabschluss gegen Portugal mit vier Punkten eine aussichtsreiche Position bescherte. Doch der Weg zum Remis war steinig. »Ungarn hat mit dem Ball gut gearbeitet. Sie haben sich diesen Punkt verdient«, zollte Islands Kapitän Aron Gunnarsson den Mühen des Gegners Respekt.

Vor allem der Bremer Laszlo Kleinheisler und Balazs Dzsudzsak rackerten unermüdlich, Adam Nagy auf der Sechs gab dem Spiel der aufopferungsvoll kämpfenden Puskas-Erben Struktur. Aber eben nur bis zum Sechzehner. Im letzten Drittel stand humorlos Ragnar Sigurdsson und räumte ab, was abzuräumen war. Die Schlange, angefeuert von unfassbar lauten Ungarn-Fans, die die Arena in Marseille in einen Hexenkessel verwandelten, hatte das Kaninchen eingekreist. Aber sie drohte zu verhungern.

Am Schluss spielte Storck gar mit vier Stürmern, warf Adam Szalai rein. »Wir haben Herz«, befand der Angreifer. Dass es am Ende ein Isländer war, der für den Ausgleich sorgte, stützt die Fußballplattitüde, dass man sich Glück stets hart erarbeiten muss. Selbst dann, wenn man eine Schlange ist.

---

18. Juni in Marseille
Island – Ungarn 1:1 (1:0)

Eingewechselt: 66. Hallfredsson für Gunnarsson, 69. Finnbogason für Bödvarsson, 84. Gudjohnsen für Sigthorsson – 66. Böde für Priskin, 66. Nikolic für Stieber, 84. Szalai für Juhasz

Tore: 1:0 G. Sigurdsson (39., FE), 1:1 Saevarsson (88., ET)

Gelbe Karten:
Gudmundsson, Finnbogason, Saevarsson – Kadar, Kleinheisler, Nagy

Schiedsrichter: Karasev (Russland)
Zuschauer: 60 842

Der späte Ausgleich: Dieses Eigentor von Birkir Saevarsson rettet Ungarn das Remis.

Erleichtert: Ganz Ungarn jubelt über den Ausgleich, den viele nicht mehr für möglich gehalten hatten.

Portugal – Österreich 0:0

Almer gewinnt das Privatduell mit CR7

Alles ist eine Frage der Perspektive. Die Kritiker zürnten, es passe zu Cristiano Ronaldo und dessen Selbstverliebtheit, dass er selbst im Moment der Enttäuschung für ein Selfie posierte. Seine Anhänger indes sahen wahre Größe in jenem Moment im Pariser Prinzenpark: Es ist kurz vor 23 Uhr, Portugals Fans pfeifen erbost nach einem 0:0, das der Weltstar von Real Madrid allein zu einem Torfestival hätte machen können, Österreichs Fans verhöhnen ihn derweil mit »Messi, Messi«-Sprechchören – da durchbricht ein Fan alle Barrieren, stürmt aufs Feld, zückt sein Handy und bittet um ein Foto. Der 31-jährige Torjäger bremst die Ordner, hält einen Moment inne und lächelt fürs Foto. Eitel oder liebevoll? Ein Verlierer des Abends als Gewinner? Es gehört zur Karriere des Cristiano Ronaldo, dass er die Massen spaltet. Auch in diesem Augenblick von Paris, der bleiben wird als einer der Momente einer Endrunde, der der Superstar bis zu diesem Tag nicht seinen Stempel aufdrücken konnte. 20 Torschüsse hatten die Statistiker nach seinen beiden Auftritten gegen Island und Österreich gezählt – aber keinen Treffer. Aus CR7 war CRver7 geworden. »Es war meine Schuld«, nahm er den verpassten Sieg am Ende auf sich. Weil er sogar

Das übliche Bild: Cristiano Ronaldo ärgert sich, Österreichs Torhüter Robert Almer feiert eine seiner Heldentaten.

18. Juni in Paris
Portugal – Österreich 0:0

Eingewechselt: 71. Joao Mario für Ricardo Quaresma, 83. Eder für André Gomes, 89. Rafa für Nani – 65. Schöpf für Alaba, 85. Hinterseer für Sabitzer, 87. Wimmer für Ilsanker

Gelbe Karten: Ricardo Quaresma, Pepe – Harnik, Fuchs, Hinteregger, Schöpf

Bes. Vork.: Cristiano Ronaldo verschießt FE (79.)

Schiedsrichter: Rizzoli (Italien)

Zuschauer: 44 291

Aufstellung Österreich: Almer/1; Klein/4, Prödl/4, Hinteregger, Fuchs/3,5; Baumgartlinger/3, Ilsanker/3,5; Sabitzer/5, Alaba/5, Arnautovic/4,5; Harnik/4,5

Aufstellung Portugal: Cristiano Ronaldo/4,5, Nani/3,5, Ricardo Quaresma/4; André Gomes/3, Joao Moutinho/3; Guerreiro/3, William Carvalho/2,5, Ricardo Carvalho/3, Pepe/3, Vieirinha/3,5; Rui Patricio/2,5

VORRUNDE
Gruppe F

vom Elfmeterpunkt gescheitert war. Martin Hinteregger hatte ihn im Strafraum wie ein Ringer zu Boden gezwungen, »weil der Ronaldo plötzlich wie eine Dampflokomotive an mir vorbeigegangen war«. Doch wenig später entgleisten dem Portugiesen die Gesichtszüge, weil sein Strafstoß am Pfosten gelandet war.

»Vielleicht wollte er es zu genau machen«, rätselte Robert Almer, das andere Gesicht dieser ungleichen Partie. Österreich war hoffnungslos unterlegen, in beinahe jeder Phase. Nur der Keeper begegnete den Portugiesen auf Augenhöhe. Und wuchs sogar über sich hinaus. In Deutschland war er gewogen und für zu leicht befunden worden,

konnte sich selbst bei den Zweitligisten Düsseldorf und Cottbus nicht durchsetzen, war auch in Hannover nur die Nummer 2. Nationaltrainer Marcel Koller ließ dennoch nichts auf ihn kommen. »Er hat im Nationalteam in den zurückliegenden viereinhalb Jahren immer seine Qualitäten gezeigt, obwohl er in den Klubs wenig Spielpraxis hatte.« Der Schweizer schwärmte von »herausragenden Qualitäten. Er könnte ruhig mit mehr Selbstvertrauen auftreten«. Das fanden seine Kollegen auch. »Robert ist ein super Rückhalt«, lobte Christian Fuchs, »er hat fantastisch gehalten.« Und die Partie zu einem Privatduell mit Cristiano Ronaldo gemacht, aus dem er als strahlender Sieger hervorging. Der Superstar hatte durchaus Sympathien gewonnen mit seiner Geste gegenüber dem Fan, Almer aber hatte Österreich den einen Zähler gewonnen.

Ausgebremst:
Cristiano Ronaldo kommt gegen Stefan Ilsanker nicht an den Ball.

Pressestimmen

»Niemand scheitert so wie wir.«
A BOLA (PORTUGAL)

»Auch 1984 startete Portugal mit zwei Unentschieden – und kam ins Halbfinale.«
JORNAL DE NOTICIAS (PORTUGAL)

»Österreich gegen Portugal: Das große Glück im Prinzenpark. Der Schlusspfiff war eine Erlösung.« DIE PRESSE (ÖSTERREICH)

»Die Hoffnung lebt. Spinnenmann Almer rettet Punkt gegen Portugal. Elfer-Depp Ronaldo posiert nach ÖFB-Match für Selfie.«
KRONENZEITUNG (ÖSTERREICH)

»Almer gegen Ronaldo endet torlos.«
WIENER ZEITUNG (ÖSTERREICH)

»Ein Schlag für Ronaldo. Der Traum wurde zum Albtraum. Oh je Cristiano, wenn sich dein Glück nicht wendet, kann diese EURO schön in die Hose gehen. Alaba war in Paris total verschollen.«
AS (SPANIEN)

»Ronaldo: Pfosten, Schach und Matt. Der große Gruppenfavorit hat nur zwei Punkte, gleichauf mit Island, hinter Ungarn.«
COURRIER DE L'OUEST (FRANKREICH)

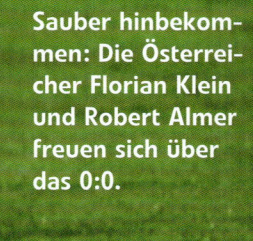

Sauber hinbekommen: Die Österreicher Florian Klein und Robert Almer freuen sich über das 0:0.

Ungarn – Portugal 3:3

Cristiano Ronaldo: Die Welt ist nicht genug

Am Vormittag hatte Cristiano Ronaldo noch das Mikrofon eines unliebsamen Reporters in einen dem Teamhotel nahen See geworfen, am Abend versenkte er endlich seine ersten Treffer bei der EM. Ein herrlicher Pass vor Nanis 1:1, ein wunderbarer Hackentrick, ein wuchtiger Kopfstoß – eine Vorlage, zwei Tore. Der Superstar der Portugiesen war endlich im Turnier angekommen, nachdem er noch gegen Island, wo er in der Nachspielzeit zwei Freistöße recht egozentrisch in die Mauer gebolzt hatte, und Österreich (verschossener Elfmeter und viele vergebene Chancen) der Buhmann war.

»Ronaldo gegen das Weltall«, titelte die große portugiesische Sportzeitung »O Jogo« am Tag nach dem irrwitzigen 3:3 gegen Ungarn. Für den 31-Jährigen, so scheint die Wahrnehmung in der Heimat, reicht nicht mehr die Erde als Gegner. Frei nach Bond: Die Welt ist nicht genug. Es muss schon der Kosmos sein.

In der Tat spielte der Madrilene formidabel auf, als hätte ihn die Kritik der vergangenen Tage angestachelt. »Das kommt von ganz alleine«, erklärte Ronaldo, ohne den obligatorischen Halbsatz zu nennen: Wenn man sich das erarbeitet. Denn bei aller Eitelkeit, der Mann von der Insel Madeira ist eben auch meist einer der Letzten auf dem Trainingsplatz oder im Gym.

---

22. Juni in Lyon

Ungarn – Portugal 3:3 (1:1)

Eingewechselt: 46. Bese (4) für Gera, 71. Nemeth für Szalai, 83. Stieber für Lovrencsics – 46. Renato Sanches (3) für Joao Moutinho, 61. Ricardo Quaresma für André Gomes, 81. Danilo Pereira für Nani

Tore: 1:0 Gera (19.), 1:1 Nani (42.), 2:1 Dzsudzsak (47.), 2:2 Cristiano Ronaldo (50.), 3:2 Dzsudzsak (55.), 3:3 Cristiano Ronaldo (62.)

Gelbe Karten: Guzmics, Juhasz, Gera, Dzsudzsak

Schiedsrichter: Atkinson (England)

Zuschauer: 55 514

VORRUNDE
Gruppe F

Endlich erfolgreich: Cristiano Ronaldo schießt Portugal ins Achtelfinale, Nanis 1:1 hilft ihm dabei.

»Natürlich«, sagte sein Trainer Fernando Santos vor der Partie, angesprochen auf die Torflaute, »natürlich können manche Spieler das Eis brechen, Puskas war so einer.« Aber, so schränkte der 61-Jährige ein: »Du brauchst eben ein Team.«

Über ein solches verfügen die Erben Puskas', obgleich sie diesen Begriff im ungarischen Trainerteam nur ungern hören. »Ich habe 23 gleichwertige Spieler«, betonte Bernd Storck. Der deutsche Coach sah, wie sein Team dreimal in Führung ging – Santos sprach von purem Glück, was aber der Leistung der Magyaren nicht gerecht würde – durch Zoltan Gera und zweimal Balazs Dzsudzsak, dreimal den Ausgleich hinnehmen musste, dreimal aufstand und bis zum Ende mutig dagegenhielt.

»Wir haben immer wieder an uns geglaubt und auch versucht, gegen so einen starken Gegner Fußball zu spielen«, lobte Storck seine Schützlinge um Adam Szalai, den man im Nationaldress im Vergleich zur Bundesliga kaum wiederzuerkennen vermochte. Und so war die Welt an diesem Mittwochabend nicht genug für Cristiano Ronaldo. Wohl aber Ungarn mental stark genug für Portugal.

91

Island – Österreich 2:1

Islands neuer Nationalfeiertag

Es läuft die 94. Spielminute. Sitzen kann schon lange keiner mehr. Das Spiel ist auf Messers Schneide. Die Österreicher drücken auf den Siegtreffer, um sich doch noch fürs Achtelfinale zu qualifizieren und Island aus dem Turnier zu werfen. Ecke für Österreich. Selbst Torwart Robert Almer ist nach vorne geeilt. Spannung pur, da verliert Marko Arnautovic den Ball. Theodor Bjarnason (Aarhus GF) schnappt sich das Spielgerät und rennt um sein Leben; irgendwann tief in Österreichs Hälfte passt er zu Arnor Traustason (IFK Norrköping), der den Ball aus wenigen Metern zum 2:1 ins Tor bugsiert. Eine Explosion im Stadion. Die komplette Bank rennt auf den Torschützen los, auch Torwart Hannes Halldorsson (FK Bodö/Glimt) ist plötzlich in der Traube zu sehen. Der Schiedsrichter pfeift ab. Island ist eine Runde weiter. Diese kleine Insel, die mit 300 000 Einwohnern weniger Bevölkerung hat als Bielefeld und gerade über 100 Fußballprofis verfügt.

»Das ist der wichtigste Moment unserer Fußballgeschichte«, freute sich Abwehrspieler Kari Arnason. Und sein Trainer Heimir Hallgrimsson sagte: »Ich glaube, wir werden den Nationalfeiertag vom 17. Juni auf den heutigen Tag verlegen, so viel zur Wichtigkeit.« Wer hatte das auch für möglich gehalten? Island, Tabellenzweiter, vor Portugal und den hoch eingeschätzten Österreichern. »Es ist großartig, das erreicht zu haben«, so Arnason. »Dazu ist es großartig, das mit seinen Freunden hier erreicht zu haben. Wir sind eine tolle Einheit.«

Jubel dort, Trauer da. Österreich schaffte es auch bei der zweiten Teilnahme an einer EM-Endrunde nicht, ein Spiel zu gewinnen. Doch das wäre notwendig gewesen, um eine Runde weiterzukommen. In Paris wachte das Team von Marcel Koller zu spät auf. Doch das hatte vor allem auch mit der gewöhnungsbedürftigen Mannschaftsaufstellung zu tun. Koller schickte drei Innenverteidiger aufs Feld, ließ alle gelernten zentralen Stürmer auf der Bank und beorderte David Alaba nach vorne, obwohl der schon gegen Portugal gezeigt hatte, dass ihm das nicht so schmeckt. Der Schuss ging nach hinten los, dazu vergab Aleksandar Dragovic vor der Pause einen früheren Ausgleich. In der zweiten Halbzeit stellte Koller um, brachte Angreifer Marc Janko, stellte Alessandro Schöpf auf die Zehn und zog Alaba zurück. Das Team dankte es ihm mit einer furiosen Spielhälfte, erzielte den Ausgleich und vergab mehrere Großchancen zum erlösenden 2:1. Am Ende stand das abermalige Aus, und Österreich fuhr nach Hause. Wieder mal.

Gibt's doch nicht: Marko Arnautovic kann die Niederlage nicht fassen.

Kein Durchkommen: Der kantige Aron Gunnarsson bekämpft David Alaba.

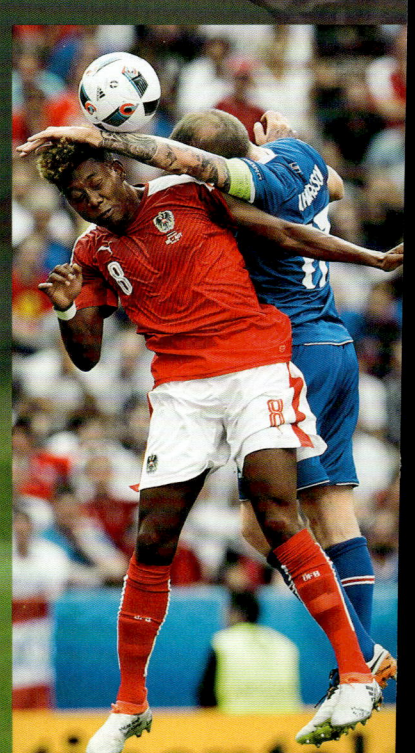

Überschwänglicher Jubel: Die Isländer freuen sich über den Einzug ins Achtelfinale. Trainer Heimir Hallgrimsson will den Nationalfeiertag verlegen.

Dynamisch, aber erfolglos: der Österreicher Marc Janko

VORRUNDE
Gruppe F

22. Juni in Paris St. Denis
Island – Österreich 2:1 (1:0)
Eingewechselt: 71. T. Bjarnason für Bödvarsson, 80. Traustason für Sigthorsson, 86. Ingason für Gudmundsson – 46. Schöpf (2) für Prödl, 46. Janko (3) für Ilsanker, 78. Jantscher für Sabitzer
Tore: 1:0 Bödvarsson (18.), 1:1 Schöpf (60.), 2:1 Traustason (90./+4)
Gelbe Karten: Skulason, Sigthorsson, Arnason, Halldorsson – Janko
Bes. Vork.: Dragovic verschießt FE (37.)
Schiedsrichter: Marciniak (Polen)
Zuschauer: 68 714

Almer/3
Prödl/4 Dragovic/4 Hinteregger/3,5
Klein/4 Baumgartlinger/4 Ilsanker/4,5
Sabitzer/3,5 Alaba/3 Arnautovic/3,5

Sigthorsson/4,5 Bödvarsson/2,5
B. Bjarnason/4 G. Sigurdsson/2,5 Gudmundsson/3,5
A. Skulason/5 R. Sigurdsson/3,5 Gunnarsson/3,5
Arnason/3 B. Saevarsson/4
Halldorsson/2

Pressestimmen

»Was haben wir uns auf David Alaba und die geheimen Geheimfavoriten aus Österreich gefreut! Und dann? Das! Also: Nichts. Der Geheimfavorit gegen Island, 1:2 verloren, raus. Und eine ganze Nation so: ›A geh ...‹«
11FREUNDE (DEUTSCHLAND)

»EM-Traum vorbei! 1:2 gegen Island! Österreich muss heimfahren! Eine nach allen Regeln der Fußball-Kunst verpatzte erste Spielhälfte inklusive Defensiv-Koma sowie vergebenem Elfmeter brachte die Elf von Teamchef Marcel Koller früh ab vom Kurs in Richtung K.-o.-Runde. Eine beherzte und deutlich verbesserte Leistung in den zweiten 45 Minuten führte zwar noch zum Ausgleich durch Alessandro Schöpf (60.), das erlösende Siegtor wollte aber für nun (endlich!) dominante Österreicher nicht mehr fallen.«
KRONEN-ZEITUNG (ÖSTERREICH)

»Das isländische Abenteuer geht weiter – der isländische Vulkanausbruch bringt ein kleines Team nach vorne. Jaaaaa! Island 2 – Österreich 1.«
PRESSAN (ISLAND)

Stimmen zum Spiel

Teamchef Marcel Koller: »Wir waren viel zu hektisch und nervös, wir haben mit dem Ball zu wenig Ruhe gehabt. Das war in jedem Spiel so, bis auf heute in der zweiten Hälfte. Natürlich hat die Erfahrung für so ein Turnier gefehlt, die Nervosität war wahrscheinlich zu hoch. Es ist vorher viel passiert: Verletzte, andere haben im Klub nicht gespielt. Bei so einem Turnier ist das Level extrem hoch.«

Alessandro Schöpf: »Der Ausgleich ist gar nicht zu spät gekommen, wir haben auch danach noch genügend Chancen gehabt. Ich muss das 2:1 machen, dann sind wir weiter. Das tut mir sehr leid. Es war in der ersten Hälfte ein blödes Gegentor, die Isländer sind danach sehr tief gestanden und haben und das Leben schwer gemacht. Wir haben in der ersten Hälfte die Räume nicht gefunden, in der zweiten haben wir das viel besser gemacht.«

David Alaba: »In der ersten Hälfte haben es die Isländer recht gut gemacht, uns früh zu stören, sie waren im Zentrum sehr kompakt. Da haben wir sicher ein bisschen ein Problem gehabt, ins Spiel zu finden. Dann haben wir unser System gewechselt, und dann waren wir die deutlich bessere Mannschaft.«

Aleksandar Dragovic: »David ist zu mir gekommen und hat gefragt, wie es mir geht. Normal soll der Gefoulte nicht schießen. Ich habe mich gut gefühlt. Es tut mir leid für die Mannschaft, aber es haben leider auch schon andere große Spieler verschossen mit Cristiano Ronaldo oder Ramos. Natürlich wollte ich ihn machen. Jetzt bin ich halt der Buhmann, da muss ich auch damit leben. Das gehört zum Fußball dazu.«

Jon Bödvarsson: »Wir sind überglücklich, das ist der größte Fußballmoment für Island. Die Führung zu schießen war wirklich wichtig. Wir haben sie dann sehr gut verteidigt, vielleicht sind wir ein bisschen zu weit nach hinten gerückt. Wir haben ihnen ein bisschen viel Räume gegeben.«

Nationaltrainer Heimir Hallgrimsson: »Ich glaube, wir werden den Nationalfeiertag jetzt vom 17. Juni auf den heutigen Tag verlegen. Was diese Mannschaft hier geleistet hat, ist unglaublich.«

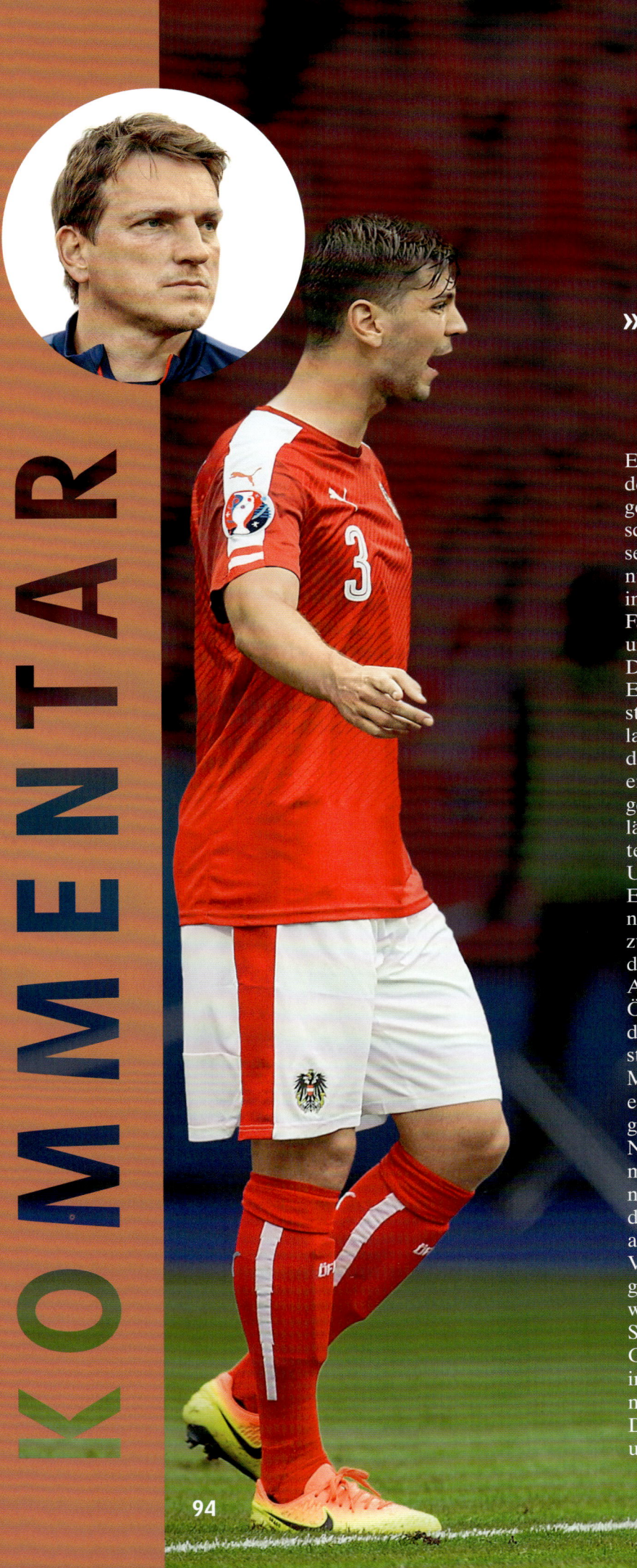

Österreich-Kolumne von Andreas Herzog

»Ein Scheitern auf der ganzen Linie«

Es nützt nichts darum herumzureden: Dieser Auftritt der Österreicher in Frankreich war eine einzige Blamage. Nach der souveränen Qualifikation hatte die Mannschaft hohe Erwartungen geweckt, die sie in keiner Weise zu erfüllen vermochte. Im Endeffekt hat die Truppe nur eine gute Halbzeit gespielt: In der zweiten Hälfte im Spiel gegen Island war sie auf dem Niveau, das alle Fans und Experten in meiner Heimat erwartet hatten und erwarten durften.

Der Anfang der Europameisterschaft war schon das Ende aller Ambitionen meiner Landsleute. Der Einstieg in dieses Turnier, für alle Teilnehmer wichtig, misslang gründlich. Die Niederlage gegen Ungarn war ein denkbar schlechter Start. Davon hat sich die Truppe nie erholt. Nervosität und Verkrampfung haben sich breitgemacht. Wie dieses erste Spiel alles beeinflusst hat, lässt sich am Fortgang in dieser Gruppe gut beobachten: Österreich hat nicht mehr die Kurve gekriegt, die Ungarn, neben Island der krasse Außenseiter, haben die Erfolgswelle erwischt, nahmen die Euphorie mit in die nächsten Partien und haben weiter gepunktet. So ist es zu erklären, dass die Elf von Trainer Bernd Storck sogar den Gruppensieg schaffte und sich sensationell für das Achtelfinale qualifizierte.

Österreich war das genaue Gegenteil. Die Gründe für das Scheitern auf der ganzen Linie: Die Mannschaft stand von Beginn an unter Druck, der Trainer auch. Marcel Koller musste nach der Schlappe zum Auftakt etwas ändern. Völlig richtig, so konnte es nicht weitergehen. Logisch, dass ein Trainer so handeln muss, etwas Neues ausprobieren und einige Umstellungen vornehmen muss. Doch es hat sich nicht ausgezahlt. Das Fazit nach drei nicht befriedigenden Spielen: Österreich hat dreimal mit unterschiedlichem Personal und dreimal auch mit einer unterschiedlichen Formation begonnen. Versuche, die allesamt gescheitert sind. Versuche aufgrund der Tatsache, dass es einfach nicht so laufen wollte wie in den Qualifikationsspielen, als sich eine Stammbesetzung und auch eine favorisierte taktische Grundordnung herauskristallisiert hatten. Austria ist so in die Negativspirale gekommen, aus der es leider keinen Ausweg mehr gegeben hat.

Das extreme Beispiel lieferte der letzte Auftritt, als unbedingt ein Sieg hermusste. Kollege Koller wählte

VORRUNDE
Gruppe F

Frust: Julian Baumgartlinger (rechts) und Aleksandar Dragovic bei der Niederlage gegen Island

Der Anfang vom Ende: Jon Bödvarsson bringt Island in Führung, Julian Baumgartlinger kann es nicht verhindern.

erstmals eine Taktik, die schon recht überraschend kam. So stellte er acht Spieler auf, die eher als Defensivspieler galten. Natürlich hat sich Marcel Koller mit diesem Schachzug, für den er im Nachhinein arg kritisiert worden ist, etwas gedacht. Der Plan ist leider nicht aufgegangen. Es war somit das dramatische Ende eines völlig missratenen EM-Abenteuers.

Koller die Alleinschuld an diesem Debakel zu geben, wäre unredlich. Auch die Spieler haben erheblich dazu beigetragen. Vor allem die Schlüsselspieler, die Leistungsträger, die durch die Bank nicht in Form waren an den Tagen in Frankreich.

Das fängt bei David Alaba an, dem Akteur, der stellvertretend für diese Generation in der Nationalelf steht. Der Münchner war in einer ganz schlechten Verfassung, hat zudem unterschiedliche Rollen spielen müssen, die ihm einfach nicht liegen. Erst im defensiven Mittelfeld, dann in der offensiven Zentrale, zum Schluss fast sogar Mittelstürmer. Seine Stärken hat unser Fußballer des Jahres aber auf der Position, die er fast regelmäßig bei den Bayern spielte – als linker Verteidiger.

Auch die anderen Stützen standen neben sich. Ein Marko Arnautovic hat nach seiner starken Saison in der Premier League enttäuscht, ein Marc Janko ebenfalls. Der Torjäger kam nach seinem schwachen ersten Spiel überhaupt nicht mehr zum Zuge. Die Folge: Österreich war sturmschwach, hat zu wenige Treffer erzielt.

Und als folgenschwer hat sich auch die Knöchelverletzung erwiesen, die sich Zlatko Junuzovic im Auftaktspiel gegen Ungarn zugezogen hatte. Der Bremer fehlte an allen Ecken und Enden. Ein Topspieler, auf den die Elf verzichten musste. Ohne Junuzovic fehlte Koller ein Leithammel. Alaba konnte ihn nie vertreten.

KOMMENTAR

kicker-Chefredakteur Jörg Jakob:
Jetzt geht's erst richtig los!

In den Tagen vor dem Fest in Frankreich sind die Angst vorm Terror und die Sicherheitsmaßnahmen das beherrschende Thema. Nach zwei Wochen Vorrunde drehen sich die Kommentare vor allem um – ebendiese Vorrunde.

Es geht also vorrangig um Fußball, was natürlich eine erfreuliche Entwicklung ist. Euphorie kann diese Europameisterschaft zunächst jedoch nicht entfalten, zumal sich das Gastgeberland im Ausnahmezustand befindet und noch dazu am ersten Wochenende russische Hooligans in Marseille englische Fans und damit das Turnier überfallen, sogar im Stade Velodrome nach dem 1:1 der Three Lions gegen die Sbornaja. Die UEFA hat zum Start auch an anderen Schauplätzen ein Sicherheitsproblem der unerwarteten Art.

Die Endrunde mit erstmals 24 Mannschaften kommt nur schwer in Gang, wenngleich der Heimmannschaft der Auftakt glückt: Mit einem Traumtor zum 2:1 kurz vor Schluss des Eröffnungsspiels gegen Rumänien wird Dimitri Payet zum ersten Gesicht der EURO 2016. Es heißt, große Turniere bringen große Spieler hervor. Der 29-jährige Payet von West Ham United, der es auf den letzten Drücker in die Equipe Tricolore geschafft hat, wird mit drei Scorerpunkten, zwei Toren und der kicker-Durchschnittsnote 1,5 schon mal zum Spieler der Gruppenphase.

In deren 36 Begegnungen fallen nur 69 Tore. Mit einem Schnitt von 1,91 bewegt sich die Tour de France nach ihrer ersten Etappe auf einem EM-Tiefstwert. Bundestrainer Joachim Löw hatte den spielerisch starken Favoriten einen Abnutzungskampf prophezeit. Er wird eindrucksvoll bestätigt.

Im Defensivverbund hervorragend eingestellt und diszipliniert agierend, können auch die weniger gut veranlagten und mit der schlechteren Summe an Individualisten besetzten Neulinge mithalten. Extrem fällt dies beim 1:0 der Deutschen gegen Nordirland auf, bei dem nur Mario Gomez eine der vielen guten Chancen nutzt, sowie bei Englands Nullnummer gegen die Slowakei.

»Es gibt keinen mehr, den man mit 5:0 aus dem Stadion schießen kann«, bestätigt Gomez eine Ent-

Rangliste der Gruppendritten

Die Reihenfolge der Kriterien:
1. die erzielte Punktzahl
2. die bessere Tordifferenz
3. die höhere Anzahl an erzielten Toren
4. das bessere Fair-Play-Verhalten während der Endrunde bezüglich der Karten
5. der bessere UEFA-Koeffizient

	Sp.	Tore	Punkte	Gruppe	GK	GRK	RK	FP
1. Slowakei	3	3:3	4	B	7	0	0	7
2. Irland	3	2:4	4	E	5	0	0	5
3. Portugal	3	4:4	3	F	2	0	0	2
4. Nordirland	3	2:2	3	C	4	0	0	4
5. Türkei	3	2:4	3	D	7	0	0	7
6. Albanien	3	1:3	3	A	8	1	0	11

Fair-Play-Wertung (FP): Gelbe Karten (GK) je ein Punkt, Gelb-Rote Karten (GRK) je 3 Punkte (erste Gelbe Karte ist hier enthalten), Rote Karten (RK) je 3 Punkte

KOMMENTAR
Vorrunde

Der Boss im deutschen Team: Es gibt kein Vorbeikommen an Jerome Boateng, auch nicht für Viktor Kovalenko aus der Ukraine.

wicklung, die sich schon länger abgezeichnet hat. Klare Verlierer gibt es dennoch, die Gruppenletzten heißen Rumänien, Russland, Ukraine, Tschechien, Schweden und Österreich. Es sind also nicht »die Kleinen« und krassen Außenseiter, die nach 36 Spielen zu den nur acht Teilnehmern gehören, die sich verabschieden müssen.

Auch Albanien ist darunter. Ledian Memushaj hat es zum ersten Endrundenerfolg überhaupt geschossen (1:0 gegen Rumänien), dann heißt es drei Tage hoffen und bangen, ehe der Achtelfinaleinzug als einer der vier besten Dritten doch nicht glückt. Die EURO-Erweiterung hat ihre Schwächen im Modus des Endturniers, dessen zähe Vorrunde bereits Gegenstand der Debatten ist, als es in den abschließenden Gruppenspielen doch noch hoch hergeht. Ungarn mit den deutschen Trainern Bernd Storck, Andreas Möller und Holger Gehrke (3:3 gegen Portugal) sowie Island (2:1 dank Arnor Traustason in der vierten Minute der Nachspielzeit gegen Österreich) landen schließlich vor Portugal. Und Robbie Brady verlängert Irlands Frankreich-Abenteuer mit seinem Last-minute-Kopfball gegen die bereits qualifizierten Italiener (1:0).

Von einem atmosphärischen Tief kann von Nizza bis Lille keine Rede sein, vor allem nicht dank Briten, Iren und Isländern. »Don't take me home« wird neben »Will Grigg's on fire« zur beschwingten Erkennungsmelodie dieser EM in Stadien und Straßen. Großen (Stimm-)Anteil daran haben die Waliser, die angeführt von Gareth Bale und Aaron Ramsey vor dem großen englischen Bruder ins Achtelfinale einziehen und dort ausgerechnet auf die Nordiren treffen werden. Ein wahrlich historisches Ereignis.

Ein Fall für die Geschichtsbücher ist auch der 116. und letzte Auftritt von Zlatan Ibrahimovic im Trikot der enttäuschenden Schweden. Das 0:1 gegen Belgien ist ein trauriger Abschied für »Ibra«, in seinem vierten EM-Turnier bleibt er erstmals torlos.

Cristiano Ronaldo dagegen wird am 22. Juni mit 17 Einsätzen alleiniger EM-Rekordspieler vor dem Franzosen Lilian Thuram und dem niederländischen Torhüter Edwin van der Sar. Mit seinem Tor zum 2:2-Zwischenstand gegen die Ungarn ist »CR7« der Erste, der bei vier Endrunden erfolgreich war.

Die portugiesische Reizfigur bekommt es nun ausgerechnet mit dem Geheimtipp Kroatien zu tun. Modric, Perisic, Rakitic und Kollegen haben als Mannschaft einen starken Eindruck hinterlassen. Für sie, wie auch für Topfavorit Deutschland mit seinem Boss Boateng und überhaupt, gilt, was die Kommentare zur Vorrunde betonen: Jetzt geht's erst richtig los!

Zwei Nationalteams stellen je zwei Spieler in der Elf der Vorrunde, Kroatien und Spanien. Manuel Neuer ist ganz knapp an einer Nominierung gescheitert, Yann Sommer hatte mehr Möglichkeiten, sich spektakulär auszuzeichnen. Superstars blieben hinter ihren Möglichkeiten zurück: Cristiano Ronaldo zeigte ein herausragendes Spiel, Zlatan Ibrahimovic keins. Auch Robert Lewandowski besitzt noch Steigerungspotenzial.

TOP 11
- Morata (Spanien)
- Bale (Wales)
- Payet (Frankreich)
- Perisic (Kroatien)
- Iniesta (Spanien)
- Modric (Kroatien)
- Guerreiro (Portugal)
- Barzagli (Italien)
- Boateng (Deutschland)
- Meunier (Belgien)
- Sommer (Schweiz)

Schweiz – Polen	i.E. 4:5
Wales – Nordirland	1:0 (0:0)
Kroatien – Portugal	n.V. 0:1
Frankreich – Irland	2:1 (0:1)
Deutschland – Slowakei	3:0 (2:0)
Ungarn – Belgien	0:4 (0:1)
Italien – Spanien	2:0 (1:0)
England – Island	1:2 (1:2)

Torjubel: Julian Draxler wird beim Spiel Deutschland gegen Slowakei zum Man of the Match gewählt.

Die Sensation: England fliegt gegen Island aus dem EM-Turnier, Jamie Vardy bleibt an Ragnar Sigurdsson hängen.

ACHTEL-FINALE

Wenige Tage vor dem Spiel gegen Island hatten die Engländer in einem Referendum den Brexit, ihren Austritt aus der EU, beschlossen. Jetzt ging auch die Fußball-Nationalmannschaft aus der Eurozone – allerdings unfreiwillig. Die Niederlage gegen Island war eine der dicksten Überraschungen der EM-Geschichte und der größte Erfolg in der Historie der Nordmänner überhaupt. Frankreich rettete sich nach Rückstand gegen Irland. Belgien und Deutschland ließen mit klaren Siegen ihre Muskeln spielen. Portugal brauchte für das Achtelfinale die Verlängerung, Polen gar das Elfmeterschießen.

Bewerbungsschreiben: Jakub Blaszczykowskis Zukunft ist nicht geklärt, doch er glänzt bei der EM als Torschütze.

Kurz vor dem verhängnisvollen Fehlschuss: Granit Xhaka legt sich im Elfmeterschießen den Ball hin – und hämmert daneben (oben rechts).

Schweiz – Polen 4:5 i. E.

Xhaka will bald wieder ran

Es war das erste Achtelfinalspiel dieser EM, und es bot gleich Verlängerung und Elfmeterschießen, also die ganze Palette an Spannung, die erst ab der K.-o.-Runde möglich ist. Und auch die ersten 90 Minuten hatten interessante Geschichten geschrieben.

Wie die des Jakub Blaszczykowski. Der Mittelfeldspieler schoss Polen, das eine beeindruckende erste Halbzeit ablieferte, in Führung. Es war bereits das zweite Turniertor für ihn und gleichzeitig ein wichtiges Empfehlungsschreiben für seine sportliche Zukunft. Denn Blaszczykowski war in der Saison 2015/16 von Borussia Dortmund an den AC Florenz ausgeliehen worden. Zur neuen Spielzeit beendeten die Italiener dieses Agreement wieder, und beim BVB zeigte man ebenfalls kein gesteigertes Interesse an dem 30-Jährigen.

Auch Xherdan Shaqiri, der für seine Leistungen im bisherigen Turnierverlauf in der Heimat herbe Kritik eingesteckt hatte, schrieb nun plötzlich positive Schlagzeilen. Er war nicht nur das Sinnbild des Schweizer Aufbäumens nach der Pause, er vollendete es auch. Und das mit einer Einzelaktion, die das enorme fußballerische Potenzial widerspiegelt, das in dem nur 1,69 Meter großen Kraftpaket wohnt. An der Strafraumgrenze lag er quer in der Luft und setzte den Ball mit einer Mischung aus Scherenschlag und Seitfallzieher zum Ausgleich ins Netz. Auch wenn er in einem frühen Stadium des Turniers erzielt wurde, war klar, dass diese spektakuläre Aktion am Ende zu einem der schönsten Treffer der Veranstaltung zählen würde. Was einen Profi allerdings nicht abschließend glücklich macht. »Das war ein sehr schönes Tor, aber am Schluss hat es nichts gebracht«, äußerte Shaqiri. Denn wie schon bei der WM 2014 war für die Schweiz im Achtelfinale Schluss. Auch in Brasilien war die Entscheidung nicht in den regulären 90 Minuten gefallen, da hieß es 0:1 nach Verlängerung gegen den späteren Finalisten Argentinien.

Jetzt bedurfte es sogar noch des Elfmeterschießens, um einen Sieger zu küren. Von den zehn angetretenen Schützen scheiterte lediglich Granit Xhaka, der seinen Penalty mit hoher Vehemenz am linken Pfosten vorbeijagte. Zweimal war der ehemalige Mönchengladbacher, dessen Wechsel zum

Akrobatische Leistung: Xherdan Shaqiri liegt quer in der Luft und trifft zum 1:1.

FC Arsenal während der EURO bereits feststand, in den drei Vorrundenpartien zum »Man of the Match« gewählt worden. Spieler des Spiels war er auch gegen Polen – allerdings in negativem Sinne. Xhaka trotzig: »Ich bin erst 23, ich bin ein junger Mensch, der halt einen Fehler gemacht hat. Wenn

ACHTELFINALE

es bald wieder ein Elfmeterschießen gibt, werde ich wieder anlaufen, das verspreche ich.«
Ein anderer schaffte es, aus dem Shoot-out positive Motivation zu ziehen: Robert Lewandowski. Er war mit dem Ruf, einer der besten Stürmer der Welt zu sein, zum Turnier angereist und in den ersten vier Spielen der Polen, also auch inklusive der 120 Minuten gegen die Schweiz, ohne Torerfolg geblieben. Jetzt verwandelte er seinen Penalty mit einem ebenso präzisen wie unhaltbaren Schuss in den Winkel und feierte zumindest ein kleines Erfolgserlebnis. »Robert ist nicht unser Problem, sondern das Problem unserer Gegner. Deswegen sollten wir uns nicht verrückt machen lassen«, hielt Zbigniew Boniek, früherer Weltklassefußballer und aktueller polnischer Verbandspräsident, verbal den Ball flach.

Pressestimmen
»Ganz bitteres Aus gegen Polen. Xhakas Nerven versagen im Elfmeterschießen. Nicht zu fassen. Wir sind draußen. Aber Shaqiri verzückt die Fußball-Welt.« BLICK (SCHWEIZ)

»Der Zauberzwerg schießt das schönste Tor der EM. Aber die Schweiz scheint verflucht.« TAGESANZEIGER (SCHWEIZ)

»Polen ist im Viertelfinale! Nun gibt es keinen Grund mehr, jemanden zu fürchten – wo die anderen doch jetzt Angst vor den Polen haben.« GAZETA WYBORCZA (POLEN)

»Polen überlebt gegen Shaqiri. Es hat die Mannschaft gewonnen, die dem Publikum am wenigsten Fußball geboten hat. Shaqiris Tor ist das Werk eines Akrobaten.« EL PAIS (SPANIEN)

Stimmen zum Spiel
Vladimir Petkovic: »Wir hätten ein besseres Resultat verdient gehabt, so wie wir gespielt haben. Wir hätten vor dem Penaltyschießen ein weiteres Tor erzielen müssen. Am Anfang waren wir wohl schon etwas nervös. Dann aber haben wir uns gefangen und gefunden und durchaus gut gespielt. Meine EM-Bilanz bleibt positiv: Wir müssen aus dem Turnier in Frankreich die Lehren ziehen, müssen uns verbessern und es beim nächsten Mal noch besser machen.«

Yann Sommer: »Das ist sehr bitter für uns. Wir machten während 120 Minuten ein gutes Spiel, waren die bessere Mannschaft und hätten es verdient, weiterzukommen. Auch darum sind wir sehr enttäuscht. Wir wollten diesen Schritt in die Viertelfinals unbedingt machen und erspielten uns auch die Chancen dazu.«

Haris Seferovic: »Auch Cristiano Ronaldo verschießt Elfmeter. Granit braucht man jetzt nicht groß aufbauen, er hat eine tolle EURO gespielt.«

Lukasz Fabianski: »Die Schweizer haben uns alles abverlangt. Wir sind überglücklich, dass es für uns weiter geht.«

Jakub Blaszczykowski: »Das ist ein historischer Moment für uns. In der zweiten Halbzeit waren wir vielleicht etwas zu passiv, aber es ging auf.«

25. Juni in Saint-Etienne
Schweiz – Polen 4:5 i. E. (1:1, 1:1, 0:1)
Eingewechselt: 58. Embolo (4) für Dzemaili, 70. Derdiyok (2,5) für Mehmedi, 77. Fernandes (2,5) für Behrami – 101. Jodlowiec für Maczynski, 104. Peszko für Grosicki
Tore: 0:1 Blaszczykowski (39.), 1:1 Shaqiri (82.)
Elfmeterschießen: 1:0 Lichtsteiner, 1:1 Lewandowski, Xhaka verschießt, 1:2 Milik, 2:2 Shaqiri, 2:3 Glik, 3:3 Shaqiri, 3:4 Blaszczykowski, 4:4 Rodriguez, 4:5 Krychowiak
Gelbe Karten: Schär, Djourou – Jedrzejczyk, Pazdan
Schiedsrichter: Clattenburg (England)
Zuschauer: 38 842

Polen: Fabianski/1,5; Piszczek/3, Glik/4, Pazdan/4, Jedrzejczyk/4; Krychowiak/3,5, Maczynski/4; Blaszczykowski/2, Milik/3,5, Grosicki/2,5; Lewandowski/4,5

Schweiz: Sommer/2,5; Lichtsteiner/4, Schär/2,5, Djourou/4,5, Rodriguez/3,5; Behrami/3, G. Xhaka/3,5; Shaqiri/1,5, Dzemaili/5, Mehmedi/4; Seferovic/3

Schweiz-Kolumne von Stephane Chapuisat
Die Zeit ist reif für mehr

Die Schweiz hat bei dieser Europameisterschaft einen so großen Aufwand betrieben und so viel investiert – sie hätte es verdient gehabt, dafür mit der Teilnahme an der nächsten Runde belohnt zu werden. Als besseres Team im Elfmeterschießen auszuscheiden ist bitter und sehr schade. Trotzdem kann die Schweiz für sich in Anspruch nehmen, ein gutes Turnier gespielt zu haben. Entsprechend wohlwollend war die Stimmung nach dem unverdienten K. o. gegen Polen: Kopf hoch!

Auch Eren Derdiyok vergibt: Die Chancenverwertung zählt nicht zu den Stärken der Schweiz.

Diese Leistungen machen sogar Hoffnung für die nächsten Jahre: Die Zeit ist reif, dass diese Mannschaft bei einer Welt- oder Europameisterschaft mehr erreicht als das Achtelfinale. Viel hat schon vor zwei Jahren in Brasilien und jetzt in Frankreich nicht dazu gefehlt. In Brasilien in der 118. Minute am späteren Vize-Weltmeister Argentinien zu scheitern – oder bei der EM ohne Niederlage die Segel streichen zu müssen –, das hat auch viel mit Pech zu tun.

Ottmar Hitzfeld hat als Nationaltrainer einen Weg mit jungen Spielern eingeschlagen, den sein Nachfolger Vladimir Petkovic seit 2014 konsequent fortsetzt. Petkovic ist und bleibt der richtige Mann für diesen Job, er wird an den kleinen Details arbeiten und dann versuchen, die Schweiz zur Weltmeisterschaft nach Russland zu führen.

Was gefehlt hat in Frankreich, war die Effizienz im Abschluss. Auf diesem hohen internationalen Niveau muss man einfach mehr von seinen wenigen Chancen nutzen als die kümmerlichen 13 Prozent, die für die Schweiz notiert wurden. Ein echter Torjäger, der im richtigen Moment zuschlägt, wäre eine große Hilfe gewesen. Wir besitzen zwar Angreifer mit Potenzial, aber Spieler wie Haris Seferovic von Eintracht Frankfurt oder der zuletzt an den Hamburger SV ausgeliehene und wegen eines Knorpelschadens nicht turnierfähige Josip Drmic müssen sich erst einmal in ihren Klubs durchsetzen. Mit Breel Embolo wächst in der Offensive ein außergewöhnliches Talent heran. Embolo verfügt über exzellente spielerische Möglichkeiten – aber Tore am Fließband wird auch er nicht schießen.

Ein anderer Hoffnungsträger ist Granit Xhaka, für den der FC Arsenal nicht grundlos 45 Millionen Euro gezahlt hat. Obwohl er noch zu den Jüngsten im Kader gehört, hat er bei der Europameisterschaft schon eindrucksvoll seinen Wert für die Mannschaft unterstrichen. Xhaka bringt alles mit,

ACHTELFINALE

Kollektiver Trost: Die Mannschaft versucht, Pechvogel Granit Xhaka ein wenig aufzumuntern.

um sich auf hohem Niveau durchzusetzen: eine ausgezeichnete Technik, Ballsicherheit, Laufstärke, Ehrgeiz. Er beanspruchte für sich die Chefrolle, und er hat bestätigt, dass er der Anführer der Schweiz sein kann.

Dass er seinen Elfmeter gegen Polen weit neben das Tor setzte, wird ihn nicht umhauen. So etwas kann im Fußball jedem passieren. So stark wie er auch mental ist, wird Xhaka das wegstecken. Ihm wird es auch guttun, dass in der Premier League eine neue Herausforderung auf ihn wartet. Das wird seine

Der passt: Robert Lewandowski lässt dem starken Yann Sommer im Elfmeterschießen keine Chance.

Entwicklung fördern – und die der Schweizer Nationalmannschaft. Auch von Embolos Wechsel von Basel nach Schalke können beide Seiten profitieren.

Die fußballerische Mischung stimmt in der Schweiz. Man sollte die EM abhaken und weiter so machen wie in den vergangenen fünf Jahren. Wir können uns auf einen super Torwart verlassen, müssen uns bei den Innenverteidigern keine Sorgen machen und dürfen Vertrauen in kompetente Außenverteidiger haben. Yann Sommer widerlegt eindrucksvoll die These, dass bei den Torhütern die Zentimeter bei der Größe den Unterschied ausmachen. Auch wenn er mit nur 1,83 Metern kein Riese ist, traut er sich herauszukommen und beherrscht seinen Strafraum. Und mit dem Ball am Fuß kann er auch prima umgehen.

Wales – Nordirland 1:0

Bale: »Eine einmalige Chance«

Als das Spiel vorbei war, da traf dann auch endlich Bale. Doch nicht Gareth bugsierte den Ball ins Tor, sondern er begegnete Tochter Alba Violet, die mit ihrem berühmten Vater nach dem 1:0-Achtelfinalsieg gegen Nordirland auf dem Feld herumtollte. Die 15 000 Waliser Fans begleiteten das Vater-Tochter-Spiel mit tosendem Applaus, die Bilder des ungleichen Bale-Duos gingen um die Welt. »Was wir hier derzeit erleben, ist so emotional. Ich wollte diesen Augenblick einfach mit meiner Familie teilen«, so Wales' Superstar nach dem Spiel. Seit 1958 musste das kleine Land aus Großbritannien auf ein großes Endturnier warten. Dass nun bei der ersten Teilnahme nach 58 Jahren gleich der Einzug ins Viertelfinale gelang, sorgte für Freudentänze im Pariser Prinzenpark-Stadion und außerhalb der Arena. Bale wirkte beseelt davon, nun – wie seine Vorfahren – Historisches zu erreichen. »Nur hier zu sein, das reicht mir nicht. Wenn man bedenkt, wie selten unser Land für Turniere qualifiziert ist, dann muss jedem klar sein, dass das hier eine einmalige Chance ist«, lautete sein ehrgeiziger Kommentar. Auch in Schweden hatte Wales seinerzeit sensa-

Tanz um den Papa: Gareth Bale feiert nach dem Abpfiff mit seiner Tochter Alba Violet das Erreichen des Achtelfinales.

Dass das Spiel gegen die Nordiren unterirdisch schlecht war? Wer wollte das hinterher noch wissen? »Es war kein schöner Sieg«, gestand Chris Coleman, »aber ich gewinne lieber auf diese Weise, als nach Hause zu fahren.« Der Coach der Waliser lobte Nordirland als »die bessere Mannschaft«. Doch auch der Vortrag des Gegners fand auf bescheidenem Niveau statt. Aber am Ende holten sich die Spieler in Grün-Weiß ihren verdienten Applaus von den etwa 10 000 Anhängern ab. Aus im Achtelfinale, und das bei der ersten Teilnahme an einer Europameisterschaftsendrunde überhaupt, damit

tionell das Viertelfinale erreicht, dann war Schluss gegen Brasilien. »Wir haben eine Dokumentation über die damalige Mannschaft gesehen«, verriet Bale. »Ich habe mich mit zwei Spielern aus dem damaligen Team unterhalten, es war sehr lehrreich.« Bale will mehr und verkörpert mit seiner Präsenz das neue Selbstvertrauen der Waliser. Er ist Wales. Auf dem Platz und außerhalb. Sein Trainer unternahm gar nicht erst den Versuch, den Stellenwert des 26-Jährigen künstlich kleinzureden. »Gareth kann mit einem magischen Moment Spiele entscheiden«, sagte Trainer Chris Coleman. Am Samstag war dieser eine Moment die scharfe und perfekt getimte Hereingabe von der linken Außenbahn, die Gareth McAuley nur noch ins eigene Netz lenken konnte. In den drei Gruppenspielen zuvor hatte Bale gegen Albanien, England und Russland jeweils ins Tor erzielt und damit Geschichte geschrieben. In jedem Vorrundenspiel zu treffen, war bei einer EM-Endrunde bislang lediglich dem Tschechen Milan Baros und dem Niederländer Ruud van Nistelrooy 2004 gelungen.

ACHTELFINALE

konnten die meisten Nordiren leben. »Wir haben ein großartiges Turnier gespielt«, lobte Trainer Michael O'Neill. Sein Abwehrspieler Craig Cathcart sah es genauso: »Wir können stolz darauf sein, was wir hier erreicht haben«, sagte der Spieler vom FC Watford. »Das wird uns Selbstvertrauen geben. Wir sind Erster in der Quali-Gruppe geworden, sind hier eine Runde weitergekommen. Wir können sehr viel Positives mitnehmen für die nächsten Wettbewerbe.« Oliver Norwood meinte: »Wir haben die zweiten Bälle gewonnen, erspielten uns zwei Chancen, doch dann kam der Lucky Punch von Wales.« Flanke Bale, Tor Gareth McAuley. »Er ist natürlich wie wir alle niedergeschlagen, aber McAuley konnte nichts machen, es war ein gefährlicher Ball«, so Cathcart. Ein Ball, der Wales den Sieg brachte. »Unsere Fans«, sagt Coleman, »dürfen ruhig weiterträumen.«

Eigentor: Gareth McAuley lenkt eine Hereingabe von Gareth Bale ins eigene Netz.

25. Juni in Paris
Wales – Nordirland 1:0 (0:0)
Eingewechselt: 55. Robson-Kanu (4) für Vokes, 62. J. Williams für Ledley – 69. Washington für Ward, 79. McGinn für Norwood, 84. Magennis für McAuley
Tor: 1:0 McAuley (75., ET)
Gelbe Karten: Taylor, Ramsey – Dallas, Davis
Schiedsrichter: Atkinson (England)
Zuschauer: 44 342

Kroatien – Portugal 0:1 n. V.

Renato Sanches:
Dynamisch, schnell, aggressiv

Bereits vor dem Spiel hüpfte seine lustige Rasta-Frisur wild durch das Stade Bollaert-Delelis in Lens, ganz so, als wolle sie zu den Gesängen der zahlenmäßig zwar unterlegenen, dafür aber umso stimmgewaltigeren portugiesischen Anhänger tanzen. Renato Sanches war der Letzte, der nach dem Warmmachen den Rasen des Stadions in Richtung Katakomben verließ, er schlug noch mal schnell ein paar Haken und trat gegen den Ball. Fast schien es, als könne er es nicht erwarten, im Achtelfinale die favorisierten Kroaten auszuschalten.

Als es dann wenige Minuten später losging, fand sich der Neuzugang von Bayern München zunächst aber auf der Bank wieder. Nationaltrainer Fernando Santos setzte zum Start der Partie auf André Gomes vom FC Valencia. Doch das ging nicht gut. Kroatien dominierte das von Taktik geprägte, insgesamt enttäuschende Spiel, Portugal hatte vor der Pause eine einzige Chance: einen Kopfball von Verteidiger Pepe im Anschluss an einen Freistoß.

Kurz vor dem Tor: Cristiano Ronaldo schießt, Danijel Subasic wehrt ab – und dann kommt Ricardo Quaresma.

Dynamisch: Renato Sanches belebt nach seiner Einwechslung das Spiel der Portugiesen.

25. Juni in Lens
Kroatien – Portugal 0:1 n. V. (0:0, 0:0)

Eingewechselt: 88. N. Kalinic (4) für Mandzukic, 110. Pjaca für Rakitic, 120. Kramaric für Corluka – 50. Renato Sanches (3) für André Gomes, 87. Ricardo Quaresma (2,5) für Joao Mario, 108. Danilo Pereira für Adrien Silva

Tor: 0:1 Ricardo Quaresma (117.)

Gelbe Karte: William Carvalho

Schiedsrichter: Velasco Carballo (Spanien)

Zuschauer: 33 523

Portugal: Rui Patricio/3; Cedric/4, Pepe/2,5, José Fonte/4, Guerreiro/3; Joao Mario/2, William Carvalho/4, Adrien Silva/4,5, André Gomes/5; Nani/4,5, Cristiano Ronaldo/4,5

Kroatien: Subasic/3; Srna/3, Corluka/4, Vida/2,5, Strinic/4,5; Badelj/4,5, Modric/3,5, Brozovic/4,5, Rakitic/4, Perisic/3; Mandzukic/5

ACHTELFINALE

Zwei Meinungen: Renato Sanches diskutiert mit Schiedsrichter Carlos Velasco.

denden Anteil an der Qualifikation für das Viertelfinale gehabt. Denn Sanches war es, der den Ball in der 117. Minute durch das Mittelfeld trieb und kurz vor dem kroatischen Strafraum links auf Nani passte, der wiederum legte auf rechts zu Cristiano Ronaldo – und der Superstar scheiterte an Danijel Subasic. Doch von Kroatiens Torhüter sprang die Kugel zu Ricardo Quaresma, und der köpfte zum Sieg für die gerade in der Endphase gehörig unter Druck stehenden Portugiesen ein.

»Es war ein erstaunliches Spiel«, sagte Renato Sanches. Und, angesprochen auf den entscheidenden Angriff: »Ich bin es gewohnt, im Spiel den Ball zu haben und mitten im Geschehen zu stehen.« Aber weil das vielleicht dann doch ein wenig zu dominant klang für einen Jungspund im Dunstkreis des dreimaligen Weltfußballers Ronaldo, fügte er noch an: »Ich bin glücklich, Teil dieser 23 Spieler zu sein und will jetzt einfach nur diesen Moment genießen.«

Es sollte die einzige Möglichkeit für das Team um den einmal mehr blassen Superstar Cristiano Ronaldo bleiben – bis, ja bis es fast schon Zeit für das Elfmeterschießen war. Ganz am Ende der Verlängerung schoss Portugal das Siegtor. Eingeleitet wurde es mit einem Ritt über das halbe Feld von: Renato Sanches.

Bereits nach 50 Minuten hatte Santos ein Einsehen gehabt und den 18-Jährigen für André Gomes gebracht. Damit wechselte der Nationaltrainer Dynamik und Tempo ein. Aber auch Aggressivität. Im positiven wie im negativen Sinn. Denn der Jungprofi, während der EM noch bei seinem Stammverein Benfica Lissabon beschäftigt, war bei seinem dritten Teileinsatz im Turnier offenbar übermotiviert. Schon vor dem Anpfiff auf vollen Touren, hatte er nach seiner Hereinnahme Glück, dass er für einen Tritt gegen den Ex-Hamburger Milan Badelj nicht Gelb sah. Gar vom Platz fliegen können hätte der Mittelfeldspieler für ein Nachschlagen gegen Luka Modric. Die UEFA wählte ihn dennoch zum Man of the Match, was angesichts der persönlichen Verfehlungen und auch zahlreicher Ballverluste jedoch ein wenig überzogen war.

»Ich bin glücklich«, erklärte der Ausgezeichnete nach dem Abpfiff. Schließlich hatte er ja als Einwechselspieler entschei-

35 Millionen Euro hat sich Bayern München den bald 19-Jährigen kosten lassen, ihn mit einem Vertrag bis 2021 ausgestattet. Und das könnte sich noch aufsummieren. Denn es stehen Zusatzzahlungen an: Sollte der Jungstar 25 Pflichtspiele in einer Saison machen, wären demnach jeweils noch mal fünf Millionen Euro fällig. Inklusive weiterer Klauseln, etwa mit Blick auf die FIFA-Weltfußballer-Wahl, könnte sich der Betrag in den kommenden Jahren durchaus in Richtung 60 oder gar 80 Millionen Euro bewegen.

An seinen neuen Klub wollte der Portugiese während des Turniers aber noch nicht denken: »Ich bin froh, bei so einem großen Verein einen Vertrag unterzeichnet zu haben. Aber momentan bin ich bei der Selecao und konzentriere mich nur auf das Turnier.«

Beinhartes Duell: Joao Mario bringt Ivan Strinic zum Fliegen (unten links).

Trost vom Kollegen: Pepe und Luka Modric, beide bei Real Madrid unter Vertrag

Matchwinner: Mit einem Doppelpack dreht Antoine Griezmann das Achtelfinal-Spiel gegen Irland.

Frankreich – Irland 2:1

Ein Heimspiel für Griezmann

»Besser«, sagte Darren Randolph, der Schlussmann der Iren, »besser hätte es nicht beginnen können.« Denn nach exakt 61 Sekunden schien Paul Pogba kurz von geistiger Umnachtung befallen. Der Mittelfeldstar der Franzosen fuhr Shane Long dermaßen in die Parade, dass der sehr gute Schiedsrichter Nicola Rizzoli gar keine andere Wahl hatte, als auf den Punkt zu zeigen. Robbie Brady trat an – Tor.

Adieu les Bleus? Im Achtelfinale einer Heim-Europameisterschaft? Das wäre starker Tobak gewesen für dieses Turnier, das unter Begleiterscheinungen wie Terrorgefahr, Streiks und Hooligan-Krawallen ohnehin stimmungsmäßig bis zu diesem Zeitpunkt nie so recht in Fahrt kommen wollte.

Der 0:1-Rückstand erwischte die Franzosen auch, weil Adil Rami vor Pogbas Foul wegrutschte. Platzfehler? Denn auch der Rasen war großes Thema, die Geläufe in Lille und Marseille erregten den einen oder anderen Ballkünstler. »Nein, nein«, versicherte der Innenverteidiger hinterher. »Der Platz war gut, ich bin einfach weggerutscht.« Trotz seines Ausrutschers hatte Rami am Ende gut Lachen.

Fast eine Stunde lang aber sah es ganz anders aus. Denn die Iren, vielleicht auch noch ein bisschen angetrieben von Thierry Henrys Handspiel, welches sie die WM 2010 gekostet hatte, liefen sich die Lungen aus ihren Leibern. Vor allem der Mittelfeldtrichter um James McCarthy, Jeff Hendrick und Robbie Brady funktionierte exzellent und nahm den Individualisten der Equipe Tricolore jeglichen Raum und jegliche Wucht. Auch nach vorne überzeugten die »Boys in Green« lange, hätten vor und kurz nach der Pause erhöhen können. »Wir haben gezeigt, dass wir mithalten können«, fand Schlussmann Randolph.

Doch die Flexibilität, derer sich Frankreich-Trainer Didier Deschamps bei dieser Partie und allgemein diesem Turnier bedienen konnte, war eindrucksvoll. Mit Kingsley Coman für N'golo Kanté brachte der Weltmeister von 1998 und europäische Champion von 2000 nicht nur einen Offensiven, er änderte auch vom verkappten 4-3-3 auf ein 4-2-3-1. Genau andersherum hatte er es in der Gruppe er-

26. Juni in Lyon

Frankreich – Irland 2:1 (0:1)

Eingewechselt: 46. Coman (2,5) für Kanté, 73. Gignac für Giroud, 90./+3 Sissoko für Coman – 65. Walters für Murphy, 68. O'Shea für McClean, 71. Hoolahan für McCarthy

Tore: 0:1 Brady (2., FE), 1:1 Griezmann (58.), 2:1 Griezmann (61.)

Gelbe Karten: Kanté, Rami – Coleman, Hendrick, Long

Rote Karte: Duffy (66., Notbremse)

Schiedsrichter: Rizzoli (Italien)

Zuschauer: 56 279

Randolph/2
Coleman/4, Duffy/4, Keogh/4, S. Ward/4,5
Hendrick/2,5, J. McCarthy/3,5
S. Long/3,5, Brady/4, McClean/4,5
Dar. Murphy/3,5
Payet/3, Giroud/4,5
Pogba/3, Griezmann/2
Evra/2,5, Kanté/4, Matuidi/3
Koscielny/2,5, Rami/4, Sagna/3
Lloris/3

ACHTELFINALE

Schock für Frankreich: Schon in der 2. Minute verwandelt Robbie Brady einen Elfmeter zur Führung für Irland.

folgreich beim 2:0 gegen Albanien praktiziert. Der 47-Jährige entzog so Pogba dessen grüne Schatten Hendrick und McCarthy. Und der Turiner lenkte fortan aus der Tiefe das Spiel, welches aufgrund zweier genialer Momente von Antoine Griezmann, der erst die feine Flanke von Bacary Sagna veredelte und dann die brachiale Vorarbeit von Olivier Giroud, kippte. »Meine Familie war oben auf der Tribüne, das ist ja fast wie ein Heimspiel für mich«, freute sich der Doppelpacker, der aus Macon stammt, rund 60 Kilometer nördlich vom Spielort Lyon.

Der 25-Jährige erkannte aber auch die Leistung der Iren an: »Man hat wieder mal gesehen, wie schwer es gegen sie ist.« Denn die Männer von der Insel kämpften nicht nur, sie spielten auch ordentlichen Fußball. Zumindest, solange sie ebenfalls elf Mann auf dem Platz hatten. Denn nur fünf Minuten nach seinem zweiten Treffer ließ Griezmann die dritte, entscheidende Aktion der Partie folgen. Shane Duffy zog kurz vor dem Strafraum gegen ihn die Notbremse – Rot! Das brach den Schützlingen von Martin O'Neill, ohnehin mit drei Tagen weniger Pause in dieses Duell gestartet, endgültig das Genick.

»Noch mehr hätten meine Spieler nicht in diese Begegnung einbringen können«, zog der Nordire den Hut vor seiner Mannschaft. Auch Deschamps zollte Respekt: »Manchmal ist es nicht leicht, da kriegt man auch mal etwas vor den Kopf. Am Anfang dieser Elfer, da waren wir schon etwas verspannt. Die Iren hatten viel drauf. Ich glaube, sie haben das Stadion zum Vibrieren gebracht.« Zum Ausflippen brachte es erst Griezmann – dank französischer Flexibilität.

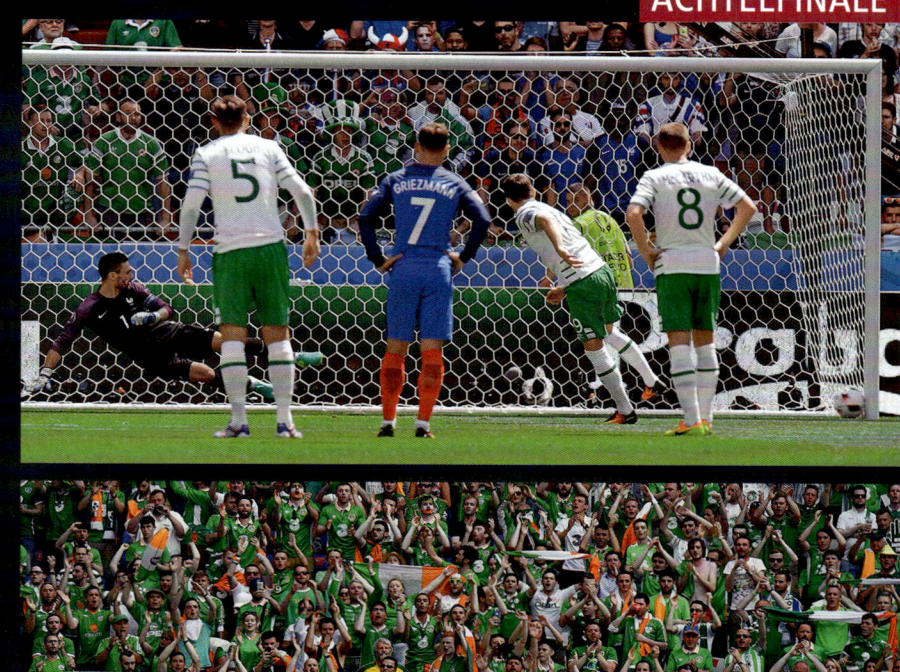

Dank der Fans: Trotz des Ausscheidens wird die irische Mannschaft gefeiert.

Er hat gut Lachen: Didier Deschamps grinst nach dem 2:1 von einem Ohr zum anderen.

Die Wende: Antoine Griezmann köpft das 1:1. Wenig später lässt der französische Stürmer das Siegtor folgen.

Deutschland – Slowakei 3:0

Draxlers kurzer Weg zurück

Oben oder unten, Gewinner oder Verlierer. Der Sport ist gnadenlos in seinen Beurteilungen. Das Tempo dabei rasant. Gestern angezählt, kann man schon am nächsten Tag gefeiert werden. Julian Draxler diente als gutes Beispiel dafür, nach dem 3:0 im Achtelfinale gegen die Slowakei schien die Sonne für den 22-Jährigen vom VfL Wolfsburg.

Als kurz vor dem Start in die Europameisterschaft klar war, dass Dortmunds Marco Reus auch dieses Turnier verpassen würde, benötigte Bundestrainer Joachim Löw einen Plan B für die nun vakante Position links offensiv. Seine Wahl fiel auf Draxler, auch wenn der sich zentral wohler fühlt. Zum Auftakt gegen die Ukraine enttäuschte der Statist aus dem Weltmeisterteam von 2014 zwar nicht, konnte aber auch keine entscheidenden Akzente setzen. Bei der Nullnummer gegen Polen blieb er dann so blass, dass er seinen Platz im Team verlor. Mario Gomez kam in die Elf, Mario Götze rückte dafür von ganz vorne an Draxlers Stelle.

Außenstehende überraschte daher dessen Rückkehr in die erste Elf. Löw hätte schließlich die 1:0-Siegerelf so lassen können, mit André Schürrle stand zudem noch eine weitere Alternative parat. Doch am Morgen des Spieltags teilte Löw Draxler mit, dass er auf ihn setzt. »Ein bisschen überrascht war ich schon, der Bundestrainer lässt sich bei der Aufstellung ja nicht gerne in die Karten schauen«, erzählte er, nach einem Tor und einem Assist locker und gelöst, in den Katakomben des Stade Pierre Mauroy in Lille. »Ich habe auf meine Chance gewartet und bin sehr glücklich darüber, dass ich das Vertrauen zurückzahlen konnte.«

Das 2:0: Mario Gomez verwandelt einen Rückpass von Julian Draxler.

26. Juni in Lille
Deutschland – Slowakei 3:0 (2:0)

Eingewechselt: 72. Höwedes für Boateng, 72. Podolski für Draxler, 76. Schweinsteiger für Khedira – 46. Gregus (5) für Weiss, 64. Sestak für Duris, 84. Salata für Gyömber.

Tore: 1:0 Boateng (8.), 2:0 Gómez (43.), 3:0 Draxler (63.)

Gelbe Karten: Kimmich, Hummels – Skrtel, Kucka

Bes. Vork.: Kozacik hält FE von Özil (13.)

Schiedsrichter: Marciniak (Polen)

Zuschauer: 44 312

ACHTELFINALE

Zunächst aber war diese Partie die Geschichte des Jerome Boateng. Tagelang zitterte eine ganze Nation um die Wade des Weltklasseverteidigers, ehe er seine Einsatzbereitschaft signalisierte. 62 Länderspiele hatte der Münchner bis dahin absolviert, ohne einen Treffer erzielt zu haben. Das gehört ja auch nicht zu seinem Kerngeschäft. Dann köpfte in der 8. Minute der Slowake Martin Skrtel eine Ecke aus dem eigenen Strafraum direkt vor die Füße Boatengs, der volley aus 20 Metern abzog, links unten schlug der Ball im Tor ein. Die befreiende Führung, Deutschlands schnellstes Tor in der EM-Geschichte.

Danach Auftritt Draxler. Vor der Partie habe ihn sich der Bundestrainer zur Brust genommen, verriet er hinterher, mehr Eins-gegen-eins-Situationen gefordert, in denen er sich durchsetzen solle. »Das war eine klare Ansage. Es hat dann natürlich viel mit Selbstvertrauen zu tun, ob es gelingt, aber ich war sofort gut im Spiel, es lief optimal.« Das konnte man so sehen. Immer wieder drang Draxler über links in den Strafraum ein, ließ dabei Pekarik und Kucka wie Slalomstangen stehen. Kurz vor der Halbzeit profitierte Mario Gomez da-

Match-Daten

Deutschland		Slowakei
3	Tore	0
21	Torschüsse gesamt	7
7	Torschüsse aufs Tor	2
14	begangene Fouls	12
589	erfolgreiche Pässe	318
87 %	Passquote	82 %
61 %	Ballbesitz	39 %
50 %	Zweikampfquote	50 %
2	Gelbe Karten	2
0	Rote Karten	0
1	Abseits	3
8	Ecken	1
112 km	Laufstrecke	110 km

Pressestimmen

»Das slowakische Wunder fand nicht statt. Die Deutschen haben ihre Weltklasse bei der EURO bestätigt.« PLUSKA (SLOWAKEI)

»Deutschland macht jetzt Angst. Löws Truppe zerstückelt die Slowakei.«
GAZZETTA DELLO SPORT (ITALIEN)

»Zwei Fakten beeindrucken: Deutschland hat noch kein einziges Tor einstecken müssen und Müller, der eigentlich der Star des Turniers sein sollte, hat sich noch nicht in Bewegung gesetzt. Löw hat sehr wahrscheinlich die ideale Ordnung gefunden. Seine Truppe ist eine raffinierte Mannschaft. Löw kann es sich erlauben, Müller im Schatten zu halten, denn der Regisseur ist Julian Draxler. Ein Spieler mit einem Engelsgesicht und einem Dribbling wie ein Teufel.« REPUBBLICA (ITALIEN)

»Eine deutsche Vorführung. Die Deutschen wurden immer überlegener und haben die Slowakei am Ende deklassiert. Das Signal ist klar. Die Mannschaft ist im Turnier angekommen.« L'EQUIPE (FRANKREICH)

»Die heroische slowakische Defensive, die alles abwehrte, was England ihr entgegenwarf, wurde von den Deutschen einfach in Stücke gerissen. Eine Warnung des Weltmeisters an alle Nationen, die sich Hoffnungen auf den EM-Titel machen.« DAILY MAIL (ENGLAND)

»Deutschland erweckt erneut Neid ... Ohne Stress, bisweilen strahlend schöner Kombinationsfußball. Ruhiger Fußball, ausgeführt von Athleten, die frei sind, entspannt, begabt und sportlich, während sie geschwind zum 3:0 gegen die Slowakei ziehen.«
DE VOLKSKRANT (NIEDERLANDE)

»Es war eine Draxler-Show mit Spielzügen, die selbst Zinedine Zidane unterzeichnet hätte.« EL MUNDO DEPORTIVO (SPANIEN)

Das 3:0: Julian Draxler jagt den Ball volley in die Maschen.

Torschützen unter sich: Julian Draxler und Jerome Boateng trugen wesentlich zum klaren Sieg über die Slowakei bei.

voll, der in bester Vorjägermanier zum 2:0 vollendete und den zuvor von Mesut Özil verschossenen Elfmeter wettmachte. Der Stürmer von Besiktas Istanbul freute sich mit seinem Vorlagengeber. »Er hat zwei brillante Zauberfüße. Schön, dass dies in Zählbares umgemünzt wurde, Julian ist ein Klassefußballer und guter Typ.«

Der Schlüssel für seine Berufung lag wohl darin, dass sich Draxler im Training weiter aufgedrängt hatte. »Ich habe mich nie hängen lassen und versucht, dem Trainer zu zeigen, dass er auf mich zählen kann.« Und wie: Verdiente Belohnung war das 3:0, als er nach einem Kopfball von Mats Hummels am schnellsten schaltete und den Ball unter die Latte drosch. Die Entscheidung nach gut einer Stunde, die tapferen Slowaken merkten, dass das Achtelfinale für sie das Maximale bei diesem Turnier war, vier Punkte in der Vorrunde waren aller Ehren wert. Für Draxler dagegen ging es weiter. »Es war ein Ausrufezeichen bei einem großen Turnier, nachdem ich mich bei der WM ja eher hinten anstellen musste. Heute habe ich sicher gute Argumente geliefert.« Da konnte und wollte niemand widersprechen.

ACHTELFINALE

Ehre, wem Ehre gebührt: Jerome Boateng bedankt sich nach seinem 1:0 bei der medizinischen Abteilung, die seinen Einsatz überhaupt erst möglich gemacht hatte.

Stimmen zum Spiel

Joachim Löw: »Wir hatten immer die Kontrolle über das Spiel und haben den Ball gut laufen lassen. Es war ein ungefährdeter Sieg. Normalerweise ist Jerome Boateng immer nur zur Absicherung eingeteilt, aber den Ball nimmt er natürlich überragend. Es war ein super Auftakt. Diese ›eine‹ Mannschaft gibt es nicht. Ich weiß nicht, wer im nächsten Spiel spielt. In den nächsten Spielen müssen wir gucken – dann kommt mit Italien oder Spanien ein anderes Kaliber.«

Jan Kozak: »Die Deutschen sind eine Turniermannschaft. Sie wissen, wann sie aufdrehen müssen. Sie haben exzellent gespielt, ein frühes Tor erzielt. Wir haben uns aufgelehnt, ihnen aber keine Probleme bereiten können. Hätten wir den Ausgleich erzielt, wäre das ein anderes Spiel geworden. Aber die Deutschen waren in voller Fahrt. Es war dennoch ein hervorragendes Turnier für uns, wir hatten vier Spiele.«

Jerome Boateng: »Ich bin froh, dass der Ball reingegangen ist. Ich habe gesagt, ich hebe mir das erste Tor für das Turnier auf. Ich freue mich aber besonders für die Mannschaft, die sehr gut gespielt hat. Die Ärzte und Physios haben alle Vollgas gegeben, sonst hätte ich heute nicht spielen können. Die Wade ist am Ende etwas fest geworden, es war eine Vorsichtsmaßnahme.«

Toni Kroos: »Wir sind auf jeden Fall eher eine Turniermannschaft als eine Testspielmannschaft.«

DFB-Präsident Reinhard Grindel: »Die Entscheidung für Julian Draxler war richtig. Favorit waren wir ja fast schon vor dem Turnier, jetzt geht es richtig los. Im Viertelfinale spielen wir gegen eine Mannschaft, die ist auch Mitfavorit. Wir haben eine tolle Innenverteidigung. Es gibt heute nichts zu beklagen.«

Die deutschen Spieler in der Einzelanalyse

#	Spieler	Ballkontakte	Pässe	Passbilanz %	Zweikampfquote %	Torschüsse	Fouls
1	Manuel NEUER (TW)	31	22	86	0	0	0
21	Joshua KIMMICH	82	57	88	47	0	4
17	Jerome BOATENG bis 72.	65	59	86	100	1	0
5	Mats HUMMELS	88	76	91	60	1	1
3	Jonas HECTOR	79	56	93	57	0	2
6	Sami KHEDIRA bis 76.	53	46	93	33	2	1
18	Toni KROOS	117	96	91	47	4	0
13	Thomas MÜLLER	59	39	69	40	4	1
8	Mesut ÖZIL	69	51	80	75	3	0
11	Julian DRAXLER bis 72.	47	29	79	61	3	3
23	Mario GOMEZ	23	15	80	33	2	2
4	Benedikt HÖWEDES ab 72.	11	9	100	50	0	0
10	Lukas PODOLSKI ab 72.	24	16	88	67	1	0
7	Bastian SCHWEINSTEIGER ab 76.	21	18	83	0	0	0

Anfang: Toby Alderweireld erzielt die Führung für Belgien.

Fortführung: Gabor Kiraly ist beim 0:2 durch Michy Batsiayi ohne Chance.

Schlusspunkt: Adam Lang kommt in der Nachspielzeit gegen Yannick Ferreira-Carrasco zu spät.

Ungarn – Belgien 0:4

Hazard und die rauschhafte Darbietung

Es war eine Halbzeit wie ein Überfall: immer wieder höchstes Tempo, immer wieder direktes Spiel in die Spitze, immer wieder große Chancen. Die im Vorfeld hochgelobte Offensive der Belgier war nur schleppend in dieses Turnier gekommen. Im Achtelfinale gegen Ungarn zeigte sie endlich, wozu sie in der Lage ist – und musste sich dennoch einen Vorwurf gefallen lassen.

Eden Hazard, Kevin De Bruyne und Dries Mertens bildeten eine flexible und brandgefährliche Dreierreihe, die fast im Minutentakt rochierte und brillierte. Dahinter glänzten Axel Witsel und Radja Naingolan als aggressive Balleroberer und nimmermüde Antreiber. Die limitierten Ungarn waren mit dieser fußballerischen Qualität und diesem Tempo häufig überfordert und mussten mit ansehen, wie ein Angriff nach dem anderen auf ihr Tor zurollte.

»Fast alles war perfekt«, meinte Belgiens Kapitän hinterher und lag mit dieser Einschätzung genau richtig. Denn einen entscheidenden Makel hatte die rauschhafte Darbietung der Belgier: Sie brachte zunächst nur ein Tor. Toby Alderweireld traf per Kopf. Hazard, De Bruyne, Mertens und Angreifer Romelu Lukaku scheiterten, auch weil Ungarns Keeper Gabor Kiraly mehrmals exzellent parierte.

So blieb die Partie lange offen, Belgien musste zittern, die eigentlich klar unterlegenen Ungarn waren dem Ausgleich häufig nahe – bis Hazard seine Leistung in der Schlussphase doch noch krönte. Das 2:0 legte er auf, das 3:0 machte er selbst. »Es war fast unmöglich, ihm den Ball abzunehmen«, schwärmte Trainer Marc Wilmots von seinem Kapitän. Am Ende hieß es sogar 4:0 Belgien – der bislang höchste Sieg dieser EM war perfekt.

Und Wilmots begann sogar ein wenig zu träumen. Gefragt nach einem möglichen Finale gegen Deutschland antwortete er: »Das wäre genial. Sie spielen ein ähnliches System wie wir. Das könnte ein schönes Spiel werden.« Auch für De Bruyne, neben Hazard der zweite überragende Fußballer dieses Abends, war das Achtelfinale »nur eine Etappe auf dem Weg« in Richtung Endspiel. Die

ACHTELFINALE

Eine überragende Leistung: Eden Hazard brilliert gegen Ungarn. Der Belgier ist auch für Balazs Dzsudzsak viel zu schnell.

Belgier strotzten vor Selbstbewusstsein – und untermauerten mit einer bärenstarken Leistung ihren Status als Mitfavorit.

Für die von Bernd Storck und dessen Assistent Andreas Möller trainierten Ungarn endete die Reise durch Frankreich hingegen in Toulouse. Trotz des am Ende deutlichen 0:4 wurde der Abschied des Überraschungsteams zelebriert. Während die Spieler mit der Hand auf dem Herz vor der Kurve standen, sangen die Fans inbrünstig die Nationalhymne. Ein bewegender Moment.

»Ich muss meiner Mannschaft ein Riesenkompliment machen«, sagte Storck. »Sie hat bei diesem Turnier gezeigt, dass sie Fußball spielen kann. Und sie hat die Vergangenheit abgelegt.« Über Ungarns Fußball schwebt immer der Schatten des großen Teams aus den 1950er Jahren. 2016 schrieb eine neue Generation jedoch ihr kleines Sommermärchen. Storck blickte voller Zuversicht in die Zukunft: »Mit dieser Mannschaft ist noch einiges möglich. Wenn wir weiter so arbeiten, werden wir uns entwickeln. Die WM-Qualifikation ist die nächste große Aufgabe.«

Einer der ungarischen Helden war auch gegen Belgien Gabor Kiraly. »Wir waren am Ende ziemlich müde, auch im Kopf«, konstatierte der Keeper, der die graue Schlabberhose zu seinem Markenzeichen gemacht hatte. Auch er, mit über 40 Jahren der älteste Spieler des Turniers, zog trotz des Ausscheidens ein positives Fazit: »Wir haben hier eine ganz neue Erfahrung gemacht. Wir mussten drei gute Spiele in der Gruppenphase absolvieren, und wir haben uns als Sieger durchgesetzt. Wir mussten immer weiter. Das war richtig toll! Unsere Mannschaft hat am Ende einfach die hohe Belastung gespürt.«

26. Juni in Toulouse
Ungarn – Belgien 0:4 (0:1)

Eingewechselt: 46. Elek (3,5) für Gera, 75. Nikolic für Pinter, 79. Bode für Juhasz – 70. Ferreira-Carrasco für Mertens, 76. Batshuayi für R. Lukaku, 81. Fellaini für Hazard

Tore: 0:1 Alderweireld (10.), 0:2 Batshuayi (78.), 0:3 Hazard (79.), 0:4 Ferreira-Carrasco (90./+1)

Gelbe Karten: Kadar, Lang, Elek, Szalai – Vermaelen, Batshuayi, Fellaini

Schiedsrichter: Mazic (Serbien)
Zuschauer: 28 921

Belgien: Courtois/2,5 – Meunier/3, Alderweireld/2,5, Vermaelen/3, Vertonghen/3 – Witsel/2,5, Nainggolan/2 – Mertens/2,5, De Bruyne/1,5, Hazard/1 – R. Lukaku/3,5

Ungarn: Kiraly/1,5 – Lovrencsics/4, Kadar/4, Guzmics/4, Lang/5 – Pinter/4, A. Nagy/3, Juhasz/4 – Dzsudzsak/3, Szalai/3,5, Gera/4

Abwehrspieler auf Abwegen: Giorgio Chiellini staubt vor Sergio Busquets zu Italiens Führung ab.

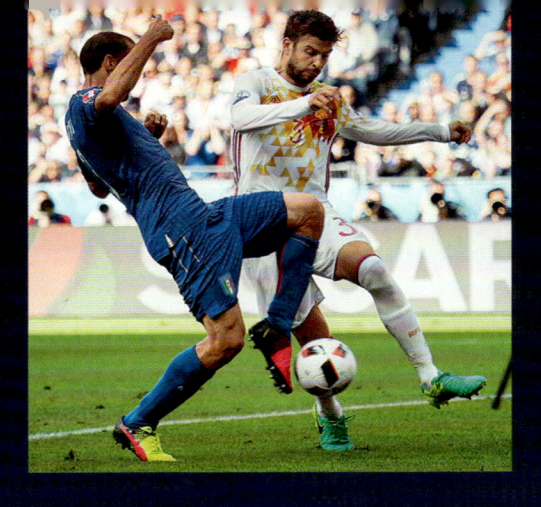

Italien – Spanien 2:0

Die Welt verneigt sich vor Italien

Die Squadra Azzurra jubelt: Italien wirft Titelverteidiger Spanien aus dem Turnier.

Schob die Favoritenrolle zu Recht von sich: Spaniens Trainer Vicente del Bosque

Die Diskussion über die Favoritenrolle war amüsant. Einen Tag vor dem Klassiker in Paris hatte sie Italiens Coach Bruno Conte, flankiert von seinen Spielern, während der offiziellen Pressekonferenz zunächst den Spaniern zugeschoben. Als wenige Minuten darauf Vicente Del Bosque mit Alvaro Morata und Cesc Fabregas auf dem Podium Platz nahm, bekam er sie direkt zurück. So strittig die Favoritenfrage im Vorfeld diskutiert wurde, so klar war die Rollenverteilung dann in der Realität auf dem Platz: Contes Italiener glänzten nicht nur durch ihre gefürchtete Abwehr, sie kombinierten sich mit schnellen Gegenstößen auch immer wieder nach vorn, waren bei der Neuauflage des EM-Finales von 2012 den seinerzeit mit 4:0 triumphierenden Iberern vor allem physisch turmhoch überlegen. Und feierten verdient einen großen Sieg über den großen Rivalen.
»Wir haben in den zurückliegenden Wochen unglaublich viel im taktischen und physischen Bereich gearbeitet« erklärte Italiens Trainer nach einem Triumph, der irgendwie auch seiner war. Wie ein Dompteur hatte er an der Seitenlinie – und bevorzugt außerhalb der Coaching-Zone – die Spielzüge der Squadra Azzurra begleitet. Einer Formation, die im Vorfeld des Turniers als überaltert galt, an diesem verregneten Montag im Stade de France aber die Altmeister aus Spanien alt aussehen ließ. »Wir haben zu lange darauf gewartet, was Italien macht«, haderte Andres Iniesta, »erst in der zweiten Halbzeit haben wir es besser gemacht.« Doch da war es beinahe schon zu spät. Die ersten 45 Minuten waren zur Demonstration italienischer Stärke geworden, die zweiten gehörten dann Gianluigi Buffon. Auch mit 38 Jahren erbrachte der Keeper eindrucksvoll Beweise, dass er unverändert zur Weltspitze gehört, parierte glänzend, als Spanien zwischenzeitlich Druck machte.
Die Welt verneigte sich am Tag nach dem Triumph vor Italien, das alle erstaunt hatte – nur der Trainer, zuvor noch Meister der Tiefstapelei, zeigte sich von alldem nur wenig verwundert. »Ich wusste, dass die Jungs etwas Wichtiges und Außerordentliches leisten würden«, verkündete Conte. Seine Spieler

Pressestimmen

»Italienisches Meisterwerk. Jetzt bekommen wir Deutschland ... Pelle in der 91. Minute, blaues Delirium.« GAZZETTA DELLO SPORT (ITALIEN)

»Die Azzurri im Paradies.« CORRIERE DELLA SERA (ITALIEN)

»Im Viertelfinale erleben wir Deutschland – Italien. Chiellini und Pelle eliminieren Spanien.« TUTTOSPORT (ITALIEN)

»Das Ende einer Ära. In einem Klassiker früherer Jahre bringt uns Italien in die schmerzhafte Realität der Gegenwart.« AS (SPANIEN)

»Ende einer Serie: Spanien ist keine Meister-Mannschaft mehr!« MARCA (SPANIEN)

»Italienisches Überholmanöver! Spanien zum vierten Mal mit derselben Mannschaft – und sogar noch schlechter als gegen Kroatien.« SPORT (SPANIEN)

»Abschied von den roten Champions: Mit einem unvergesslichen Elfmeterschießen gegen Italien begann 2008 die spanische Legende, jetzt endet sie mit dem endgültigen Absturz der Champions.« MUNDO DEPORTIVO (SPANIEN)

ACHTELFINALE

Das Ende: Sergio Ramos hat ein italienisches Trikot ergattert und tröstet Andres Iniesta.

Schob die Favoritenrolle zu Unrecht von sich: Italiens Trainer Antonio Conte

wussten es offenbar auch. »Wir brauchten eine Revanche gegen Spanien«, erklärte Giorgio Chiellini, der eisenharte Verteidiger und Schütze des ersten Treffers. Die 0:4-Finalpleite von Kiew bei der EM 2010 war noch nicht ausradiert aus den Köpfen, jetzt hatten sie den Spaniern selbst eine Niederlage zugefügt, die epochalen Charakter hatte. Weil es nach dem WM-Vorrunden-Aus von Brasilien der zweite frühe K. o. bei einer Endrunde war, der zwangsläufig Fragen nach der Zukunft einer Goldenen, aber mittlerweile eben auch angestaubten Generation aufwirft. »Es ist nicht das Ende einer Ära«, bemühte sich Del Bosque zwar um Sachlichkeit, wusste aber auch: Spanien benötigte eine Blutauffrischung. Das wurde zusätzlich belegt durch Chiellinis Achtelfinal-Fazit: »Wir haben in der letzten Viertelstunde gelitten.« Und zwar tatsächlich nur da. Italien war auf dem Papier natürlich nicht der Favorit. Aber es spielte über weite Strecken wie einer.

27. Juni in Paris St. Denis
Italien – Spanien 2:0 (1:0)

Eingewechselt: 54. Motta (4,5) für de Rossi, 82. Insigne für Eder, 84. Darmian für Florenzi – 46. Aduriz (3,5) für Nolito, 70. Vazquez für Morata, 81. Pedro für Aduriz

Tore: 1:0 Chiellini (33.), 2:0 Pelle (90./+1)

Gelbe Karten: de Sciglio, Pelle, Motta – Nolito, Busquets, Silva

Schiedsrichter: Cakir (Türkei)

Zuschauer: 76 165

Spanien: de Gea/3; Juanfran/4, Piqué/4,5, Sergio Ramos/5, Jordi Alba/4,5; Busquets/5, Fabregas/4,5, Iniesta/4; Silva/3, Morata/5, Nolito/5 — (Aduriz/3,5)

Italien: Buffon/1; Chiellini/2, Bonucci/2,5, Barzagli/3; de Sciglio/2, de Rossi/2, Parolo/2, Florenzi/3; Giaccherini/2; Eder/2, Pelle/1

117

Der Nachname wird zum Programm: Kolbeinn Sightorsson besiegelt das Aus für England.

Voller Einsatz: Ragnar Sigurdsson haut sich gegen Jamie Vardy rein.

England – Island 1:2

Skulasson grinst: »Wir sind Wikinger«

Es ist nicht überliefert, ob Roy Hodgson in seiner langen Karriere als Spieler und Trainer jemals Bekanntschaft mit Ewald Lienen gemacht hat. Am Abend des Achtelfinales in Nizza aber wurde der Coach der englischen Nationalmannschaft analog zu Zettel-Ewald zu Zettel-Roy.
Zeitnah trat der 68-Jährige nach dem blamablen 1:2 gegen Island vor die Presse. Ein kurzer Blick auf das Stück Papier, das er vor sich ausgebreitet hatte. Dann verlas er sein Statement. »Ich bin sehr enttäuscht.« Natürlich, was auch sonst? »Wir haben nicht die Entwicklung gezeigt, die ich erhofft hatte. Das ist für mich nicht akzeptabel.« Auch das wirkte nachvollziehbar. »Die Spieler waren fantastisch und haben alles getan, was von ihnen verlangt wurde.« Hust. Diese Meinung dürfte Hodgson unter den 33901 Zuschauern im Stadion und Millionen an den Bildschirmen exklusiv gehabt haben. Ein völlig ideenloses England präsentierte sich nach früher Führung defensiv so kontrolliert wie ein Hühnerhaufen, in dem der Fuchs umgeht, und offensiv so kreativ wie ein Finanzbeamter beim Frisieren der eigenen Steuererklärung. Folgerichtig gelang es nicht mehr, die isländische Führung durch Tore von Ragnar Sigurdsson und Kolbeinn Sigthorsson zu egalisieren, ja gar zu drehen.

Die Three Lions hatten an diesem Abend eine Ausstrahlung wie Udo Lindenbergs Panikorchester. Die Körpersprache ihres Trainers wirkte ähnlich fatal. Hodgson vergrub das Gesicht in den Händen, kaute auf den Fingernägeln. Entsetzt, entrückt. Ganz anders zeigte er sich, als er sein Rücktrittsgesuch ohne jede Passion vortrug. Ruhig, gesetzt. Einem »elder statesman« entsprechend, aber nicht einem, der von dieser Pleite aufgewühlt war, gar überrascht. Was in der Öffentlichkeit die Frage aufwarf: Wann und wo hatte Hodgson sein Statement verfasst? Auf dem Klo? In der Halbzeitpause? Während der An-

ACHTELFINALE

fahrt im Bus? Die FA bestätigte, dass er unmittelbar nach Schlusspfiff in der Kabine zu Zettel-Roy wurde. Also direkt nach diesem »harten Abend für die Mannschaft und für Roy«, wie Schlussmann Joe Hart wusste.

Hart waren einmal mehr die Isländer. »Wir sind Wikinger«, sagte Ari Skulasson breit grinsend auf die Frage, wie das kleine Inselvölkchen nach der kalten Dusche zu Beginn denn aufgestanden sei. »Wie einen kalten Windstoß ins Gesicht«, beschrieb Jon Dadi Bödvarsson das 0:1. Dumm nur für England, dass diese hartgesottenen Burschen raues Wetter gewohnt sind.

Es fühlte sich fast so an, als könnten die Nordmänner bei diesem Turnier mit dem Kopf durch die Wand gehen. Von Spiel zu Spiel haben sie sich gesteigert. Beim 1:1 gegen Portugal war noch jede Menge Glück dabei, dies dokumentiert das Chancenverhältnis von 3:9. Der späte Gegentreffer gegen Ungarn (1:1) schien den Skandinaviern eine Jetzt-erst-recht-Mentalität zu verleihen. Lange ließen sie sich von den Magyaren einschnüren, erlaubten der Mannschaft von Bernd Storck aber nur ganz wenige klare Torchancen. Eine nutzte Ungarn. Schon an diesem Abend ahnte Sigthorsson: »Wir werden stärker zurückkommen.« Das gelang der Elf von Lars Lagerbäck und Heimir Hallgrimsson formidabel gegen Österreich. Das 2:1 gegen die Alpenrepublik schien unglaubliche Kräfte freigesetzt zu haben.

Denn während beispielsweise Außenseiter Irland gegen Frankreich im anderen Achtelfinale seinen aufwändigen Stil nicht durchhalten konnte, hatte man in Nizza nie das Gefühl, dass Island zu irgendeinem Zeitpunkt einbrechen könnte. Viertelfinale also für das Land, das niemand auf dem Zettel hatte. Nicht einmal Zettel-Roy.

27. Juni in Nizza
England – Island 1:2 (1:2)

Eingewechselt: 46. Wilshere (5) für Dier, 60. Vardy (4) für Sterling, 87. Rashford für Rooney – 77. T. Bjarnason für Sigthorsson, 89. Traustason für Bödvarsson

Tore: 1:0 Rooney (4., FE), 1:1 R. Sigurdsson (6.), 1:2 Sigthorsson (18.)

Gelbe Karten: Sturridge – G. Sigurdsson, Gunnarsson

Schiedsrichter: Skomina (Slowenien)

Zuschauer: 33.901

Island:
- Halldorsson/3,5
- B. Saevarsson/3,5
- Arnason/2,5
- R. Sigurdsson/1
- A. Skulason/3
- G. Sigurdsson/2,5
- Gunnarsson/2
- Gudmundsson/3
- B. Bjarnason/3
- Bödvarsson/3
- Sigthorsson/2

England:
- Sterling/5
- Kane/5
- Sturridge/4
- Rooney/5
- Alli/4,5
- D. Rose/4
- Dier/5
- Smalling/5
- Cahill/5
- Walker/4,5
- Hart/4,5

Doppelter Abgang: Der enttäuschende Wayne Rooney wird ausgewechselt, Trainer Roy Hodgson erklärt unmittelbar nach Spielende seinen Rücktritt.

Pressestimmen

»Hodgsons Team bei beklagenswertem EM-Aus gedemütigt. England erleidet eine der erniedrigendsten Niederlagen der Geschichte. Island dreht das Spiel.«
GUARDIAN (ENGLAND)

»Die ultimative Demütigung. England von Fußballzwerg Island – einem Land mit der Größe von Leicester – in einem der größten Schocks der Geschichte aus der EM geworfen. Hodgson tritt wenige Momente nach dem Schlusspfiff zurück.«
DAILY MAIL (ENGLAND)

»Nationale Schande. Völliger Müll, komplett ahnungslos, ohne Rückgrat und herzlos. Aber das bessere Team hat gewonnen. Die Three Lions erleiden in einem desaströsen Achtelfinal-Duell die demütigendste Niederlage ihrer Geschichte.«
THE SUN (ENGLAND)

»Hodgson tritt zurück, nachdem die Three Lions zur Lachnummer Europas geworden sind. Fünf Tage, nachdem das britische Volk sich entschieden hat, Europa zu verlassen, tat das Fußballteam das von ganz allein.«
DAILY STAR (ENGLAND)

»Brrrexit Hodgson. Völlige Demütigung. Keine Ideen, keine Überzeugung, keine Klagen – Roy Hodgsons Männer sind nach einer grauenhaften Vorstellung in Nizza auf dem Weg nach Hause. Es gibt drei Dinge, die sicher sind im Leben: Tod, Steuern und mittelmäßige englische Vorstellungen in großen Turnieren.«
MIRROR (ENGLAND)

kicker-Chefredakteur Jörg Jakob:
Englands Hoffnung wird als Irrtum entlarvt

KOMMENTAR

Auch das Achtelfinale nimmt nur langsam Fahrt auf. Dann kommt's aber gewaltig mit dem Ende einer großen Ära und der Fortsetzung eines großen Irrtums. Spanien und England scheitern. Völlig zu Recht. Zwei sympathische Außenseiter dagegen, Wales und Island, kommen weiter. Absolut verdient. Und Deutschland? Untermauert seine Stellung als Topfavorit. Eindrucksvoll.

Zäh wie die Vorrunde war, starten die Schweiz und Polen in die K.-o.-Runde. Niedergeschlagen sind am Ende die Eidgenossen, nicht nur weil Granit Xhaka den entscheidenden Elfmeter verschießt. Xherdan Shaqiris traumhafter Seitfallzieher zum 1:1 in der regulären Spielzeit kann nicht darüber hinwegtäuschen, dass sie es mit dem Auslassen klarer Torchancen vor dem »Stechen« vergeigt haben. Polen ist nicht besser, aber nervenstärker.

Dass Wales und Nordirland ein »Grusel-Spiel mit Dusel-Sieger« (kicker-Analyse) bieten, ist angesichts der Gleichheit von Spielidee und Spielvermögen keine Überraschung. Auch nicht, dass »Bales« die Entscheidung durch Gareth McAuleys Eigentor über seinen Superstar erzwingt.

Überraschend hingegen ist, wie arm an Tempo und Ballstafetten die Partie Kroatien gegen Portugal verläuft. Eine Enttäuschung. Die zuvor hochgelobten Mandzukic, Rakitic, Modric, Srna und Co. sind von Portugals Trainer Fernando Santos ausgeguckt worden. Und auch hier ist der Superstar wieder mitentscheidend beteiligt, als Cristiano Ronaldo nach Nanis (gewollt?) genialem Diagonalpass an Torwart Danijel Subasic scheitert und Ricardo Quaresma den Abpraller verwertet. Die Portugiesen beherrschen also auch die Klaviatur von Kampf und Konter. Taktische Vielseitigkeit ist eine hohe Kunst.

Apropos groß. Die Iren liefern der Equipe Tricolore eine knappe Stunde lang einen großen Kampf, auch mit spielerischen Mitteln. Antoine Griezmann aber ist der Matchwinner. Sein Doppelpack innerhalb von drei Minuten dreht das Spiel, das entschieden ist, als Shane Duffy wenig später für seine Notbremse gegen ihn die Rote Karte sieht. Mitfavorit Frankreich setzt sich durch, weil Trainer Didier Deschamps System, Positionen und Spieler wechselt. Variabilität ist ein großes Plus.

Flexibilität, personelle zumal, zeichnet vor allem Deutschland aus. Mario Götze raus, Julian Draxler wieder rein, prompt wird der zum Spieler des Spiels beim 3:0 gegen die Slowakei. Jerome Boateng, der Boss, krönt sein 63. Länderspiel mit einem ersten Treffer. Mario Gomez steht für die Renaissance der Zentrumsstürmer bei diesem Turnier. Manuel Neuer ist reflexartig zur Stelle, als es einmal brenzlig wird. Vier Partien, kein Gegentor. Alles gut! Aber: »Dieser Gegner war kein Gradmesser«, sagt Joachim Löw. Stimmt.

Fünf verschiedene Torschützen hat der Bundestrainer in seinen Reihen. Sein Kollege Marc Wilmots freut sich nach dem 4:0 gegen Ungarn über sieben. Das zeichnet Belgien aus. Der Geheimtipp setzt ein

KOMMENTAR
Achtelfinale

Zeichen. Ungarn darf erhobenen Hauptes gehen. Was man weder von Spanien noch von England wird behaupten können. Nach dem Vorrunden-Aus bei der WM in Brasilien verabschiedet sich die »Seleccion« mit dem 0:2 gegen Italien im EM-Achtelfinale. Europameister 2008 und 2012, Weltmeister 2010 – nun ist die beste Zeit der Andres Iniesta, Sergio Ramos, David Silva, Sergio Busquets, Gerard Piqué und Co. vorüber. Der Stilwechsel zu einem echten Stürmer (Alvaro Morata) zeigte in der Gruppenphase noch Erfolg. Gegen Italien reicht es nicht mehr. Torhüter David de Gea, mit schuld am 0:1, verhindert gar Schlimmeres für das Aufgebot mit dem höchsten Marktwert bei dieser EM.

Und Italien? Ein unheimlicher Geheimfavorit! Trainer Antonio Conte agiert an der Seitenlinie so furios wie sein Team auf dem Feld. Sie schneiden in die spanischen Passlinien, schnappen zu, attackieren schnell. Ein eher unbekannter 31-Jähriger im Mittelfeld (Emanuele Giaccherini), Abwehr-Haudegen Giorgio Chiellini (31), Torwart-Oldie Gianluigi Buffon (38), Stürmer Graziano Pelle ragen heraus, doch der Star ist die Mannschaft.

Das gilt umso mehr für Island. Ob Kapitän Aron Gunnarsson, der Anführer mit dem furchterregenden Wikingerbart, die Torschützen Ragnar Sigurdsson und Kolbeinn Sigthorsson oder Hannes Halldorsson, der auf 23 Paraden kommt, so viele wie kein anderer EM-Torhüter bisher – alle sind Helden. Doch nicht Leidenschaft und Standfestigkeit alleine zeichnet die neuen Lieblinge des Kontinents aus. Was sie tun, hat Plan, Verstand, Konzentration. Der 2:1-Sieg gegen England ist historisch.

Die Top-11 des Achtelfinales spielt offensiv. Taktisches Vorbild ist die Dreier-Abwehrkette der Italiener. Lediglich Torhüter Buffon sowie die beiden Sechser Hendrick und Nainggolan blieben ohne Torerfolg. Die anderen acht Spieler erzielten zusammen neun Treffer, auch die drei Verteidiger Boateng, Ragnar Sigurdsson und Chiellini waren allesamt erfolgreich. Mit dem Iren Hendrick ist nur ein Akteur vertreten, der sich nicht mehr für die Elf des Viertelfinales empfehlen kann, weil seine Mannschaft ausgeschieden ist.

Aber ist er auch wirklich eine Sensation? Wer die bittere Bilanz der Three Lions kennt – in 17 K.-o.-Spielen bei einer EM oder WM seit 1966 nur sechsmal weiter – und ihr Unvermögen, Abwehrriegel zu knacken, sowie all die Torwartfehler, ist nicht so verblüfft wie der Rest der Welt. Das Ausmaß des kollektiven Versagens jedoch ist frappierend. Planlos und führungslos auf dem Feld (Kapitän Wayne Rooney) wie in der Coaching-Zone (Roy Hodgson) wird Englands Hoffnung in eine neue Generation erneut als Irrtum entlarvt. Auf dem Weg nach Russland 2018 sollte die EM der positiven Entwicklung dienen. Der blamable EURO-Exit ist jedoch ein Rückschritt.

Ein historisches Scheitern: England liegt nach der 1:2-Niederlage gegen Island und dem damit verbundenen frühen Aus bei der EM am Boden.

Polen – Portugal	i. E. 3:5
Wales – Belgien	3:1 (1:1)
Deutschland – Italien	i. E. 6:5
Frankreich – Island	5:2 (4:0)

Damit hatte kaum einer gerechnet: Kevin De Bruynes Belgier fliegen gegen Wales raus.

Torschütze: Mesut Özil jubelt nach seinem 1:0 gegen Italien. Später kommt es zu einem intensiven Elfmeterschießen.

VIERTEL-FINALE

Ein Tore-Festival, eine Riesenüberraschung, zwei Elfmeterschießen. So lautet die komprimierte Bilanz der Viertelfinalspiele. Frankreich warf Island, das sich im Turnier europaweit Sympathien erworben hatte, mit 5:2 aus dem Wettbewerb. EM-Debütant Wales gewann gegen Belgien, das für viele Experten als ein Favorit auf den Titel des Europameisters gegolten hatte. Ohne Fehlschuss im Shoot-out kam Portugal in die nächste Runde. Deutschland konnte sich deren drei erlauben, weil Italiens Schützen sogar viermal die Nerven versagten.

Entsetzt: Jakub Blaszczykowski kann sein Pech nicht fassen.

Polen – Portugal 3:5 i. E.

Fehlschuss – aber keine Kuba-Krise

Ohne Jakub Blaszczykowski, das steht fest, hätte Polen niemals dieses EM-Viertelfinale erreicht. Eine Vorlage und zwei Treffer steuerte »Kuba« auf dem Weg der Auswahl nach Marseille bei. Erst bereitete er gegen Nordirland das Siegtor von Arkadiusz Milik vor, dann traf er im Gruppen-Halali gegen die Ukraine und schließlich brachte er seine Farben auch in der Runde der letzten 16 gegen die Schweiz in Führung. Die Partie ging im Elfmeterschießen an Lewandowski und Co. – auch Blaszczykowski hatte einen sicher verwandelt.

Roten, besiegelt. Viertelfinal-Aus ohne eine einzige Niederlage. »Es ist schwer zu verstehen«, schüttelte Robert Lewandowski den Kopf. »Du verlierst kein Spiel und bist weg. Und die Mannschaft, die keines gewinnt, steht im Halbfinale.« Denn die Selecao erreichte nach drei Remis und einem Achtelfinalerfolg in der Verlängerung die Runde der letzten vier. »Es ist uns egal, dass es Kritik gibt, wir sind weiter«, freute sich Renato Sanches, der Lewandowskis frühes 1:0 ausglich und seinen Strafstoß eiskalt verwandelte. Schon vorher wusste Vorlagengeber Nani die Kritiker am »jogo feio«, am hässlichen Spiel Portugals bei dieser EM, zu kontern: »Wenn wir nicht schön spielen dürfen, um zu gewinnen, dann machen wir das einfach so.« Ergebnisfuß-

Leider, so muss man es aus seiner Sicht sagen, hat der Fußball ein Faible für dramatische Geschichten und tragische Helden. Zu einem solchen wurde der 30-Jährige im Stade Velodrome nach einem zähen, weil wenig ansehnlichen Spiel. Der Dortmunder übernahm Verantwortung, schritt zum Elfmeterpunkt und schoss seinen Versuch auch gar nicht schlecht. Doch Rui Patricio machte sich lang und länger und kratzte den Ball aus dem Eck. »Er hat ihn sehr gut gehalten«, lobte der portugiesische Trainer Fernando Santos seinen Schlussmann. Als Ricardo Quaresma, schon im Achtelfinale der Matchwinner mit seinem späten Tor, letztlich nervenlos traf, war das Schicksal der »Bialo-Czerwony«, der Weiß-

Die entscheidende Sekunde: Rui Patricio wehrt den Elfmeter von Jakub Blaszczykowski ab.

Pressestimmen

»Trotz des Viertelfinal-Aus verdienen diese Polen einen riesigen Applaus für das, was sie erreicht haben und die Freude, die sie Millionen Fans gegeben haben. Heute sind die Weiß-Roten ausgeschieden, aber für uns sind sie die Gewinner!«
SUPER EXPRESS (POLEN)

»Im Krimi muss immer irgendjemand bluten – diesmal traf es einen Helden. Raus aus der EURO, ohne ein Spiel verloren zu haben – wie grausam!«
GAZETA WYBORSZA (POLEN)

»Das Land ist euphorisch, das Team kann durchatmen. Aber man muss auch sagen, dass Portugal nicht auf Topniveau spielt. Aber wenn es am Ende reicht – wen interessiert es dann? Ronaldo übernahm Verantwortung mit seinem ersten Elfmeter – und alle folgten ihm. Eine beeindruckende Leistung von Renato Sanches.«
CORREIO DE MANHA (PORTUGAL)

»Portugal überzeugt nicht, aber die Polen waren auch nicht brillant. Sanches wird sich noch lange an dieses Spiel erinnern. Er ist die Entdeckung der EURO.«
LE PARISIEN (FRANKREICH)

VIERTELFINALE

Geschafft: Rui Patricio und Cedric freuen sich auf das Halbfinale.

30. Juni in Marseille
Polen – Portugal 3:5 i. E. (1:1, 1:1, 1:1)

Eingewechselt: 82. Kapustka (4) für Grosicki, 98. Jodlowiec für Maczynski – 73. Joao Moutinho (3) für Adrien Silva, 80. Ricardo Quaresma (3,5) für Joao Mario, 96. Danilo Pereira für William Carvalho

Tore: 1:0 Lewandowski (2.), 1:1 Renato Sanches (33.)

Elfmeterschießen: 0:1 Cristiano Ronaldo, 1:1 Lewandowski, 1:2 Renato Sanches, 2:2 Milik, 2:3 Joao Moutinho, 3:3 Glik, 3:4 Nani, Rui Patricio hält gegen Blaszczykowski, 3:5 Ricardo Quaresma

Gelbe Karten: Jedrzejczyk, Glik, Kapustka – Adrien Silva, William Carvalho

Schiedsrichter: Dr. Brych (München)

Zuschauer: 62 940

Portugal: Rui Patricio/2,5; Cedric/4,5, Pepe/2, José Fonte/3, Eliseu/5; Adrien Silva/4,5, William Carvalho/4, Renato Sanches/3; Joao Mario/5, Cristiano Ronaldo/5, Nani/4

Polen: Fabianski/3; Piszczek/2,5, Glik/3, Pazdan/5, Jedrzejczyk/2,5; Krychowiak/3, Maczynski/4,5; Blaszczykowski/4, Grosicki/4, Milik/4; Lewandowski/4

...ban statt Zauberer. Die neue Formel von Cristiano und Kollegen.

Wie bleierne Schwere hing die Ideenlosigkeit beider Mannschaften über dem Stade Velodrome, nach einem noch erträglichen ersten Durchgang klammerten sich beide Teams mit einem unansehnlichen Nichtangriffspakt an der Hoffnung Elfmeterschießen fest. Dass Adam Nawalka allen Akteuren »eine sehr gute Leistung« bescheinigte, musste den neutralen Beobachtern in Marseille wie Ironie vorkommen. Doch der polnische Trainer meinte das tatsächlich ernst, als er von »viel Herz« der Profis auf dem Rasen sprach.

Und sein iberischer Konterpart redete sich den Grottenkick nicht minder schön, vor allem stellte er seinem Superstar Ronaldo eine tadellose Leistung aus. Offenbar vergaß er dabei, dass der Mad... ...che zweimal in aussichtsreicher Position über den Ball säbelte. So wäre beinahe CR7 zur tragischen Figur geworden. Doch diese Bürde nahm ihm Kuba ab. Der Pole, der sich immer so sehr in den Dienst der Mannschaft stellt, egal ob im Verein oder im Nationaltrikot. Immerhin: Er hatte auch an diesem Abend Kollegen, die ihm ein gutes Wort ins Ohr flüsterten. »Die ganze Mannschaft hat verloren, nicht ein einzelner Spieler, weil er verschossen hat. Das ist immer eine Lotterie«, wusste Lewandowski. Und gemäß dem Sprichwort, was dich nicht umbringt, macht dich stärker, prophezeite Lukasz Piszczek: »Kuba ist ein starker Mensch. Er hatte schon schlechtere Situationen in seinem Leben. Doch er hat sie alle durchgestanden.« So wird auch das Kuba-Drama keine Kuba-Krise hinterlassen.

Fußgemenge:
Pepe gegen
Arkadiusz Milik –
Augen zu und durch

VIERTELFINALE

Rechtsschuss: Robert Lewandowski erzielt die frühe Führung für Polen.

Linksschuss: Renato Sanches erzielt den Ausgleich für Portugal.

Störfall: Ein Fan ist während des Spiels auf den Platz gerannt und wird von einem Ordner eingefangen.

Wales – Belgien 3:1

Coleman: »Keine Angst vor Träumen«

Angetreten waren sie, um aus einer für ein mit 11,2 Millionen Einwohnern kleines Land erstaunlichen Anzahl herausragender Fußballer eine goldene Generation reifen zu lassen. Weltranglistenerster, Geheimfavorit, Europameister? Ein netter Dreiklang auf dem Papier, in der Realität scheiterte die Mannschaft von Marc Wilmots erstaunlich früh.

Dabei war alles angerichtet in Lille: quasi ein Heimspiel, nur 20 Kilometer von der Grenze entfernt, eine belgische Invasion nach Nordfrankreich. Und mit Wales ein Gegner der Kategorie schlagbar. »So eine große Chance kommt nicht wieder«, jammerte daher Torwart Thibaut Courtois nach dem 1:3. Belgiens Torwartlegende Jean-Marie Pfaff sah es ähnlich: »Wales, dann im Halbfinale Portugal, der Weg ins Endspiel war offen. Es ist enttäuschend.«

Belgien scheiterte an einer Mischung aus eklatanter Abwehrschwäche, taktischen Fehlern und Solisten wie Eden Hazard oder Kevin De Bruyne, die nicht zu einem funktionierenden Gesamtkonstrukt zusammengeschweißt werden konnten.

Dabei hatte im Stade Pierre Mauroy alles nach Plan begonnen. Radja Nainggolan sorgte für die frühe Führung, Hazard spielte groß auf, Belgien zeigte modernen Tempofußball. Aber eben nur 20 Minuten.

Danach aber verlor die Wilmots-Elf den Faden und konnte ihn nicht mehr aufnehmen. Thomas Vermaelen und Jan Vertonghen fehlten in der Abwehr gesperrt beziehungsweise verletzt, ihre Vertreter Jason Denayer und Jordan Lukaku konnten sie nicht adäquat ersetzen.

Schlimmer war jedoch aus Sicht der belgischen Fans, die im Stadion die große Mehrheit stellten, dass nach Ausgleich und Rückstand kein Spieler dieses Team führte. Achselzucken statt Aufbäumen, hängende Schultern anstelle entschlossener Gesichter. Ein Rätsel. Eines, das sich auch auf die

VIERTELFINALE

Ränge übertrug, auf denen die zahlenmäßig geringeren walisischen Anhänger parallel zur Entwicklung auf dem Platz mehr und mehr das Kommando übernahmen.

Wilmots reagierte zudem viel zu spät, Impulse von der Trainerbank blieben aus. »Ich bin verantwortlich für das«, sagte er hinterher, wollte über einen Rücktritt aber erst nach dem Turnier entscheiden. Courtois hielt mit seiner Meinung dazu nicht hinter dem Berg: »Es ist seine Entscheidung. Ich habe ihm meine Meinung in der Kabine deutlich gesagt.« Die dürfte kaum positiv ausgefallen sein und zeigt, dass es weit mehr als talentierte Fußballer braucht, um eigene Ansprüche oder eine Favoritenrolle mit Leben zu füllen. Teamgeist etwa.

Den lebte Gegner Wales vor. Vorneweg Kapitän Ashley Williams. Beispielhaft auch dessen Jubel nach dem Ausgleich. Mit derselben Urgewalt, mit der der Swansea-Profi per Kopf den Ball zum 1:1 ins Tor gewuchtet hatte, raste er Sekundenbruch-

Die Wende: Ashley Williams wuchtet einen Kopfball zum 1:1 ins Netz. Jason Denayer kann sich gegen so viel körperliche Präsenz nicht wehren.

Pressestimmen

»Fußball-Drama in Lille. Der EURO-Traum ist nach dem 1:3 gegen Wales geplatzt. Die Roten Teufel haben das Halbfinale verpasst.«   DE STANDAARD (BELGIEN)

»Der belgische EURO-Traum ist nach einer erniedrigenden Niederlage gegen Wales geplatzt.«
DE MORGEN (BELGIEN)

»Letzte Ausfahrt Viertelfinale. Was für eine Schande. Wales beendet belgischen Traum. Adieu Wilmots?«
HET LAATSTE NIEUWS (BELGIEN)

»Nach einer der größten Nächte in der Geschichte der walisischen Sportgeschichte steht die Mannschaft im Halbfinale der EM. Niemand konnte davon auch nur träumen. Es ist fern jeder Vorstellungskraft, einfach Fantasie.«   WALES ONLINE (WALES)

»Wales schreibt Geschichte, und Colemans Helden marschieren ins Halbfinale der EM. Die bemerkenswerte Geschichte geht nach ihrem bisher unglaublichsten Kapitel weiter. Wales reagierte nach dem frühen Gegentor einfach herausragend.«
SOUTH WALES ARGUS (WALES)

»Bale trifft auf Ronaldo. Wales schreibt weiterhin Geschichte. Ein megageiler Robson-Kanu, was für eine Finte, um drei Gegner stehen zu lassen. Belgien war angezählt und ohne Argumente.«   AS (SPANIEN)

Schritt zwei zur Sensation: Der gefährliche Hal Robson-Kanu besorgt das 2:1 für Wales.

Voller Einsatz auch an der Linie: Der walisische Trainer Chris Coleman

teile später Richtung Ersatzbank, um den das Spiel drehenden Moment mit den nicht eingesetzten Kollegen zu feiern. Nationaltrainer Chris Coleman winkte sofort auch noch den letzten auf dem Feld jubelnden Spieler der ersten Elf hinzu. »Alle zusammen«, sollte das bedeuten.

Und so besiegten die Drachen auch die »Roten Teufel«: Mit einer leidenschaftlichen Leistung, die den bis auf die Startphase blutleeren Auftritt des Gegners offenlegte. »Dieser Mann hat mich noch nie enttäuscht. Nicht auf und auch nicht neben dem Platz«, adelte Coleman seinen Abwehrchef Williams in diesen heroischen EM-Tagen. Jedoch nicht,

Ganz Wales im Freudentaumel: Mit einem 3:1 über Belgien, einen der Turnierfavoriten, hätten die Fußballer von der Insel nicht gerechnet.

---

1. Juli in Lille
Wales – Belgien 3:1 (1:1)

Eingewechselt: 78. King für Ledley, 80. Vokes für Robson-Kanu, 90. Collins für Ramsey – 46. Fellaini (5) für Ferreira-Carrasco, 75. Mertens für J. Lukaku, 83. Batshuayi für R. Lukaku

Tore: 0:1 Nainggolan (13.), 1:1 A. Williams (31.), 2:1 Robson-Kanu (55.), 3:1 Vokes (86.)

Gelbe Karten: B. Davies, Chester, Gunter, Ramsey – Fellaini, Alderweireld

Schiedsrichter: Skomina (Slowenien)

Zuschauer: 45 936

VIERTELFINALE

Schritt drei zur Sensation: Sam Vokes setzt, vor Toby Alderweireld, mit dem 3:1 den Schlusspunkt.

ohne den Rest des Teams zu vergessen: »Wir haben nur Führungsspieler. Jeder auf seine Weise«, betonte der Coach voller Stolz.

Seine EM-Neulinge schrieben damit gegen Belgien Geschichte. Als »größtes Spiel in der Geschichte unseres Landes« hatte Coleman zuvor das Match deklariert. Bei der bislang einzigen Endrundenteilnahme der Waliser, der WM 1958, war man noch im Viertelfinale ausgeschieden – gegen Brasilien. 2016 spielte der fünfmalige Weltmeister eine blamable Copa America. Wales sorgte fast parallel dazu in Frankreich für Furore. So ändern sich die Zeiten.

Das Rezept? Neben der tollen Teamleistung, aus der Williams, Aaron Ramsey, Hal Robson-Kanu, Joe Allen und der vermeintliche Superstar Gareth Bale, der im Dress der Drachen gerne und generell aber auch als Wasserträger glänzt, herausragten, nannte Nationaltrainer Coleman noch einen Faktor: »Man darf vor Träumen keine Angst haben.«

Reklamieren zwecklos: Belgiens Trainer Marc Wilmots und Joe Allen

Deutschland – Italien 6:5 i. E.

Eine magische Nacht für den Helden Hector

Der Mann, der für die Erlösung gesorgt hatte, stand ziemlich verkrampft im Stadion von Bordeaux. Mitternacht war schon fast eine Stunde vorbei und das bisher Einmalige im mittlerweile 26 Jahre währenden Leben des Jonas Hector kalendarisch am Tag zuvor passiert. Der Profi des 1. FC Köln, in der deutschen Nationalmannschaft im Trikot mit der Nummer 3 als linker Außenverteidiger unterwegs, hatte gut 60 Minuten zuvor den letzten Elfmeter in einem denkwürdigen Showdown unter dem Bauch der Torwart-Legende Gianluigi Buffon hindurch ins Tor geschoben und damit das Halbfinale perfekt gemacht. Wenn es im sonst so lauten Fußball-Geschäft leise Helden gibt, dann geht Hector als Prototyp dafür durch. Seine Hände tief in den Taschen seiner schwarzen Trainingshose vergraben und immer wieder auf seinen Füßen hin- und hertippelnd, äußerte er sich eher schüchtern und mit unterdrückter Stimme zum Unfassbaren. Wo der Mann mit dem beziehungsreichen Namen – Hektor ist eine heroische Gestalt in Homers »Ilias« – in epischer Breite seinen historischen Auftritt hätte beschreiben können, bevorzugte er die Kurzgeschichte mit knappen Aussagen. Relativ wenig sei ihm

Die Trilogie des Jonas Hector: Ball auf den Punkt gelegt, gejubelt, Glückwünsche vom Trainer abgeholt

Match-Daten

Deutschland		Italien
1	Tore	1
12	Torschüsse gesamt	12
3	Torschüsse aufs Tor	3
15	begangene Fouls	13
727	erfolgreiche Pässe	424
87 %	Passquote	81 %
62 %	Ballbesitz	38 %
47 %	Zweikampfquote	53 %
2	Gelbe Karten	5
0	Rote Karten	0
0	Abseits	2
7	Ecken	5
146 km	Laufstrecke	153 km

VIERTELFINALE

durch den Kopf gegangen, als er sich von der Mittellinie aufmachte und »mit zittrigen Knien«, wie er gestand, Richtung Strafraum ging, wo der Ball am Elfmeterpunkt lag und das weiterhin 7,32 Meter breite und 2,44 Meter hohe Tor sich immer mehr verkleinerte in seiner Wahrnehmung. »Man macht sich da so seine Gedanken, wo man hinschießen möchte«, erzählte Hector, »das hat mich auf dem Weg begleitet.«

Manuel Neuer hatte in der Minute zuvor den Schuss des Italieners Darmian mit einem Hechtsprung abgewehrt, Hector musste verwandeln, dann wäre alles im Sinne des Weltmeisters aus Deutschland geregelt. »Ich habe nur gehofft, dass er reingeht«, sagte der Kölner. Seine kurzfristige Entscheidung, wie er es stockend formulierte, galt der rechten unteren Ecke, der Ball kroch unter Buffons Körper hindurch. Es war knapp gewesen. »Fast, ja«, konterte er knapp mit einem verlegenen Lächeln den Hinweis, dass Italiens Keeper den Schuss beinahe entschärft hätte. Aber er war eben drin gewesen. Hector hatte getroffen und eine Explosion der Emotionen ausgelöst. Alle stürmten auf ihn zu, um ihn zu feiern, um ihm zu danken. Denn die vermeintlich sicheren Schützen, Thomas Müller, Mesut Özil und Bastian Schweinsteiger, hatten verschossen. Deshalb musste Hector überhaupt noch ran, als neunter deutscher Spieler. »Damit hatte ich nicht unbedingt gerechnet«, räumte Hector ein, »aber man kann es sich nicht aussuchen und muss das Herz in die Hand nehmen.« Sein letzter Auftritt am Elfmeterpunkt lag »ewig« zurück, irgendwann in der fernen Jugend war es gewesen. Auch in den Tagen vor diesem Viertelfinale hatte er im Training nicht geübt. Von diesem Ernstfall hatte niemand ausgehen können. »Elfmeterschießen ist immer ein Stück weit Glückssache«, kommentierte er ziemlich bescheiden diese extrem stressige Aktion: »Mich hätte es auch treffen können.« Er meinte damit einen möglichen Fehlschuss. Es ging gut.

Thomas Müller war ein solches Happy End nicht beschieden. Er, eigentlich ein cooler Experte für solcherart Aufträge, hatte als Erster vergeben. Gewohnt lebhaft und laut verarbeitete er sein Missgeschick, das ihn schon fatal in der Champions League mit dem FC Bayern im Halbfinal-Rückspiel gegen Atletico Madrid Anfang Mai 2016 ereilt hatte. »Aus dem Spiel heraus werde ich in den nächsten zwei Partien sicher nicht mehr zum Elfmeter antreten«, sagte Müller. In Klausur wollte er gehen und »meine

Pressestimmen

»Helden, trotz allem! Ein ungezähmtes Italien zwingt die Weltmeister ins Elfmeterschießen. EM, Adieu! Doch von hier können wir neu starten. Es lebe Italien. Wenn Deutschland unser Everest war, sind wir einen Schritt vor der Spitze gescheitert.« GAZZETTA DELLO SPORT (ITALIEN)

»Italiens EM-Abschied hätte nicht bitterer sein können. Aus nach einer atemberaubenden Elfmeter-Lotterie, bei der die Azzurri zu viele Fehler gemacht haben. Es schmerzt wirklich, sich von der EM verabschieden zu müssen, doch Italien hat in Frankreich deutlich über den Erwartungen gespielt, vor allem wenn man die lange Serie verletzter Spieler berücksichtigt.« TUTTOSPORT (ITALIEN)

»Dieses Ende der EM ist für die Azzurri zwar bitter, ehrenhafter hätte sich Italien aber kaum verhalten können. Von unzähligen Verletzungen belastet, hat die Nationalelf einen Mut bewiesen, der sie bis einen Schritt vor das Ziel geführt hat.« LA REPUBBLICA (ITALIEN)

»Deutschland durch ein atemberaubendes Elfmeterschießen im Halbfinale. Deutschland schreibt die Geschichte neu und wirft nach einem verbissenen Match und einem spannenden Elfmeterschießen erstmals Italien aus einem Turnier. Dazu bedurfte es allerdings einer unendlichen Serie von Elfmetern, in denen es hü und hott zuging.« L'EQUIPE (FRANKREICH)

»Deutschland hat in Bordeaux Geschichte geschrieben und seinen ganz eigenen Fluch gegen Italien überwunden.« SPORT (SPANIEN)

»Neuer treibt Deutschland die Dämonen aus.« EL MUNDO (SPANIEN)

»Supercooler Jonas Hector bringt in einem Elfmeterschießen zum Nägelkauen die Weltmeister ins Halbfinale.« THE SUN (ENGLAND)

Irregulär: Bastian Schweinsteiger köpft an Gianluigi Buffon vorbei, doch der Treffer zählt nicht.

Das tut weh: Sami Khedira muss nach diesem Zweikampf mit Giorgio Chiellini verletzt ausgewechselt werden.

VIERTELFINALE

Elfmetertechnik überarbeiten und eventuell in ein, zwei Monaten gestärkt zurückkommen«. Vorerst aber »lasse ich anderen den Vortritt«, der Nächste bitte! »Falls es aber noch einmal zum Elfmeterschießen kommt und einer gebraucht wird, bin ich auf jeden Fall da«, sagte Müller unverzagt. »Ich dränge mich aber nicht mehr auf.«

Müller, bei den Weltmeisterschaften 2010 und 2014 als insgesamt zehnmaliger Torschütze global berühmt geworden, in seinem zweiten kontinentalen Turnier jedoch weiter ohne persönlichen Torerfolg, war nach Uli Hoeneß (EM-Finale 1976) und Uli Stielike (WM 1982) erst der dritte deutsche Nationalspieler, der bei einem derartigen Elfmeter-Entscheid versagt hatte. Vor ihm hatten sagenhafte 22 DFB-Auserwählte getroffen, Özil und Schweinsteiger taten es Müller nun in einem ungewollten Akt der Solidarität gleich. »Elfmeterschießen ist immer nicht so einfach«, kommentierte Routinier Bastian Schweinsteiger. Die Flugbahn seines Schusses ging in die falsche Richtung, links übers Tor. Der Kapitän hätte alles beenden und nach für ihn holprigen Turnierwochen zum gefeierten Liebling der Nation werden können. So aber wurde er zur tragischen Figur, aber nur für wenige Minuten, denn Mats Hummels, Joshua Kimmich, Jerome Boateng und eben Hector bestanden den Nerventest: Sie mussten einschießen und taten es. Und Neuer hielt, zweimal. »Das war ein richtiger Nervenkrieg«, sagte der großartige Torwart, der in seiner reichhaltigen Karriere schon die WM 2014 sowie die Champions League 2013 gewonnen hatte. »So was habe ich noch nie erlebt.« So äußerten sich nahezu alle deutschen Spieler, auch Hector. »Ja, schon«, sagte er zögerlich, dieses Viertelfinale sei das Größte in seiner bislang eher unspektakulären Laufbahn gewesen: »Auf so einer Bühne den entscheidenden Elfmeter zu schießen, das hatte ich zuvor noch nicht.« Es war ein besonderes Ereignis im Leben des Jonas H., der in dieser magischen Nacht von Bordeaux einen Moment für die Ewigkeit erlebt hat. Er hätte aber gerne darauf verzichtet, sagte er: »Wir hätten uns über ein 1:0 in der regulären Spielzeit genauso extrem gefreut.«

Die deutschen Spieler in der Einzelanalyse

		Ballkontakte	Pässe	Passbilanz %	Zweikampfquote %	Torschüsse	Fouls
1	Manuel NEUER (TW)	55	45	84	100	0	0
4	Benedikt HÖWEDES	107	90	86	29	0	1
17	Jerome BOATENG	120	107	84	50	2	1
5	Mats HUMMELS	117	109	91	33	0	2
21	Joshua KIMMICH	105	71	83	54	0	1
3	Jonas HECTOR	84	57	86	100	0	0
6	Sami KHEDIRA bis 16.	7	6	83	100	0	0
18	Toni KROOS	116	104	95	33	1	1
8	Mesut ÖZIL	108	91	88	67	2	0
13	Thomas MÜLLER	76	51	76	53	4	2
23	Mario GOMEZ bis 72.	22	16	88	20	1	2
7	Bastian SCHWEINSTEIGER ab 16.	91	73	90	40	1	3
11	Julian DRAXLER ab 72.	17	13	92	0	1	2

Danke schön: Torschütze Mesut Özil und Passgeber Jonas Hector

Stimmen zum Spiel

Joachim Löw: »Natürlich bin ich jetzt glücklich, unabhängig vom Gegner, denn das ist natürlich ein tolles Gefühl. Heute haben gerade die Youngster die entscheidenden Elfmeter verwandelt. Ich habe Jonas nur kurz gratuliert, weil das natürlich eine besondere Situation war. Man muss die Italiener mit den eigenen Mitteln schlagen, und manchmal auch mit Intelligenz.«

Antonio Conte: »Es ist schade, so auszuscheiden. Es ist eine Lotterie, und wir lagen vor dem vierten Elfmeter in Führung. Aber eine Spitzenmannschaft hat es geschafft, weiterzukommen. Ich habe ja schon vorher gesagt, dass Deutschland die stärkste Mannschaft der Welt ist.«

DFB-Präsident Reinhard Grindel: »Mich macht es stolz, dass wir so eine tolle Truppe haben. Trotz der Verletzungen von Khedira und Gomez und des unglücklichen Handspiels von Boateng. Mich freut es vor allem für Jonas Hector, dass er den entscheidenden Elfmeter verwandelt hat, denn er hat ein überragendes Spiel gemacht.«

Teammanager Oliver Bierhoff: »Es war der erwartet schwere Gegner, auch wenn sie taktisch nicht die typische italienische Mannschaft sind. Wir haben auch heute gezeigt, dass wir uns nicht aus der Ruhe bringen lassen und Geduld haben. Die Spieler sind gereift und haben den WM-Titel als Sicherheit. Das merkt man auch.«

Jerome Boateng: »Ich denke, wir waren die bessere Mannschaft, aber es war trotzdem ein harter Kampf. Der Elfmeter ist blöd. Ich wollte die Hände weglassen, damit es kein Foul ist, aber bekam sie nicht mehr runter. Elfmeterschießen ist Glück, aber wir haben Manu. Der andere Torwart war auch nicht schlecht.«

Mats Hummels: »Das war ein langer Weg zum Elfmeterpunkt. Man wechselt das Eck. Ich war heilfroh, dass Buffon nur mit den Fingerspitzen dran war. Die zweite Gelbe Karte tat weh, wegen zwei solcher Situationen gesperrt zu sein.«

Gianluigi Buffon: »Wir waren nur einen Schritt von der Heldentat entfernt. Eine solche Niederlage ist hart, das war ein Schock für uns. Im Elfmeterschießen auszuscheiden, wenn der Gegner so oft vergibt, das tut wirklich weh. Das ist wirklich schade.«

Simone Zaza: »Ich habe den wichtigsten Elfmeter meiner Karriere verschossen, und es wird mich für den Rest meines Lebens verfolgen, es tut mir leid, dass ich Italien enttäuscht habe.«

Graziano Pelle: »Ich will mich bei Italien entschuldigen. Ich wollte nicht respektlos sein, weder gegenüber meiner Nationalmannschaft noch gegenüber Neuer.«

Enges Duell, faire Geste: Die beiden Torhüter Gianluigi Buffon und Manuel Neuer

Lang gemacht: Manuel Neuer hält gegen Leonardo Bonucci seinen ersten Elfmeter.

VIERTELFINALE

Alle auf einen: Jonas Hector geht in der deutschen Jubel-Traube unter.

2. Juli in Bordeaux
Deutschland – Italien 6:5 i. E. (1:1, 1:1, 0:0)

Eingewechselt: 16. Schweinsteiger (4,5) für Khedira, 72. Draxler (3) für Gomez – 86. Darmian (4) für Florenzi, 108. Insigne für Eder, 120. Zaza für Chiellini

Tore: 1:0 Özil (65.), 1:1 Bonucci (78., HE)

Elfmeterschießen:
0:1 Insigne, 1:1 Kroos, Zaza verschießt, Buffon hält gegen Müller, 1:2 Barzagli, Özil verschießt, Pelle verschießt, 2:2 Draxler, Neuer hält gegen Bonucci, Schweinsteiger verschießt, 2:3 Giaccherini, 3:3 Hummels, 3:4 Parolo, 4:4 Kimmich, 4:5 de Sciglio, 5:5 Boateng, Neuer hält gegen Darmian, 6:5 Hector

Gelbe Karten: Hummels, Schweinsteiger – Sturaro, de Sciglio, Parolo, Pelle, Giaccherini

Schiedsrichter: Kassai (Ungarn)

Zuschauer: 38 764

Hoch, höher, Pogba: Frankreichs Jungstar überspringt vor dem 2:0 Jon Bödvarsson um Längen.

Frankreich – Island 5:2

Ein letztes »Hu« und ein bestes Spiel

Der Schlusspunkt: Olivier Giroud köpft das 5:2.

3. Juli in Paris St. Denis
Frankreich – Island 5:2 (4:0)

Eingewechselt: 60. Gignac (3,5) für Giroud, 72. Mangala für Koscielny, 80. Coman für Payet – 46. Finnbogason (4,5) für Bödvarsson, 46. Ingason (5) für Arnason, 83. Gudjohnsen für Sigthorsson

Tore: 1:0 Giroud (12.), 2:0 Pogba (20.), 3:0 Payet (43.), 4:0 Griezmann (45.), 4:1 Sigthorsson (56.), 5:1 Giroud (59.), 5:2 B. Bjarnason (84.)

Gelbe Karten: Umtiti – B. Bjarnason

Schiedsrichter: Kuipers (Niederlande)

Zuschauer: 76 833

Hinterher wirkten beinahe alle glücklich. Die Gastgeber, die mit dem ersten richtig überzeugenden Spiel über 90 Minuten fulminant ins Halbfinale einzogen, aber auch die unterlegenen Isländer, die bei ihrer ersten Turnierteilnahme überhaupt bis ins Viertelfinale vorgestoßen waren. Als das französische Team seinen Gang in die Fankurve beendet hatte und nach minutenlangen Sprechchören die Kabine aufsuchte, da standen die Isländer immer noch auf dem Feld und intonierten mit ihren 15 000 Fans ein letztes Mal den bei der EM berühmt gewordenen »Hu«-Gesang, begleitet vom rhythmischen Klatschen der 30 000 Hände.

»Es war ein wunderbares Turnier für uns«, freute sich Islands Trainer Lars Lagerbäck bei seiner letzten Pressekonferenz als Trainer des Inselstaates. »Eine außergewöhnliche Reise geht für mich nach vier Jahren zu Ende. Ich bin so dankbar, dass ich das alles erleben durfte«, sagte er. Gelungene Qualifikation, die Premiere bei einer EURO und dann Siege gegen England und Österreich, Unentschieden gegen Portugal und Ungarn. » Wir haben etwas erreicht, das niemand von uns erwartet hatte. Es war ein fantastisches Turnier für uns, wir sind sehr stolz«, fasste Gylfi Sigurdsson den Gemütszustand der Isländer an diesem Abend zusammen. Doch das Spiel gegen die Franzosen hatte vor allem eines gezeigt: Für ganz oben fehlt dem jungen Team noch die Routine. Lagerbäck sah es ähnlich: »Mental waren wir in der ersten Halbzeit nicht auf der Höhe. Da hatten wir eine psychologische Blockade. Daraus müssen wir für die Zukunft lernen.«

0:4 nach 45 Minuten. In der Pause musste man Angst haben, dass sich Island mit einem Debakel aus dem Turnier verabschiedet. Dem war aber nicht so. Islands Kapitän Aron Gunnarsson meinte ehrlich: »Wir haben eine schreckliche Halbzeit gespielt und uns in der Kabine darauf eingeschworen, dass wir uns so nicht aus dem Turnier verbschieden wollen. Ich denke, in der zweiten Halbzeit war es dann okay.«

Selbst Frankreichs Trainer Didier Deschamps hatte Mitgefühl mit dem Gegner. »Ich werde Sie jetzt mit meiner Aussage überraschen, aber ich habe mich ein Stück weit gefreut, dass Island zwei Tore schoss, auch wenn ich das als Trainer meiner Mannschaft nicht sagen dürfte. Aber sie haben ein tolles Turnier gespielt und in der zweiten Halbzeit gezeigt, warum«, so Deschamps, der mit der richtigen Aufstellung die Weichen auf Sieg gestellt hatte. Antoine Griezmann, der im Achtelfinale gegen Irland in der zweiten Halbzeit als hängender Zehner ein grandioses Spiel absolviert hatte, beließ er auf dieser Position und rückte von seinem sonst bevorzugten 4-3-3 ab. Der Angreifer von Atletico Madrid, aber auch Olivier Giroud an vorderster Front dankten es ihm mit tollen Leistungen. Griezmann blühte hinter Giroud als Regisseur, Torvorbereiter und Torschütze in Personalunion auf, davor zeigte der Stürmer

138

VIERTELFINALE

Applaus, Applaus: Antoine Griezmann spielt gegen Island wieder überragend.

Spitzentanz:
Gylfi Sigurdsson
und Dimitri Payet
arbeiten synchron.

VIERTELFINALE

vom FC Arsenal, welche Qualitäten er hat – in der Luft wie auf dem Boden.

»Es war mein bestes Spiel für Frankreich in einem Wettkampf«, freute sich Giroud, der zweimal getroffen und mit einer Körperfinte den Weg für Griezmanns 3:0 freigemacht hatte. »Ich bin glücklich für mich, für die Mannschaft, für alle Franzosen«, so der Stürmer, der wie die Fans im Stadion und vor den TV-Schirmen das Gefühl bekam, dass dieser Sieg für neue Energie sorgen könnte. »Jetzt ist alles möglich«, offenbarte er ein neues Selbstvertrauen. Mit dem Erreichen des Halbfinales war der große Druck gewichen. Allenthalben galt dieses Stadium des Turniers als das Minimalziel der Gastgeber. Sollte das französische Team am Ende tatsächlich ganz oben auf dem Podium ankommen, dann wäre dieser Sonntagabend in St. Denis die Initialzündung dafür gewesen.

Der passt: Dimitri Payets Linksschuss führt zum 3:0 für Frankreich.

Ausgelassen: Islands Fans feiern ihre Mannschaft trotz der klaren Niederlage.

kicker-Chefredakteur
Jörg Jakob:

Taktische Variabilität ist Grundlage des Erfolgs

Das Viertelfinale mit zwei Sensationsteilnehmern bestätigt einen Trend: Es ist nicht die EM der herausragenden Individualisten. Der Star ist die Mannschaft.

Bundesliga-Torschützenkönig Robert Lewandowski scheidet mit Polen im Elfmeterschießen aus (3:5), obwohl er zur frühen Führung getroffen hat. Ausgerechnet sein zukünftiger Mannschaftskamerad beim FC Bayern München, Renato Sanches (18), erzielt den Ausgleich. Der drittjüngste EM-Torschütze aller Zeiten ist eine Entdeckung des Turniers. Umso mehr ist zu schätzen, dass der deutsche Rekordmeister sich ihn bereits geangelt hat. Portugal hat immer noch keinen Sieg innerhalb von 90 Minuten erreicht. Bezeichnend, dass Abwehrchef Pepe der Spieler des Spiels ist.

Enttäuschend ist der Auftritt von Cristiano Ronaldo (kicker-Note 5) in seinem 59. Einsatz im Spieljahr. Die Debatte über die aufgeblähte Kontinentalmeisterschaft und eine Überbeanspruchung der Spitzenkräfte sowieso flammt erneut auf.

Die Frage nach der Lösung bleibt jedoch unbeantwortet. Wer muss kürzertreten, die Klubs oder die Verbände? Meisterschaft und Europapokal hier, WM und EM dort. Die Nationalverbände, vor allem die kleinen, erwirtschaften das Geld für ihre Basisarbeit gerade auch bei den Turnieren und den Qualifikationsrunden dafür. Die Lösung wären weniger Spiele und damit geringere Vermarktungsmöglichkeiten. Dies will keiner.

Gareth Bale bestritt am 1. Juli, an dem kalendarisch das neue Spieljahr beginnt, sein 41. Pflichtspiel der noch laufenden Saison. Es geht in die Geschichte ein. 58 Jahre nach dem WM-Viertelfinale 1958 in Schweden gegen Brasilien feiert die Rugby-Nation Wales mit dem 3:1 über Belgien, den Geheimfavoriten, ihren bislang größten Erfolg im Fußball. Als das historische Ergebnis feststeht, bilden die Helden einen »Kreis«, der von oben aussieht wie ein Herz. Die Fans im Stadion und zu Hause feiern auf Wolke sieben, ein Team, das sein Herz vor jeder neuen Herausforderung in beide Hände nimmt. Die Waliser stehen verdientermaßen im Halbfinale, weil sie ihren Teamgeist leben, allen voran ihre Galionsfigur Bale. Weil Hal Robson-Kanu, ein arbeitsloser Zweitligastürmer, ein Zaubertor erzielt. Und weil Trainer Chris Coleman seine Mannschaft führt mit Sätzen wie diesem: »Hab keine Angst davor, zu träumen. Hab keine Angst davor, zu scheitern.«

KOMMENTAR
Viertelfinale

Krachend gescheitert ist sein Kollege Marc Wilmots. Vollstes Vertrauen von Mannschaft und Medien war ihm ohnehin nicht gewiss, obwohl er Belgien auf Weltranglistenplatz eins geführt hatte. Nach diesem Aus setzt die harsche Kritik an taktischen Unzulänglichkeiten umgehend ein. In diesem Kader mit Eden Hazard und Kevin De Bruyne steckte durchaus mehr Potenzial.

Kritik erntet auch Bundestrainer Joachim Löw – trotz des 6:5-Erfolgs nach 18 Versuchen im epochalen Elfmeterschießen gegen Italien! Seine Umstellung auf ein System mit Dreierkette und die Ausrichtung auf den Gegner gefällt nicht jedem Experten. Eine törichte Debatte. Taktische Variabilität ist die Grundlage des glücklichen, aber verdienten Erfolgs. Hatten nicht gerade erst die Italiener die Spanier »spanisch« besiegt? Löw erreicht mit seinem »Italian Job« den ersten Turniertriumph gegen die Squadra Azzurra nach acht vergeblichen Versuchen seit 1962 und macht die 1:2-Pleite gegen den Angstgegner im Halbfinale vor vier Jahren wett.

Dass Jonas Hector und Joshua Kimmich im Shoot-out für die scheiternden Weltmeister Thomas Müller, Mesut Özil und Bastian Schweinsteiger in die Bresche springen können, zeichnet den deutschen Kader aus. Dass Mats Hummels (gelbgesperrt) sowie die verletzten Sami Khedira und Mario Gomez im Halbfinale ausfallen sollten, trübt dagegen die deutsche Stimmung. Übrigens: Für den auch aus dem Spiel heraus unglücklichen Müller war es bereits der 62. Einsatz, für Hummels der 61.

Auch Löws Gegenüber Antonio Conte hatte bei dieser EM ganz auf Teamwork statt auf Stars gesetzt, wofür er in der Heimat – zu Recht – trotz des Ausscheidens gelobt wird. Eine große Persönlichkeit des italienischen Fußballs ragt dennoch weit heraus. Der 38-jährige Torhüter Gianluigi Buffon gratuliert trotz aller Enttäuschung mit vorbildlicher Haltung den deutschen Gegenspielern. Großer Sport!

Mit dem letzten Viertelfinalspiel bekommt die EM ihr vorweggenommenes Finale. Frankreich zieht mit einem Torfestival ins Halbfinale gegen Deutschland ein. Beim 5:2 über Island erzielt Antoine Griezmann den 100. Treffer des Turniers, die Entscheidung in dieser Partie fällt mit Paul Pogbas 2:0 nach nicht einmal 20 Minuten. Island ist von Beginn an nicht auf Augenhöhe. Trainer, Mannschaft und Fans des Außenseiters dürfen sich nach einer weiteren emotionalen Party dennoch hocherhobenen Hauptes verabschieden. Zu Hause werden sie triumphal, gebührend also, empfangen.

Frankreich beeindruckt in der Offensive. Griezmann führt die Torschützenliste (vier Treffer) und die Scorer-Liste (sechs Punkte) an. Dimitri Payet (drei und fünf) sowie Olivier Giroud (drei und vier) stehen ihm kaum nach. Im Stade de France ist die Euphorie nun zu spüren wie nie zuvor in diesen Wochen. Die Equipe Tricolore hat ihr Minimalziel erreicht und geht mit Schwung ins Duell mit dem Weltmeister.

Unerbittlicher Zweikämpfer in Italiens Dreierkette: Giorgio Chiellini lässt Thomas Müller nicht zur Entfaltung kommen.

Zwei deutsche Elfmeterhelden stehen in der Top 11 des Viertelfinales: Manuel Neuer, der zwei abgewehrt hat, und Jonas Hector, der den 18. und entscheidenden verwandelt hat. Die Offensive wird von Frankreich bestimmt, dazu kommt noch Sechser Pogba von der Equipe Tricolore. Griezmann findet wie schon in der Top 11 des Achtelfinales Berücksichtigung, ebenso Chiellini. Der Italiener ist der einzige Vertreter einer ausgeschiedenen Mannschaft. Immerhin dreimal vertreten: die Überraschungs-Elf aus Wales.

TOP 11 (kicker)
- Giroud (Frankreich)
- Robson-Kanu (Wales)
- Payet (Frankreich)
- Griezmann (Frankreich)
- Ramsey (Wales)
- Hector (Deutschland)
- Pogba (Frankreich)
- Chiellini (Italien)
- A. Williams (Wales)
- Pepe (Portugal)
- Neuer (Deutschland)

Er entscheidet das zweite Halbfinale: Antoine Griezmann trifft gegen Deutschland doppelt.

Portugal – Wales	2:0 (0:0)
Deutschland – Frankreich	0:2 (0:1)

Er entscheidet das erste Halbfinale: Cristiano Ronaldo schießt gegen Wales das erste Tor und bereitet das zweite vor.

HALB-FINALE

Der Weltmeister scheiterte am Gastgeber. Frankreich setzte sich mit 2:0 gegen Deutschland durch. Beide Treffer erzielte Antoine Griezmann, der sich auf dem besten Wege befand, der Superstar dieser Europameisterschaft zu werden. Zwei Hochkaräter duellierten sich in der anderen Partie – Cristiano Ronaldo und Gareth Bale, bei Real Madrid Vereinskollegen. Der Portugiese setzte sich gegen den Waliser durch, auch weil er die besseren Mitspieler an seiner Seite hatte.

Portugal – Wales 2:0

Cristiano Ronaldo in 2,53 Metern Höhe

Cristiano Ronaldo gegen Gareth Bale. Auf das Duell der beiden Superstars hatte sich fast alles fokussiert vor dem Halbfinale zwischen Portugal und Wales. Die beiden Ausnahmekönner in Diensten von Real Madrid als Anführer ihrer Teams, die um den Einzug ins Finale stritten.

Als alles vorbei war, standen sich Ronaldo und Bale auf dem Rasen von Lyon noch einmal gegenüber. Auge in Auge, die Gesichter nur ein paar Zentimeter voneinander entfernt. Die Blicke waren da aber nicht mehr angriffslustig, sondern anerkennend. Ronaldo tätschelte seinem Gegenüber tröstend die Wangen, Bales Zopf war ein wenig zerzaust, in seinem Blick mischten sich Enttäuschung und Stolz.

»Ich habe ihm zu seinem Turnier gratuliert und zu dem, was Wales erreicht hat«, verriet Ronaldo hinterher. Die walisischen Drachen waren schließlich eine der größten Überraschungen der EM. Erstmals seit der WM 1958 wieder bei einem großen Turnier dabei, preschten sie bis ins Halbfinale vor. Dort fand das Märchen allerdings ein Ende gegen kühle und individuell überlegene Portugiesen.

Der entscheidende Mann des Abends war, wie hätte es anders sein können: Cristiano Ronaldo. In der ersten Hälfte blieb der 31-Jährige noch blass wie in einigen vorherigen Spielen dieser EM. Dann aber war der dreimalige Weltfußballer zur Stelle. Als in der 50. Minute eine Flanke von Raphael Guerreiro in den Strafraum flog, schraubte sich Ronaldo in die Luft wie ein Basketballer. In 2,53 Metern Höhe, so ergaben es Berechnungen von TV-Sendern später, kam er mit dem Kopf an die Kugel und wuchtete sie ins Tor. »Er ist von Natur aus ein Torjäger, und er hat wieder getroffen«, sagte auch Rivale Bale voller Anerkennung.

Die kurzzeitige Verwirrung und Passivität in der walisischen Defensive nutzten die Portugiesen eiskalt. Drei Minuten später zog Ronaldo aus halbrechter Position ab, Nani hielt den Fuß rein und lenkte den Ball ins Tor. 2:0 für Portugal. Die zuvor zähe und von Risikovermeidung geprägte Partie war binnen weniger Augenblicke entschieden.

Portugal hatte den Einzug ins Finale geschafft. »Das ist es, wovon wir von Anfang an geträumt haben«, meinte Ronaldo. »Wir wussten, dass es ein weiter Weg ist, aber wir haben immer daran geglaubt.« Zwölf Jahre zuvor stand Ronaldo, damals 19 Jahre alt, schon einmal im Finale der EM, zu Hause in Lissabon weinte er nach dem 0:1 gegen Griechenland bittere Tränen. Nun hatte er sich eine zweite Chance in Paris erkämpft. »Ich hoffe, dass wir diesmal

Überragend: Keiner springt so hoch wie Cristiano Ronaldo beim 1:0 für Portugal.

---

6. Juli in Lyon

Portugal – Wales 2:0 (0:0)

Eingewechselt: 74. André Gomes für Renato Sanches, 79. Joao Moutinho für Adrien Silva, 86. Ricardo Quaresma für Nani – 58. Vokes (3,5) für Ledley, 63. Church für Robson-Kanu, 66. J. Williams für J. Collins

Tore: 1:0 Cristiano Ronaldo (50.), 2:0 Nani (53.)

Gelbe Karten: Bruno Alves, Cristiano Ronaldo – Allen, Chester, Bale

Schiedsrichter: Eriksson (Schweden)

Zuschauer: 55 679

Wales: Hennessey/3,5 – Gunter/3,5, J. Collins/4, A. Williams/3,5, Chester/4,5, N. Taylor/4 – Allen/3,5, Ledley/4,5, King/3,5 – Robson-Kanu/4,5, Bale/3

Portugal: Rui Patricio/3 – Cedric/3, Bruno Alves/3,5, José Fonte/2,5, Guerreiro/3 – Danilo Pereira/3,5, Renato Sanches/3 – Joao Mario/4,5, Adrien Silva/3,5, Nani/3,5 – Cristiano Ronaldo/1,5

HALBFINALE

Duell der Superstars: Cristiano Ronaldo und Gareth Bale, die im normalen Leben bei Real Madrid Seite an Seite spielen.

Lautsprecher: Renato Sanches (links) und Bruno Alves feiern vor den portugiesischen Fans den Einzug ins Finale.

Die Entscheidung: Nani freut sich über seinen Treffer zum 2:0, der das Endergebnis bedeutet.

am Ende lächeln und dass es Freudentränen sein werden, die wir vergießen«, sagte er nach dem Triumph über Wales.

Nach einem Einzug ins Finale hatte es für Portugal bei diesem Turnier lange nicht ausgesehen. Der Weg bis ins Halbfinale verlief zäh, keines der fünf Spiele hatte Portugal bis dahin nach 90 Minuten für sich entscheiden können. Doch nun gelang ein überzeugender Sieg. »Wir hatten schwierige Momente, aber es ist, wie ich immer sage: Es ist besser schlecht zu starten und ein gutes Ende zu haben«, meinte Ronaldo.

Ein gutes Ende. Für Wales war es eines, trotz des Ausscheidens im Halbfinale. Die Fans von der Insel feierten ihr Team auch nach dem Schlusspfiff in Lyon mit lautstarken Gesängen. So wie sie es während des ganzen Turniers gemacht hatten. Natürlich war da Enttäuschung über die Niederlage, aber da war auch das Gefühl, gemeinsam etwas Großes erreicht zu haben. »Die Nation ist stolz auf die Spieler, ich bin stolz auf die Spieler, und wenn sie

HALBFINALE

Einzelkämpfer: Gareth Bale gewinnt das Kopfballduell mit Cedric, ist aber insgesamt zu sehr auf sich allein gestellt.

Raus mit Applaus: Der walisische Trainer Chris Coleman ist trotz der Niederlage von der Leistung seiner Mannschaft angetan.

in ein paar Tagen zurückschauen, werden sie auch stolz auf sich selbst sein«, meinte Trainer Chris Coleman.

Im Halbfinale musste er zwei wichtige Spieler wegen Gelbsperren ersetzen. Neben Verteidiger Ben Davies schmerzte vor allem der Ausfall von Aaron Ramsey, der im Viertelfinale gegen Belgien der überragende Mann auf dem Platz war. »Jedes Team würde Ramsey vermissen«, sagte Coleman, fügte aber auch hinzu: »Ich denke, wir waren ein bisschen müde.« Andy King, der Ramsey vertrat, war zwar bemüht, insgesamt fehlte den Walisern in der Offensive aber der Pep, um die disziplinierten Portugiesen auszuhebeln. Wenn es gefährlich wurde, dann meist über Bale, doch der verfehlte bei seiner besten Chance das Tor, als er in der 19. Minute nach einer Eckball-Variante frei zum Schuss kam. »Die Portugiesen haben die Räume gut zugemacht und unsere Möglichkeiten begrenzt«, verwies Bale auch auf die überzeugende Abwehrleistung des Gegners.

Die Waliser verließen das Turnier dennoch erhobenen Hauptes. Selbst Prinz Charles, der Thronfolger des Vereinigten Königreichs, war hingerissen vom Auftreten der Drachen. Er wandte sich bereits vor dem Halbfinale in einem Brief an das Team und lobte es als »inspirierendes Beispiel an Teamwork und Sportsgeist«. Auch die mitgereisten Fans und die Waliser in der Heimat dürften das so sehen. Coleman jedenfalls war überzeugt: »Die Spieler werden einen großen Empfang bekommen, wenn sie in Cardiff ankommen. Und den haben sie verdient.«

Pressestimmen

»Der EURO-Traum ist endgültig vorbei, zerschmettert von der portugiesischen Bedrohung, die Cristiano Ronaldo genannt wird. Sie verlassen Frankreich als die großen Sieger von den 24 Teams, die Mitte Juni diese EM mit Hoffnung und Optimismus begonnen haben. Es gibt das alte Sprichwort im Sport, dass sich niemand an geschlagene Halbfinalisten erinnert. Nicht in diesem Fall. Keine Chance.«
SOUTH WALES EVENING POST (WALES)

»Die Portugiesen bringen ein eher verschlafenes Spiel in der zweiten Halbzeit auf Hochtouren. Es gibt einen klaren Sieg für Portugal, bei dem Ronaldo das Gesetz des Stärkeren ausspielt.« CORREIO DA MANHA (PORTUGAL)

»Die CR7-Show in Lyon: Nach diesem Spiel können die Portugiesen nach der Blamage von 2004 erneut versuchen, den Pokal zu gewinnen.« TUTTOSPORT (ITALIEN)

»Die Portugiesen haben ihr erstes Spiel vor Ende der regulären Spielzeit gewonnen – allerdings ohne völlig zu überzeugen. Mit zwei Toren von Ronaldo und Nani zu Beginn der zweiten Spielzeit dominierte die Selecao die tapferen Waliser.«
LE MONDE (FRANKREICH)

149

Ohne Abwehrchance: Manuel Neuer und Bastian Schweinsteiger können Antoine Griezmanns zweiten Treffer nicht verhindern.

Deutschland – Frankreich 0:2

Griezmann auf Platinis Spuren

Der Weltmeister scheiterte am Gastgeber. Marseille erlebte ein denkwürdiges Spiel um den Einzug ins Finale von Paris. Obwohl Deutschland vor 64 078 Zuschauern im ausverkauften Stade Velodrome die überlegene Mannschaft war, hatte Frankreich am Ende mit 2:0 Toren am Ende die Nase vorn. Und das nicht unverdient.

Es war das erste Mal nach 58 Jahren, dass die Equipe Tricolore bei der Endrunde einer WM oder EM den scheinbar übermächtigen Nachbarn wieder bezwingen konnte. Damals siegten die Franzosen mit 6:3 im Spiel um den dritten Platz mit überragenden Stürmern wie Just Fontaine und Raymond Kopa. Diesmal reichte ihnen ein spielentscheidender Angreifer: Der 25-jährige Antoine Griezmann versenkte zunächst in der Nachspielzeit der ersten Hälfte einen Handelfmeter und war dann in der 72. Minute zur Stelle, als Torhüter Manuel Neuer eine Flanke von Paul Pogba gerade noch entschärfen konnte – aber direkt vor die Füße des Stürmers von Atletico Madrid, der den Ball entschlossen einschob.

Wegen der Gelbsperre von Mats Hummels und der Verletzungen von Sami Khedira und Mario Gomez fehlte Bundestrainer Jogi Löw seine komplette Mittelachse, das Rückgrat der Mannschaft. Hummels, Khedira und auch Stoßstürmer Gomez wurden durch Benedikt Höwedes, Kapitän Bastian Schweinsteiger und überraschenderweise durch Emre Can ersetzt. Der Münchner Thomas Müller spielte anstelle von Gomez in der Sturmspitze, blieb aber wie schon im gesamten Turnierverlauf glücklos. Vergeblich jagte der beste Torjäger der WM 2010 einem Treffer hinterher, er blieb ihm auch gegen Frankreich verwehrt.

Trotz der Umstellungen war der Weltmeister praktisch über die gesamte Spielzeit tonangebend, machte gegen recht defensive Franzosen das Spiel. Die Löw-Elf hatte 68 Prozent Ballbesitz, spielte 643 Pässe (gegenüber 302 der Franzosen), hatte eine Passquote von 88 Prozent (Frankreich 78 Prozent) und eine Bilanz von 18:16 Torschüssen. Deutlich quantitative Vorteile in den oft als entscheidend angesehenen Statistiken – allein, es reichte nicht, um auch das Spiel und damit den Einzug ins Finale von Paris sichern zu können.

Was lief schief? »Relativ wenig«, befand ein etwas geknickter Bundestrainer, »ich kann der Mannschaft nur ein Riesenkompliment aussprechen. Weil wir insgesamt besser waren. Wir haben wahnsinnig viel investiert, hatten eine machtvolle Körpersprache. Wir sind ein bisschen unglücklich in Rückstand geraten. Das ist irgendwie auch Pech, wenn so ein Ball an die Hand springt«, meinte Löw achselzuckend.

Das Handspiel fabrizierte ausgerechnet Kapitän Schweinsteiger, als er nach einer Ecke von Griezmann einen Kopfball von Patrice Evra unterbinden wollte. Schiedsrichter Nicola Rizzoli zögerte einen Moment, entschied sich dann aber für einen Strafstoß. Streng, aber den Regeln entsprechend. Apropos Schweinsteiger. Zugunsten seines

HALBFINALE

Kapitäns änderte Löw die Taktik, stellte auf ein 4-3-3-System um. Da der zuvor in den anderen Spielen so dominante Toni Kroos auf die etwas offensivere Halbposition vorrückte, konnte er nicht mehr so viel Einfluss auf den deutschen Spielaufbau nehmen, hatte nicht mehr die Präsenz der vorhergehenden Partien. Schweinsteiger übernahm den defensiven Part des Dreiermittelfelds, aber der entscheidende Einfluss im Aufbau ging auch ihm ab. Das gravierende Handicap war jedoch das Fehlen von Mario Gomez. Denn trotz aller zahlenmäßigen Dominanz gelang es der deutschen Elf nicht, die Franzosen im Zentrum existenziell unter Druck zu setzen. Mit einem 4-4-2-System hatte Didier

Was soll ich tun? Die vielen personellen Ausfälle bereiten Jogi Löw Sorgen.

7. Juli in Marseille
Deutschland – Frankreich 0:2 (0:1)

Eingewechselt: 61. Mustafi für Boateng, 67. Götze für Can, 79. Sané für Schweinsteiger – 71. Kanté für Payet, 78. Gignac für Giroud, 90./+2 Cabaye für Griezmann

Tore: 0:1 Griezmann (45./+2, HE), 0:2 Griezmann (72.)

Gelbe Karten: Can, Schweinsteiger, Özil, Draxler – Evra, Kanté

Schiedsrichter: Rizzoli (Italien)

Zuschauer: 64 078 (ausverkauft)

Ganz enge Zweikämpfe: N'golo Kanté gegen Toni Kroos (links) und Bastian Schweinsteiger gegen Olivier Giroud

Match-Daten

Deutschland		Frankreich
0	Tore	2
18	Torschüsse gesamt	16
6	Torschüsse aufs Tor	7
8	begangene Fouls	12
568	erfolgreiche Pässe	236
88 %	Passquote	78 %
68 %	Ballbesitz	32 %
52 %	Zweikampfquote	48 %
4	Gelbe Karten	2
0	Rote Karten	0
4	Abseits	0
6	Ecken	5
114 km	Laufstrecke	109 km

HALBFINALE

Deschamps seine Elf sehr defensiv eingestellt – wer in Marseille Champagner-Fußball erwartet hatte, sah sich getäuscht. Die Franzosen überzeugten durch Arbeit. Mit großer Bereitschaft aller, vor allem auch mit dem überragenden Keeper und Kapitän Hugo Lloris (Tottenham Hotspur), der erstmals in seinem 81. Einsatz für die Grande Nation ein Spiel richtig prägte. Damit stellte Lloris die hochgelobten Pogba und Payet, die sich ganz in den Dienst der Mannschaft gestellt hatten, in den Schatten – nicht aber Antoine Griezmann.

Der schmächtige, aber ungemein gewandte Linksfuß wurde zum Helden des Halbfinales. Sechs Tore in sechs Spielen waren eine tolle Bilanz für den Offensivspieler, der zu Beginn des Turniers noch unter den Strapazen einer langen Saison bei Atletico Madrid gelitten hatte und erst allmählich wieder seine Form fand. Er war bis dato die dominante Figur der EURO. Ob es ihm gelingen sollte, die strahlende Rolle eines Michel Platini von 1984 zu übernehmen, musste abschließend das Finale gegen Portugal zeigen, aber er war auf dem besten Weg dazu. Dabei war Griezmann lange Zeit im

Aufgeblasene Backen, optimale Schusshaltung: Antoine Griezmann verwandelt kurz vor der Pause seinen Elfmeter sicher.

Die deutschen Spieler in der Einzelanalyse

#	Spieler	Ballkontakte	Pässe	Passbilanz %	Zweikampfquote %	Torschüsse	Fouls
1	Manuel NEUER (TW)	41	27	96	0	0	0
21	Joshua KIMMICH	81	51	88	45	4	1
17	Jerome BOATENG bis 61.	58	57	89	75	0	0
4	Benedikt HÖWEDES	85	76	91	40	1	0
3	Jonas HECTOR	75	55	87	50	0	1
7	Bastian SCHWEINSTEIGER bis 79.	84	73	90	44	1	2
14	Emre CAN bis 67.	35	27	81	40	1	1
18	Toni KROOS	123	95	89	75	2	0
8	Mesut ÖZIL	99	84	90	88	2	0
11	Julian DRAXLER	62	41	78	50	1	2
13	Thomas MÜLLER	37	27	81	12	4	2
2	Shkodran MUSTAFI ab 61.	26	22	82	50	0	0
19	Mario GÖTZE ab 67.	7	4	100	50	1	0
20	Leroy SANÉ ab 79.	8	4	100	0	0	0

Wieder eine Chance vertan: Auch Joshua Kimmich und Thomas Müller (rechts) ist kein Torerfolg vergönnt.

EM-Debüt: Auch die Einwechslung von Leroy Sané hilft Deutschland nicht mehr weiter.

HALBFINALE

eigenen Land verschmäht worden. Der in Macon aufgewachsene Vollblutstürmer mit Regisseurtalent fand keine Gnade bei den Talentspähern von Olympique Lyon und absolvierte seine Lehre durchgängig in Spanien beim baskischen Klub Real Sociedad in San Sebastian.

In Marseille war Antoine Griezmann eine Nummer zu groß für die deutsche Defensive. Er setzte die entscheidenden Nadelstiche. Das musste auch Jogi Löw anerkennen. »Frankreich hat den Einzug ins Finale verdient«, zeigte sich der Bundestrainer als fairer Verlierer, »trotzdem: Ich fand Frankreich gut, aber wir waren besser.«

Diese Ansicht teilte sein ehemaliger Kapitän Michael Ballack nicht unbedingt. »Frankreich hat den Sieg total verdient«, sagte Ballack als Experte des US-Senders ESPN. »Sie haben großartig gespielt. Sie haben gewartet und Deutschland kommen lassen, und das funktioniert sehr gut mit einem fantastischen Griezmann, mit einem fantastischen Pogba, Payet – alles in allem: hochverdient.« Die deutsche Elf, ergänzte Ballack, habe im Gegensatz zu den Franzosen auch nie »die richtige Mannschaft« gefunden.

So waren am Ende alle noch so tollen Statistiken der deutschen Mannschaft Makulatur. Den heißblütigen Fans in Marseille war es egal. Sie feierten in den Straßen der Hafenstadt bis tief in die Nacht. Ihre großartige Unterstützung der Mannschaft war beeindruckend. So konnte Frankreich wieder einmal von dem Heimvorteil profitieren – zu Hause wachsen dem gallischen Hahn schon traditionell Flügel.

Trikot-Test: Bacary Sagna hält mit allen Mitteln Julian Draxler auf Distanz.

Stimmen zum Spiel

Joachim Löw: »Ein Riesenkompliment an die Mannschaft. Wir haben besser gespielt als der Gegner, waren feldüberlegen. Ich glaube, dass wir ein Klassespiel gemacht haben. Die Mannschaft ist dominant aufgetreten. Die Franzosen waren ängstlich, wir haben dominiert. Wir haben kein Tor gemacht, alle Spieler sind riesig enttäuscht. Wir hatten heute nicht das Glück auf unserer Seite. Ich kann keinem einen Vorwurf machen. Wenn ein Spieler wie Boateng verletzt rausmuss, ist das für die Mannschaft schlecht. Wir haben heute viel riskiert. Wer viel riskiert, läuft Gefahr zu verlieren. Wer nichts riskiert, hat von vornherein verloren. Die EM war für uns trotz allem gut. Wir haben gute Spiele gemacht, die Mannschaft hatte einen guten Zusammenhalt. So gesehen sind wir alle wahnsinnig enttäuscht, weil wir ausgeschieden sind.«

Didier Deschamps: »Ich freue mich für die Spieler, weil sie es verdienen. Wir haben ein großes Team. Als wir zum Stadion gefahren sind, haben wir die Fans gesehen. Die Begeisterung war Wahnsinn. Am Sonntag wird sie noch größer sein. Ich habe immer an meine Spieler geglaubt, sie haben diesen Sieg verdient.«

Manuel Neuer: »Wir haben hier eine gute EM gespielt, aber sind ausgeschieden. Und das ist sehr bitter. Das ist im Halbfinale, blödere Momente gibt es nicht. Das ist kein faires Ergebnis. Es ist bitter, wenn man so in die Halbzeit geht. Trotzdem kann man noch zurückkommen. Aber leider haben wir kein Tor erzielt. Sie waren eiskalt. Wenn wir mit einem 0:0 in die Halbzeit gehen, passiert nichts. Mit dem 1:0 spielt es sich leichter für die Franzosen.«

Bastian Schweinsteiger: »Ich habe versucht, hinzukommen. Ich kann leider nicht erklären, warum die Hand hochging. Vielleicht war es einfach ein Reflex.«

Toni Kroos: »Wir haben unser bestes Spiel bei der EM gemacht, so komisch das klingt nach einem 0:2. Ich kann der Mannschaft nichts vorwerfen. Wir hatten gute Möglichkeiten. Hintenraus hatten wir drei, vier Riesen-Kopfballchancen. Wir gerieten wieder nach so einer blöden Aktion in Rückstand.«

DFB-Präsident Reinhard Grindel: »Es tut mir natürlich leid für die Fans. Wir haben überhaupt keinen Grund, traurig zu sein. Wir haben auch heute eine sehr starke Leistung gezeigt. Wir konzentrieren uns jetzt auf die neuen Aufgaben. Nach dem Turnier ist vor dem Turnier. Jetzt müssen wir unseren Titel 2018 in Russland verteidigen. Es ist ein bitterer Abend, weil wir unter den Verletzungen gelitten haben. Insgesamt ist meine Bilanz positiv.«

Teammanager Oliver Bierhoff: »Wir haben die Franzosen beherrscht und dominiert. Eigentlich hätte man von den Spielanteilen das Spiel gewinnen müssen. Man hat zum Schluss gesehen, irgendwie sollte der Ball heute nicht rein. Die Franzosen waren am Ende glücklicher. Ein ganz großes Kompliment an die Jungs.«

Antoine Griezmann: »Ich habe den Elfmeter im Champions-League-Finale verschossen und wollte ganz sichergehen, dass ich ihn diesmal versenke. Das ganze Land steht hinter uns. Das war sehr viel Arbeit, die wir geleistet haben. Alle haben sich voll ins Zeug gelegt.«

Heißer Kampf, große Enttäuschung: Thomas Müller muss Moussa Sissoko ins Finale einziehen lassen.

Das Ende: Alle Anstrengungen der medizinischen Abteilung sind vergeblich, Jerome Boateng muss verletzt ausgewechselt werden.

HALBFINALE

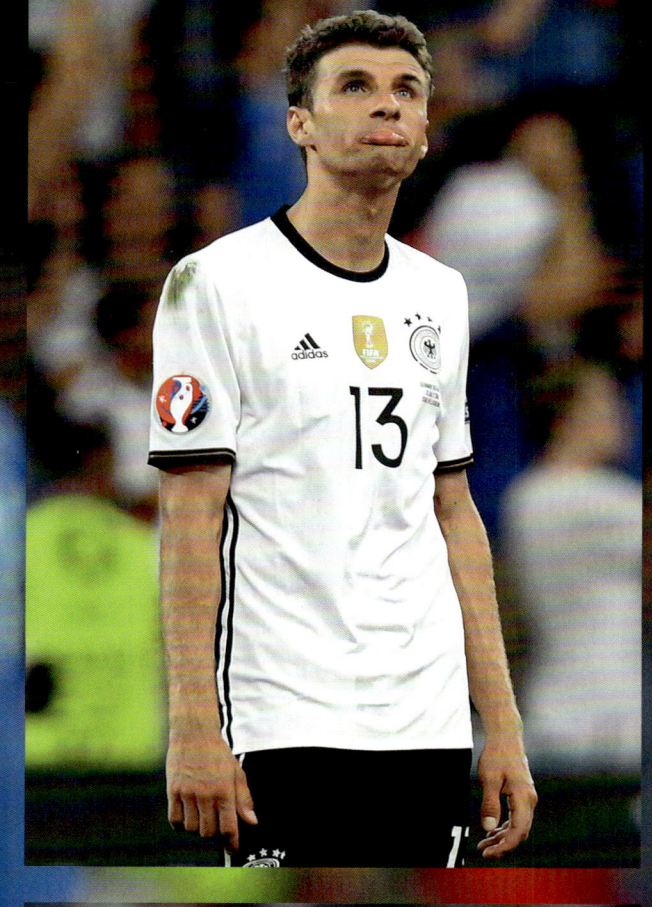

Trost für den Kollegen: Kingsley Coman und Joshua Kimmich, beide bei Bayern München unter Vertrag

Pressestimmen

»Und am Ende, dieses Mal, hat Frankreich gewonnen. Sie haben es geschafft! Ein Erfolg, der in der Geschichte des französischen Fußballs verewigt sein wird. Gegen Deutschland, den Weltmeister. Der Angstgegner seit 1958.« LE FIGARO (FRANKREICH)

»Die Ekstase. Macht des Schicksals. Die französische Mannschaft steht im Finale der EM wie die Generation Platini 1984, wie die Generation Zidane 2000, und man muss sich nicht am Kopf kratzen, um ihr jetzt einen Namen zu geben: Antoine Griezmann.« L'ÉQUIPE (FRANKREICH)

»Griezmann streckt Deutschland nieder. Frankreich ist im Finale. Beherrscht in der ersten Halbzeit, schaffen es ›Les Bleus‹ dank eines großzügigen Elfmeters und einer Gala von Griezmann.« LIBERATION (FRANKREICH)

»Doppelter Griezmann schießt Deutschland ab! Schweinsteigers Handspiel im Strafraum unmittelbar vor der Pause stellt alles auf den Kopf.« BLICK (SCHWEIZ)

»Natürlich Griezmann. Der Ausfall Boatengs während des Spiels erweist sich für die Deutschen als entscheidende Schwächung.« NEUE ZÜRCHER ZEITUNG (SCHWEIZ)

»Finale dahoam. Während Gastgeber Frankreich nach einem 2:0-Sieg am Sonntag gegen Portugal das Endspiel der Heim-EM bestreiten darf, müssen es die Deutschen rund um Tormann Manuel Neuer zuhause in Deutschland vor dem Fernseher verfolgen.« KURIER (ÖSTERREICH)

»Deutschland, Italien hat dich zerstört. Ohne Gomez kein Tor, und Müller trifft kein einziges Mal.« GAZZETTA DELLO SPORT (ITALIEN)

»Deutschland war nicht in Form, vielleicht waren sie nach der Schlacht gegen Italien müde.« CORRIERE DELLO SPORT (ITALIEN)

»Frankreich hat die beste Mannschaft der EM nach Hause geschickt. Es ist ein etwas merkwürdiges Gefühl, von einer Mannschaft beeindruckt zu sein, die gerade 0:2 verloren hat, aber es ist schwer, nach Deutschlands Niederlage im EM-Halbfinale etwas anderes zu fühlen.« DR ONLINE (DÄNEMARK)

KOMMENTAR

kicker-Chefredakteur Jörg Jakob:

Auch Frankreich beendet einen Fluch

Ständig wird in der Bundesliga über die Handspielregel und deren Auslegung diskutiert. Dieser Elfmeter ist berechtigt und kommt zum denkbar ungünstigsten Zeitpunkt: Bastian Schweinsteigers Handspiel in der Nachspielzeit der ersten Halbzeit leitet Deutschlands Halbfinalniederlage gegen Frankreich ein. Antoine Griezmann verwandelt den Elfmeter. Beim 0:2 sieht »La Mannschaft« ebenso wenig weltmeisterlich aus: Dreierkette? Viererkette? Fehlerkette!

Benedikt Höwedes, Joshua Kimmich, Skhodran Mustafi, auch noch Manuel Neuer, der Paul Pogbas Flanke nur kurz abklatschen kann, sind in ihr verstrickt, ehe Griezmann den Ball ins Tor schieben darf. Damit hat die EM endlich, im vorletzten Spiel, ihren Star gefunden. Das Finale heißt Frankreich gegen Portugal. Deutschlands Aus ist unglücklich, Frankreichs Weiterkommen aber nicht unverdient. Grotesk: Wie schon im Viertelfinale bringt sich die Elf von Bundestrainer Joachim Löw durch ein Handspiel selbst auf die Verliererstraße. Diesmal kann sie nicht mehr rechtzeitig umkehren,

- weil der verletzungsbedingte Ausfall von Jerome Boateng sie nach einer Stunde zusätzlich trifft,
- weil sie sich die Mehrheit ihrer Torchancen erst mit hohem Risiko beim 0:2-Rückstand erspielt,
- weil Thomas Müller erneut nicht an seine FC-Bayern-Form herankommt, erst recht nicht als Zentralstürmer, als der er diesmal aufläuft,
- weil vor allem die Ausfälle von Mario Gomez, Mats Hummels und Sami Khedira nicht ausreichend kompensiert werden können.

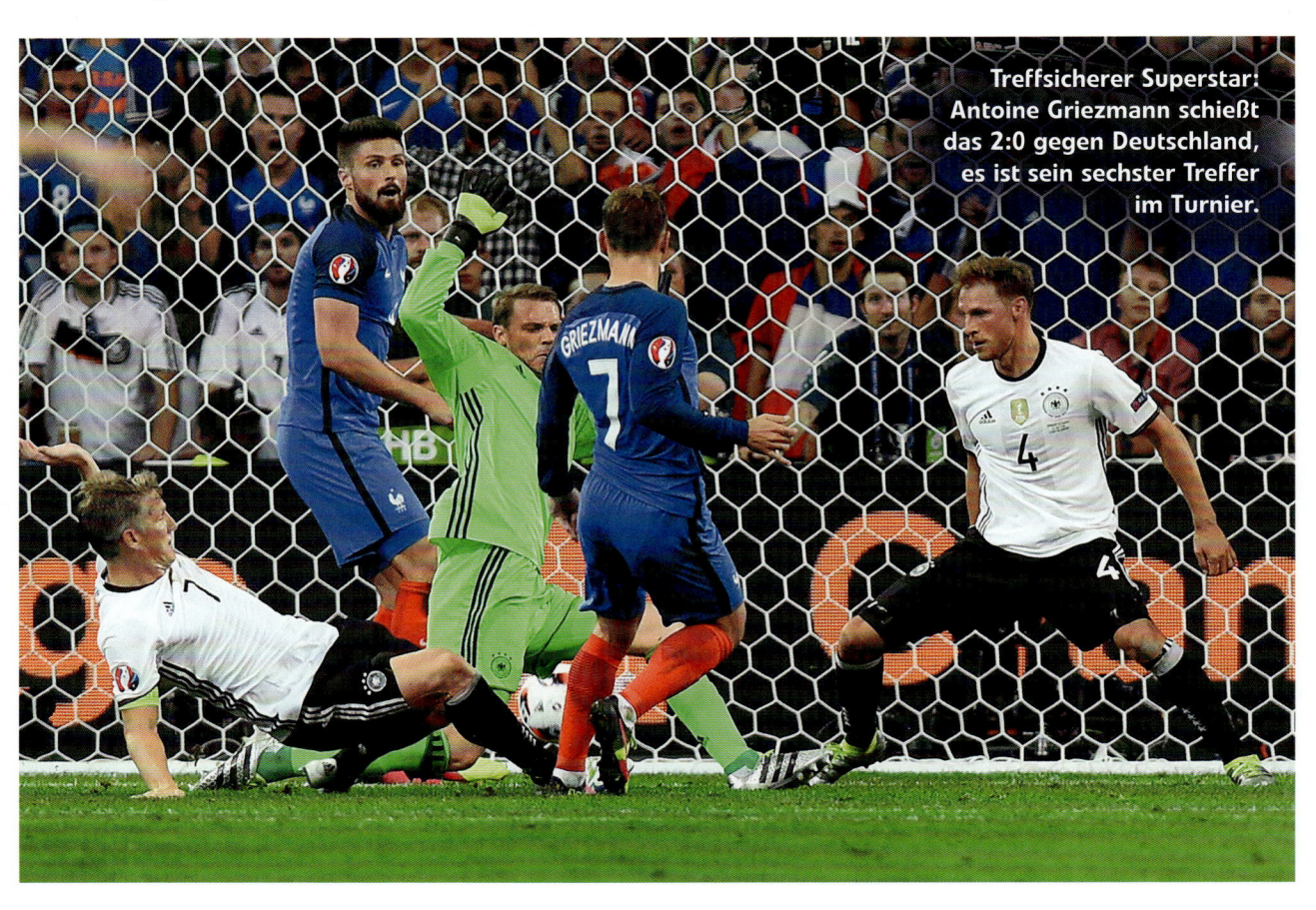

Treffsicherer Superstar: Antoine Griezmann schießt das 2:0 gegen Deutschland, es ist sein sechster Treffer im Turnier.

KOMMENTAR
Halbfinale

Löws taktische Variante, praktisch mit drei Sechsern anzutreten (Schweinsteiger, Can, Kroos), ist nicht die Wurzel der Halbfinalenttäuschung. Die Mängel im Sturm, die nominell-personeller Natur sind und sich in der fehlenden Durchschlagskraft von Müller und Götze fortsetzen, tragen entscheidend dazu bei, dass Deutschland sein Vorhaben nicht umsetzen kann. Der Weltmeister wird nicht umgehend auch Europameister. Es ist zunächst eine große Ära »light« also, und es steht das Ende großer Karrieren an, die eng mit der WM 2006 verbunden waren: Für Bastian Schweinsteiger und Lukas Podolski ist 2018 kein Thema mehr.

Aber, PARDON!

Dies ist eine sehr deutsche Perspektive bisher. Sie darf nicht darüber hinwegtäuschen, dass die Equipe Tricolore nach furiosen Eröffnungsminuten vor allem in ihren starken Offensivreihen mit den stets gefährlichen Griezmann, Pogba und Dimitri Payet die Geduld bewahrte, auf ihre Chance zu warten. Es ist Punkt 22.30 Uhr am 8. Juli, als Griezmann mit dem 2:0 einen Fluch beendet, ähnlich wie Deutschland es gegen Italien gelang: In den spektakulären WM-Halbfinals 1982 und 1986 hatte sich jeweils das DFB-Team durchgesetzt. Griezmann hat in der Torschützenliste mit nun sechs Erfolgen drei Treffer Vorsprung. Er bringt auch noch die richtige Geschichte für einen EM-Helden mit: Der Stürmer von Atletico Madrid spielte noch nie in seiner Heimat. Häufiger als viermal bei einem EM- oder WM-Turnier traf bisher für Frankreich nur Michel Platini. Das war 1984. Trainer Didier Deschamps hat die Gastgeber in ihr drittes EM-Finale geführt (nach 1984 und 2000), sie sind der Favorit gegen Portugal und Cristiano Ronaldo.

Ronaldo. Für Real Madrid hat er das Champions-League-Finale gegen Atletico mit Griezmann entschieden. Auch das erste EM-Halbfinale gegen Wales entscheidet CR7. Sein Kopfball zum 1:0 ist buchstäblich überragend. Fulminant, »schulbuchmäßig«, wie es früher in Spielberichten so gerne geschrieben wurde. Drei Minuten später ist das Schicksal der Drachen besiegelt. Das 2:0 durch Nani lässt dem Außenseiter nicht einmal den Hauch einer Hoffnung auf eine noch größere Sensation als das Erreichen dieser Station. Das Fehlen des gelbgesperrten Aaron Ramsey fällt eklatant auf. Gareth Bale rackert sich wieder bewundernswert ab, die große Show jedoch gehört seinem Superstar-Kollegen Ronaldo.

Mit 20 Spielen und neun Toren hält er jetzt zwei EM-Rekorde.

An seiner Persönlichkeit scheiden sich die Geister, obwohl seine fußballerischen Fähigkeiten unbestritten sind. Doch der »Gockel« zeigt gerade bei diesem Turnier auch ein bemerkenswert sympathisches Gesicht, indem er wiederholt Flitzern und Selfie-Jägern mit herzlichen Gesten begegnet.

Wales wird von seinen Fans leidenschaftlich und dankbar verabschiedet. Der Einzug Portugals, bei dem auch Borussia Dortmunds Neuzugang Raphael Guerreiro herausragt, ins Endspiel ist kein Wunder. 2004 verloren die Südwesteuropäer bei ihrer Heim-EM das Finale sensationell gegen Griechenland. In Frankreich erreichten sie zum insgesamt siebten Mal die Vorschlussrunde bei einer Welt- oder Europameisterschaft.

Sympathischer Superstar: Ein Volunteer schleicht sich auf das Mannschaftsfoto der Portugiesen, Cristiano Ronaldo nimmt es mit Humor.

Die beiden Gegner vom Endspiel stellen den Großteil der Top 11 der Halbfinalspiele. Je vier Leute aus Frankreich und Portugal sind berücksichtigt. Mit Toni Kroos und Mesut Özil kommen zwei aus Deutschland, das gegen die Mannschaft des Gastgebers ausgeschieden ist. Wales definierte sich über seine mannschaftliche Geschlossenheit, ein Gareth Bale ragte dennoch heraus.

TOP 11
- Cristiano Ronaldo (Portugal)
- Bale (Wales)
- Griezmann (Frankreich)
- Özil (Deutschland)
- Kroos (Deutschland)
- Pogba (Frankreich)
- Guerreiro (Portugal)
- José Fonte (Portugal)
- Koscielny (Frankreich)
- Cedric (Portugal)
- Lloris (Frankreich)

Portugal – Frankreich 1:0 n. V.

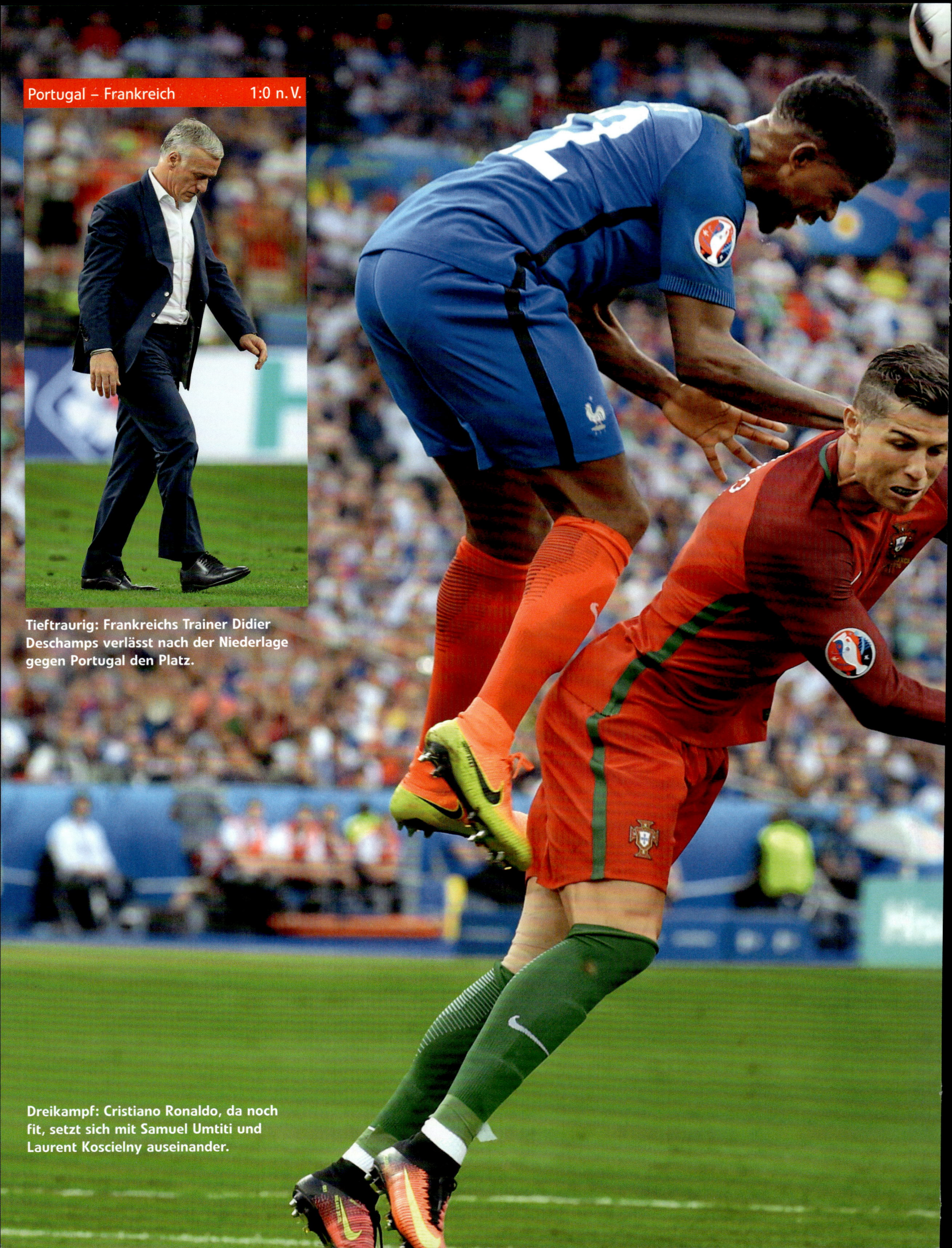

Tieftraurig: Frankreichs Trainer Didier Deschamps verlässt nach der Niederlage gegen Portugal den Platz.

Dreikampf: Cristiano Ronaldo, da noch fit, setzt sich mit Samuel Umtiti und Laurent Koscielny auseinander.

FINALE

Eine Überraschung als Schlusspunkt dieser EURO. Portugal gewann erstmals in seiner Geschichte ein großes Turnier, nachdem es bei seiner bis dato einzigen Finalteilnahme 2004 im eigenen Land noch an Griechenland gescheitert war. Frankreich schaffte es nicht, nach den Titeln bei der EM 1984 und der WM 1998 eine weitere Heimveranstaltung zu gewinnen. Das Spiel begann für die Portugiesen mit einem Schock und endete mit dem einzigen Tor in der Verlängerung für sie.

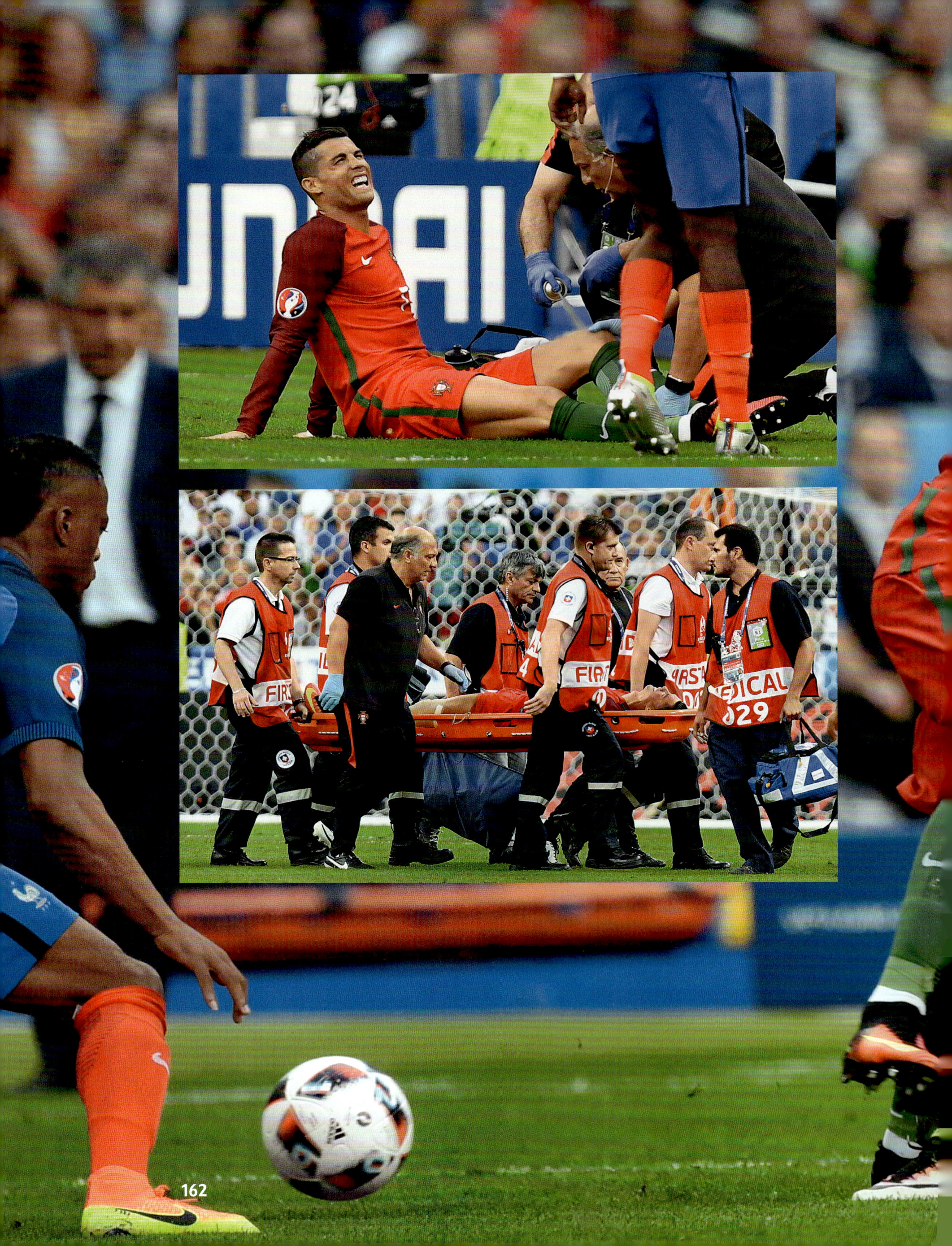

FINALE

Portugal – Frankreich 1:0 n. V.

Cristiano Ronaldos Tränen rühren ganz Europa

Die Blicke gingen ungläubig auf jene Bühne, für die eigentlich sie vorgesehen waren. In ihren eigenen Plänen und in denen einer ganzen Nation. Fassungslos verfolgten Frankreichs Fußballstars um kurz vor Mitternacht, wie Cristiano Ronaldo auf dem Podium in der Haupttribüne den Silberpott in die Nacht von Paris reckte. Ausgerechnet Portugal, das als ein Lieblingsgegner Frankreichs galt und bei den Halbfinals der EM 1984 und 2000 sowie der WM 2006 aus aus dem Weg geräumt worden war. Und ausgerechnet Ronaldo.

Im Vereinsfußball ist der Weltstar mit Real Madrid ein Titelsammler, mit der Selecao aber hatte er noch nichts gewonnen. Nicht mal 2004. Es war Portugals Heim-EM, und der Stern von Cristiano Ronaldo war gerade erst richtig aufgegangen. Seine Elf war dem Titel so nah wie der Gastgeber bei dieser Endrunde: Die großen Gegner schienen aus dem Weg geräumt, im Finale war die Favoritenrolle fest vergeben. Doch Portugal stürzte über Griechenland. Auf frappierend ähnliche Weise wie nun Frankreich über Portugal stürzte. Der Fußball des Außenseiters war nicht von Ästhetik geprägt. Im gesamten Turnier und auch beim Schlussakt von Paris nicht. Erst recht nicht, nachdem alles auf ein Drama um Ronaldo hinauszulaufen schien. Knapp 100 Minuten musste die Elf von Fernando Santos ohne ihren Kapitän auskommen. Zweimal hatte er es nach einem Foul von Dimitri Payet in der achten Minute zurück auf das Feld versucht – doch das linke Knie hielt auch dick bandagiert nicht. Tränen des Schmerzes flossen

Die Schrecksekunde und ihre Folgen: Dimitri Payet foult Cristiano Ronaldo, der portugiesische Superstar wird am Knie behandelt, muss aber ausgewechselt werden.

10. Juli in Paris St. Denis
Portugal – Frankreich 1:0 n. V. (0:0, 0:0)

Eingewechselt: 25. Ricardo Quaresma (4) für Cristiano Ronaldo, 66. Joao Moutinho (3) für Adrien Silva, 79. Eder (2) für Renato Sanches – 58. Coman (2) für Payet, 78. Gignac (3) für Giroud, 110. Martial für Sissoko

Tor: 1:0 Eder (109.)

Gelbe Karten: Cedric, Joao Mario, Guerreiro, William Carvalho, José Fonte, Rui Patricio – Umtiti, Matuidi, Koscielny, Pogba

Schiedsrichter: Clattenburg (England)
Zuschauer: 75 868

Lloris/3
Sagna/3,5 Koscielny/4 Umtiti/4 Evra/3,5
Sissoko/2 Pogba/3,5 Matuidi/2,5
Griezmann/3,5 Payet/4
Giroud/4

Cristiano Ronaldo/? Nani/4,5
Joao Mario/4 Adrien Silva/5 Renato Sanches/4
Guerreiro/4 William Carvalho/3,5
José Fonte/3,5 Pepe/3,5 Cedric/4
Rui Patricio/1

163

unaufhaltsam. Und Portugal war fortan noch mehr darauf aus, in erster Linie den Spielfluss des Favoriten zu stören. »Es war hart«, bekannte Pepe, der eisenharte Verteidiger und Teamkollege Ronaldos bei Real Madrid, hinterher, »wir mussten unseren wichtigsten Spieler früh ersetzen, wir hatten alle Hoffnungen in ihn gesetzt.« Doch der Verlust setzte auch Kräfte frei. »Als er vom Platz ging, war uns klar, dass wir jetzt auch für ihn gewinnen müssen.«

Die Portugiesen entwickelten innerhalb des Finales exakt das, was sie schon im gesamten Turnier gezeigt hatten: eine Musketier-Mentalität. Und sie schlugen Frankreich mit jenen Waffen, mit denen zwölf Jahre zuvor Griechenland sie geschlagen hatte. Der neue Europameister war nicht brillant, aber sperrig. Und willensstark. »Diese Mannschaft hat wirklich alles gegeben und diesen Titel verdient«, jubelte Fernando Santos. Und auch der Coach rühmte seinen Superstar: »Ronaldo hat nach seiner Auswechslung alles gegeben, um die Mannschaft nach vorn zu treiben.« Der Angreifer war in der Halbzeit in der Kabine und hatte anschließend den Einpeitscher vor der Trainerbank gegeben. Und er hatte auch von dort aus das richtige Gespür. »Als ich Eder zur Einwechslung heranrief«, verriet Santos, »hat Cristiano gesagt, er würde heute ein Tor erzielen.«

Eder traf, Ronaldo behielt recht. Und weinte wieder. Vor Glück. »Auf diesen Moment habe ich so lange hingearbeitet, ich bin so glücklich. Auch wenn es für mich persönlich nicht nach Plan lief.«

Für die Franzosen lief es noch viel weniger nach Plan. Dass es Zeit brauchen wird, ehe ihre Tränen getrocknet sind, gab Didier Deschamps ganz offen zu. »Wir hatten eine einmalig große Chance, den Titel im eigenen Land zu holen.« Doch sie haben

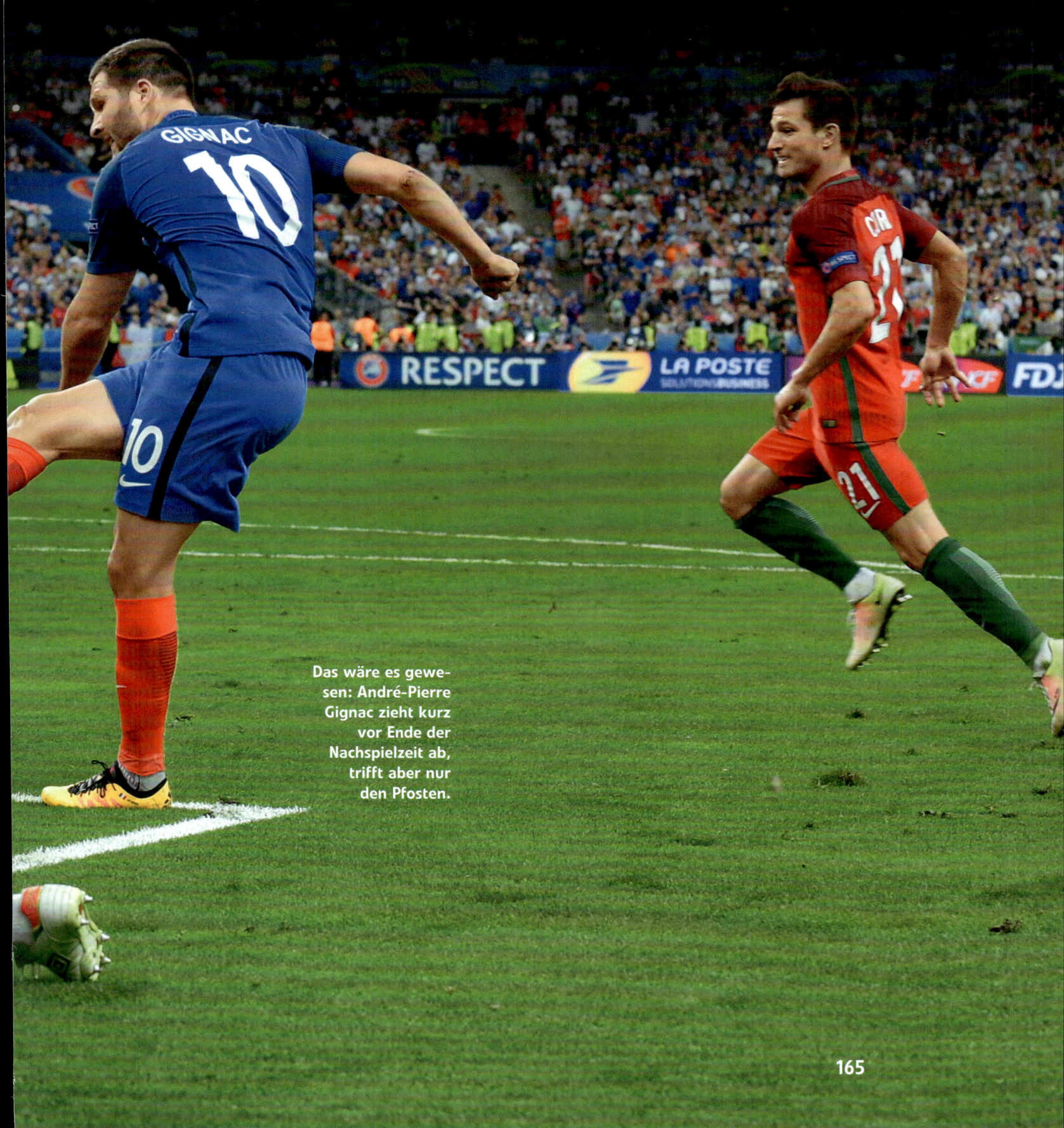

FINALE

Das wäre es gewesen: André-Pierre Gignac zieht kurz vor Ende der Nachspielzeit ab, trifft aber nur den Pfosten.

Schuss, Tor, Jubel:
Der eingewechselte Eder erzielt in der Verlängerung das einzige Tor des Endspiels.

sie nicht genutzt, weil sie zahlreiche Möglichkeiten vergeben hatten. Antoine Griezmann, mit sechs Treffern der Torschützenkönig dieser Europameisterschaft, hatte den Sieg gleich zweimal auf dem Kopf, scheiterte aber am überragenden Rui Patricio. Und war untröstlich. Weil sich Geschichte wiederholt hat für ihn.

FINALE

Unmittelbar vor dem Turnier hatte er bereits ein Finale verloren, in der Champions League, mit Atletico Madrid gegen Real. »Es fühlt sich so unglaublich frustrierend an«, rang er nach Worten, nachdem die Konfettimaschinen die Farben der anderen in die Luft geschossen hatten. »Ich habe jetzt innerhalb von kürzester Zeit zum zweiten Mal ein Finale verloren.« Und wieder jubelte auf der anderen Seite Cristiano Ronaldo. »Es gab nur wenige glücklichere Momente in meiner Karriere, ich wollte diesen Titel mit Portugal unbedingt.« Nach den Tränen der Trauer flossen Tränen der Freude. Und sie rührten an diesem Abend nicht nur Portugal, sondern ganz Europa.

Hoch soll er leben: Die portugiesische Mannschaft feiert ihren Trainer Fernando Santos.

Allein unter Siegern: Antoine Griezmann trauert, Portugal feiert.

Knie kaputt, Freude groß: Cristiano Ronaldo und Kollegen nach der Siegerehrung

FINALE

Was für ein Körper: Cristiano Ronaldo zeigt sich mal wieder oben ohne, Pepe mag aber nicht hinschauen.

Pressestimmen

»Niedergeschlagen. Die Geschichte wird sich nicht wiederholen. 32 Jahre nach der Krönung von Michel Platini bei der EURO 1984, 18 Jahre nach der Galavorstellung von Zinedine Zidane gegen Brasilien im WM-Finale, sind die Jungs von Didier Deschamps gefallen gegen Portugiesen ohne Genie.«
L'EQUIPE (FRANKREICH)

»Das war nicht unser Tag. So grausam. ›Les Bleus‹ haben alles versucht, aber es wurde eine Sache der Verlängerung, die das Moment der Portugiesen bei dieser EURO geblieben ist. ›Les Bleus‹ haben wieder etwas Licht gebracht, aber sie bleiben in der Nacht. Portugal träumt jetzt vier Jahre lang.«
LE PARISIEN (FRANKREICH)

»Ein Europameister der leidet, Opfer bringt und weint. Der portugiesische Fußball feiert in Paris den größten Erfolg seiner Geschichte! Das Stade de France war die Bühne für eine epische Nacht.«
PUBLICO (PORTUGAL)

»Portugal ist Europas neuer Champion! Französische Trauer zu Füßen Portugals.«
O JOGO (PORTUGAL)

»Cristiano hatte das ganze Turnier für alle anderen gespielt, und jetzt spielten alle anderen für ihn.«
EXPRESSEN (SCHWEDEN)

Stimmen zum Spiel

Eder: »Cristiano hat gesagt, dass er uns allen vertraut. Mit dieser Energie hat er uns neuen Mut gemacht.«

Raphael Guerreiro: »Das ist der beste Moment meiner Karriere. Ich glaube, ich träume. Ich kann das gar nicht glauben. Ich spiele in Frankreich, und dann hier zu gewinnen ist spektakulär.«

Renato Sanches: »An alle Portugiesen: Feiert!«

Adrien Silva: »Dieses Team hat es geschafft, alle Kritiker zu überzeugen. Wir haben uns mit harter Arbeit durchgesetzt. Große Gratulation an alle Fans, die uns unterstützt haben. Unsere Fans waren heute lauter als die Franzosen. Wir wussten, dass wir dieses Spiel gewinnen konnten. Frankreich hatte einige Chancen, aber wir haben uns durchgesetzt.«

Didier Deschamps: »Die Enttäuschung ist enorm. Wir haben eine große Chance ausgelassen. Es gibt keine Worte, um dieses Gefühl zu beschreiben. Man braucht Zeit, dies zu verdauen.«

Antoine Griezmann: »Es ist brutal, aber auch großartig. Es gibt tolle Zeiten und traurige Zeiten. Wir müssen daraus lernen. Wir bereuen nichts, wir werden stärker zurückkommen. Wir waren nicht so abgebrüht wie gegen Deutschland. Es war frustrierend, wir haben den Pfosten getroffen, hatten Chancen. Portugal ist nicht nur Ronaldo, sie waren defensiv sehr solide, und sie haben ohne Ronaldo getroffen. Etwas später werde ich stolz sein, aber im Moment denke ich an das Team, ich bin enttäuscht. Ich wollte diese Trophäe mit ihnen gewinnen.«

André-Pierre Gignac: »Es ist schrecklich, es ist ein Albtraum. Das ist hart.«

Lukas Podolski: »Glückwunsch Portugal. Die bessere Mannschaft verliert! Fußball ist manchmal komisch.«

Sami Khedira: »Glückwunsch an meine ehemaligen Teamkollegen Pepe und Cristiano! Behaltet den Kopf oben, Pogba und Evra – ihr habt ein großartiges Turnier gespielt!«

Gareth Bale: »Glückwunsch Portugal! Und das war unglücklich, Frankreich, ihr habt ein unglaubliches Turnier ausgerichtet.«

KOMMENTAR

kicker-Chefredakteur Jörg Jakob:
Die Bundesliga gewinnt mit

Der Titelträger der 15. Europameisterschaft heißt Portugal. Erstmals gewinnt das Land der Eusebio, Figo und Ronaldo ein großes Turnier. Und das zwölf Jahre nach der bitteren Enttäuschung in Lissabon mit dem sensationellen 0:1 gegen Otto Rehhagels Griechen. Portugal zählte, wie schon häufig zuvor, zum Kreis der Geheimfavoriten. Am Abend des 10. Juli schlägt dank »Eders Meisterschuss« (kicker) zum 1:0 in der Verlängerung also doch nicht die Stunde des Fado. Ein trauriges Chanson singt hingegen Frankreich. Ein bitterer Moment für die Gastgeber. Ein Jahrzehnt nach der Niederlage im Berliner WM-Endspiel erleben sie ihre zweite finale Enttäuschung.

Verdient? Unverdient? Am Ende ist Fußball ein Ergebnissport. Dieses Finale ist ohnehin eine Zusammenfassung des Turniers. Es ist zäh, aber dramatisch. Auf spielerisch durchwachsenem Niveau, aber mit Pfostenschüssen und Glanzparaden. Der Verlierer hat zwar den meisten Ballbesitz, vermag sein Plus an Chancen jedoch nicht effizient umzusetzen. Bezeichnend, dass Torhüter Rui Patricio zum Spieler des Spiels avanciert.

Portugal hat sich nur als Gruppendritter für die K.-o.-Phase qualifiziert. Erneut gewinnt die Mannschaft von Fernando Santos erst nach der regulären Spielzeit. In 90 Minuten hat sie nur eine Partie für sich entscheiden können, das Halbfinale gegen Wales (2:0).

Den Weg dazu ebnete Cristiano Ronaldo. Die Chance, im Finale den standesgemäß größten Beitrag zu Portugals Krönung beizusteuern, wird dem Königlichen verwehrt, durch das Foul von Dimitri Payet bereits in der 8. Spielminute. Hätten sich die Franzosen durchgesetzt, so hätte ihr Heimsieg ebendiesen Makel gehabt. So gewinnen die Portugiesen, allen voran CR7, Titel, Spiel und zu Recht auch Sympathien, trotz ihres glücklichen Erfolgs.

Tränen auf der Trage: Die Bilder, die den weinenden Ronaldo beim tragischen persönlichen Aus zeigen, werden von diesem Triumph ebenso bleiben wie der befreite Jubel mit der Trophäe. Es war nicht die EM der Superstars, es war nicht das Finale des Superstars. Aber der 31-Jährige hat es geprägt. Sein

KOMMENTAR
Finale

21. EM-Einsatz ist eine neue Bestmarke. 2004 war er 19 Jahre und 150 Tage alt, der Jüngste in einem Endspiel der Kontinentalmeisterschaft. Diesen »Rekord« nimmt ihm auf der rechten Außenbahn sein Mannschaftskamerad Renato Sanches ab. 18 Jahre und 327 Tage ist der Neuzugang des FC Bayern München jung. Er wird zum besten Nachwuchsspieler der EM gekürt. Die Bundesliga gewinnt ohnehin mit im Stade de France. Auf Platz zwei dieser Wertung landet der französische Lichtblick Kingsley Coman (20) vom FC Bayern. Dritter wird der 22-jährige Linksverteidiger des Europameisters, Raphael Guerreiro, ein Einkauf von Borussia Dortmund.

Den Bundesliga-Youngstern gehört die Zukunft, Stars neben Ronaldo wie Nani und Pepe endlich der EM-Titel. Trainer Fernando Santos hat aufs Kollektiv gesetzt. Noch so ein deckungsgleiches Markenzeichen von Turnier und Titelgewinner.

Mehr hervorstechende Individualisten hatte die Equipe Tricolore. Torschützenkönig Antoine Griezmann (sechs Treffer) sowieso, der auch die Scorer-Wertung (acht Punkte) vor Ronaldo (sechs) gewinnt. Dimitri Payet und Paul Pogba zählen ebenso zu den besten Spielern des Turniers, wenngleich gegen Portugal ausgerechnet Moussa Sissoko überragt, der gerade erst mit Newcastle in die 2. englische Liga abgestiegen ist. Doch es reicht nicht gegen den Lieblingsgegner aus dem Südwesten Europas, gegen den die letzten zehn Spiele vor dem Finale alle gewonnen wurden. Nach insgesamt 18 erfolgreichen Begegnungen seit 1984 bei Turnieren auf heimischem Boden setzte es die erste Pleite – Equipe Tristesse.

Ein kleiner Trost für Trainer Didier Deschamps: Nach der Skandal-WM 2010 kann Frankreich hoffnungsvoll auf eine neue Generation bauen, die ab dem Viertelfinalerfolg gegen Island (5:2) viele Sympathien zurückerobert hat.

In einem Land, in dem die Terrorangst das Fußballfest überschattete und schließlich doch nicht überwog. Und das ist ein großer Trost.

Was bleibt noch? Die Debatte um einen fragwürdigen Modus und eine Überlastung der Stars wird abkühlen, aber spätestens mit Beginn der Qualifikation für 2020 wieder aufflammen. Dann sind es wieder 24 Endrundenteilnehmer, noch dazu in 13 verschiedenen Ländern. Der 16. Europameister wird also in einem weiteren Experiment ermittelt. Vom Format alleine freilich wird das sportliche Niveau auch dann nicht abhängen. Sicher ist, dass der Machtkampf zwischen den großen Ligen und ihren Topklubs auf der einen Seite und den Verbänden auf der anderen sich bis dahin weiter verschärft. Ein Wettbewerb, der nicht von der Gier auf noch mehr Einnahmen bestimmt sein darf.

Als Europameister in die Bundesliga: Der Portugiese Renato Sanches wird zum besten Nachwuchsspieler der EM gekürt. Sein Wechsel zu Bayern München steht während des Turniers bereits fest.

Mit Torhüter Rui Patricio schaffte es nur ein Portugiese in die Top 11 des Turniers. Cristiano Ronaldo war ein weiterer Kandidat, er schied aber im Finale früh aus. Von den vier Deutschen standen drei beim Halbfinal-Aus gegen Frankreich am Ende nicht mehr auf dem Platz: Boateng, Hummels und Gomez. Wäre dieses Trio in der Form der vorangegangenen Spiele 90 Minuten lang dabei gewesen, wäre wohl mehr drin gewesen für die Elf von Jogi Löw. Dass auch vier Franzosen berücksichtigt sind, zeigt, dass der Gastgeber von starken Individualisten lebte. Doch im entscheidenden Moment versagte das Kollektiv.

TOP 11:
- Gomez (Deutschland)
- Griezmann (Frankreich)
- Bale (Wales)
- Payet (Frankreich)
- Sissoko (Frankreich)
- Kroos (Deutschland)
- Pogba (Frankreich)
- Chiellini (Italien)
- Hummels (Deutschland)
- Boateng (Deutschland)
- Rui Patricio (Portugal)

Alle Spiele der Endrunde 2016

Vorrunde

Gruppe A

Frankreich – Rumänien		2:1 (0:0)
Albanien – Schweiz		0:1 (0:1)
Rumänien – Schweiz		1:1 (1:0)
Frankreich – Albanien		2:0 (0:0)
Schweiz – Frankreich		0:0 (0:0)
Rumänien – Albanien		0:1 (0:1)

Frankreich	3	4:1	7
Schweiz	3	2:1	5
Albanien	3	1:3	3
Rumänien	3	2:4	1

Gruppe B

Wales – Slowakei		2:1 (1:0)
England – Russland		1:1 (1:0)
Russland – Slowakei		1:2 (0:2)
England – Wales		2:1 (0:1)
Slowakei – England		0:0
Russland – Wales		0:3 (0:2)

1.	**Wales**	3	6:3	6
2.	**England**	3	3:2	5
3.	**Slowakei**	3	3:3	4
4.	**Russland**	3	2:6	1

Gruppe C

Polen – Nordirland		1:0 (0:0)
Deutschland – Ukraine		2:0 (1:0)
Ukraine – Nordirland		0:2 (0:0)
Deutschland – Polen		0:0
Ukraine – Polen		0:1 (0:0)
Nordirland – Deutschland		0:1 (0:1)

1.	**Deutschland**	3	3:0	7
2.	**Polen**	3	2:0	7
3.	**Nordirland**	3	2:2	3
4.	**Ukraine**	3	0:5	0

Gruppe D

Türkei – Kroatien		0:1 (0:1)
Spanien – Tschechien		1:0 (0:0)
Tschechien – Kroatien		2:2 (0:1)
Spanien – Türkei		3:0 (2:0)
Kroatien – Spanien		2:1 (1:1)
Tschechien – Türkei		0:2 (0:1)

1.	**Kroatien**	3	5:3	7
2.	**Spanien**	3	5:2	6
3.	**Türkei**	3	2:4	3
4.	**Tschechien**	3	2:5	1

Gruppe E

Irland – Schweden		1:1 (0:0)
Belgien – Italien		0:2 (0:1)
Italien – Schweden		1:0 (0:0)
Belgien – Irland		3:0 (0:0)
Italien – Irland		0:1 (0:0)
Schweden – Belgien		0:1 (0:0)

1.	**Italien**	3	3:1	6
2.	**Belgien**	3	4:2	6
3.	**Irland**	3	2:4	4
4.	**Schweden**	3	1:3	1

Gruppe F

Österreich – Ungarn		0:2 (0:0)
Portugal – Island		1:1 (1:0)
Island – Ungarn		1:1 (1:0)
Portugal – Österreich		0:0
Ungarn – Portugal		3:3 (1:1)
Island – Österreich		2:1 (1:0)

1.	**Ungarn**	3	6:4	5
2.	**Island**	3	4:3	5
3.	**Portugal**	3	4:4	3
4.	**Österreich**	3	1:4	1

Rangliste der Gruppendritten

Die Reihenfolge der Kriterien:
1. die erzielte Punktzahl
2. die bessere Tordifferenz
3. die höhere Anzahl an erzielten Toren
4. das bessere Fair-Play-Verhalten während der Endrunde bezüglich der Karten
5. der bessere UEFA-Koeffizient

		Sp.	Tore	Pkte.	Gr.	GK	GRK	RK	FP
1.	**Slowakei**	3	3:3	4	B	7	0	0	7
2.	**Irland**	3	2:4	4	E	5	0	0	5
3.	**Portugal**	3	4:4	3	F	2	0	0	2
4.	**Nordirland**	3	2:2	3	C	4	0	0	4
5.	**Türkei**	3	2:4	3	D	7	0	0	7
6.	**Albanien**	3	1:3	3	A	8	1	0	11

Fair-Play-Wertung (FP): Gelbe Karten (GK) je ein Punkt, Gelb-Rote Karten (GRK) je 3 Punkte (erste Gelbe Karte ist hier enthalten). Rote Karten (RK) je 3 Punkte

Achtelfinale

Schweiz – Polen		i. E. 4:5
Wales – Nordirland		1:0 (0:0)
Kroatien – Portugal		n. V. 0:1
Frankreich – Irland		2:1 (0:1)
Deutschland – Slowakei		3:0 (2:0)
Ungarn – Belgien		0:4 (0:1)
Italien – Spanien		2:0 (1:0)
England – Island		1:2 (1:2)

Viertelfinale

Polen – Portugal		i. E. 3:5
Wales – Belgien		3:1 (1:1)
Deutschland – Italien		i. E. 6:5
Frankreich – Island		5:2 (4:0)

Halbfinale

Portugal – Wales		2:0 (0:0)
Deutschland – Frankreich		0:2 (0:1)

Finale

Portugal – Frankreich		n. V. 1:0

Alle Europameister und ihre Endspielgegner

1960: UdSSR
(2:1 n. V. gegen Jugoslawien)

1964: Spanien
(2:1 gegen die UdSSR)

1968: Italien
(1:1 n. V. und 2:0 gegen Jugoslawien)

1972: Deutschland
(3:0 gegen die UdSSR)

1976: Tschechoslowakei
(2:2 n. V. und 5:3 im Elfmeterschießen gegen Deutschland)

1980: Deutschland
(2:1 gegen Belgien)

1984: Frankreich
(2:0 gegen Spanien)

1988: Niederlande
(2:0 gegen die UdSSR)

1992: Dänemark
(2:0 gegen Deutschland)

1996: Deutschland
(2:1 durch Golden Goal gegen Tschechien)

2000: Frankreich
(2:1 durch Golden Goal gegen Italien)

2004: Griechenland
(1:0 gegen Portugal)

2008: Spanien
(1:0 gegen Deutschland)

2012: Spanien
(4:0 gegen Italien)

2016: Portugal
(1:0 gegen Frankreich)

Alle Torjäger der Endrunden seit 1960

1960
Ivanov (UdSSR)	2
Ponedjelnik (UdSSR)	2
Galic (Jugoslawien)	2
Jerkovic (Jugoslawien)	2
Heutte (Frankreich)	2

1964
Jesus Pereda (Spanien)	2
Novak (Ungarn)	2

1968
Dzajic (Jugoslawien)	2

1972
Gerd Müller (Deutschland)	4

1976
Dieter Müller (Deutschland)	4

1980
Klaus Allofs (Deutschland)	3

1984
Platini (Frankreich)	9

1988
van Basten (Niederlande)	5

1992
Larsen (Dänemark)	3
Riedle (Deutschland)	3
Bergkamp (Niederlande)	3
Brolin (Schweden)	3

1996
Shearer (England)	3

2000
Kluivert (Niederlande)	5
Milosevic (Jugoslawien)	5

2004
Milan Baros (Tschechien)	5

2008
David Villa (Spanien)	4

2012
Balotelli (Italien)	3
Cristiano Ronaldo (Portugal)	3
Dzagoev (Russland)	3
Fernando Torres (Spanien)	3
Gomez (Deutschland)	3
Mandzukic (Kroatien)	3

2016
Antoine Griezmann	6

Alle deutschen Torschützen der EM-Endrunden seit 1960

	Spiele	Tore
Jürgen Klinsmann	13	5
Mario Gomez	13	5
Dieter Müller	2	4
Gerd Müller	2	4
Rudi Völler	8	4
Lukas Podolski	12	4
Karl-Heinz Riedle	5	3
Klaus Allofs	6	3
Michael Ballack	11	3
Miroslav Klose	13	3
Bastian Schweinsteiger	18	3
Horst Hrubesch	3	2
Oliver Bierhoff	4	2
Matthias Sammer	10	2
Mesut Özil	11	2
Thomas Häßler	13	2
Philipp Lahm	14	2

19 Spieler erzielten genau 1 Tor.

Die Spiele der Qualifikation

Gruppe A

9.9.14	Kasachstan – Lettland	0:0	
9.9.14	Tschechien – Niederlande	2:1 (1:0)	
9.9.14	Island – Türkei	3:0 (1:0)	
10.10.14	Lettland – Island	0:3 (0:0)	
10.10.14	Niederlande – Kasachstan	3:1 (0:1)	
10.10.14	Türkei – Tschechien	1:2 (1:1)	
13.10.14	Kasachstan – Tschechien	2:4 (2:0)	
13.10.14	Lettland – Türkei	1:1 (0:0)	
13.10.14	Island – Niederlande	2:0 (2:0)	
16.11.14	Niederlande – Lettland	6:0 (3:0)	
16.11.14	Türkei – Kasachstan	3:1 (2:0)	
16.11.14	Tschechien – Island	2:1 (1:1)	
28.3.15	Kasachstan – Island	0:3 (0:2)	
28.3.15	Tschechien – Lettland	1:1 (0:1)	
28.3.15	Niederlande – Türkei	1:1 (0:1)	
12.6.15	Kasachstan – Türkei	0:1 (0:0)	
12.6.15	Lettland – Niederlande	0:2 (0:0)	
12.6.15	Island – Tschechien	2:1 (0:0)	
3.9.15	Niederlande – Island	0:1 (0:0)	
3.9.15	Tschechien – Kasachstan	2:1 (0:1)	
3.9.15	Türkei – Lettland	1:1 (0:0)	
6.9.15	Türkei – Niederlande	3:0 (2:0)	
6.9.15	Lettland – Tschechien	1:2 (0:2)	
6.9.15	Island – Kasachstan	0:0	
10.10.15	Island – Lettland	2:2 (2:0)	
10.10.15	Kasachstan – Niederlande	1:2 (0:1)	
10.10.15	Tschechien – Türkei	0:2 (0:2)	
13.10.15	Niederlande – Tschechien	2:3 (0:2)	
13.10.15	Lettland – Kasachstan	0:1 (0:0)	
13.10.15	Türkei – Island	1:0 (0:0)	

1.	Tschechien	10	19:14	22
2.	Island	10	17:6	20
3.	Türkei	10	14:9	18
4.	Niederlande	10	17:14	13
5.	Kasachstan	10	7:18	5
6.	Lettland	10	6:19	5

Gruppe B

9.9.14	Andorra – Wales	1:2 (1:1)
9.9.14	Bosnien-Herzegowina – Zypern	1:2 (0:1)
10.10.14	Zypern – Israel	1:2 (1:2)
10.10.14	Wales – Bosnien-Herzegowina	0:0
10.10.14	Belgien – Andorra	6:0 (3:0)
13.10.14	Wales – Zypern	2:1 (2:1)
13.10.14	Bosnien-Herzegowina – Belgien	1:1 (1:0)
13.10.14	Andorra – Israel	1:4 (1:2)
16.11.14	Zypern – Andorra	5:0 (3:0)
16.11.14	Belgien – Wales	0:0
16.11.14	Israel – Bosnien-Herzegowina	3:0 (2:0)
28.3.15	Israel – Wales	0:3 (0:1)
28.3.15	Andorra – Bosnien-Herzegowina	0:3 (0:1)
28.3.15	Belgien – Zypern	5:0 (2:0)
31.3.15	Israel – Belgien	0:1 (0:1)
12.6.15	Bosnien-Herzegowina – Israel	3:1 (2:1)
12.6.15	Andorra – Zypern	1:3 (1:2)
12.6.15	Wales – Belgien	1:0 (1:0)
3.9.15	Israel – Andorra	4:0 (4:0)
3.9.15	Zypern – Wales	0:1 (0:0)
3.9.15	Belgien – Bosnien-Herzegowina	3:1 (2:1)
6.9.15	Wales – Israel	0:0
6.9.15	Zypern – Belgien	0:1 (0:1)
6.9.15	Bosnien-Herzegowina – Andorra	3:0 (3:0)
10.10.15	Bosnien-Herzegowina – Wales	2:0 (0:0)
10.10.15	Andorra – Belgien	1:4 (0:2)
10.10.15	Israel – Zypern	1:2 (1:2)
13.10.15	Zypern – Bosnien-Herzegowina	2:3 (2:2)
13.10.15	Wales – Andorra	2:0 (0:0)
13.10.15	Belgien – Israel	3:1 (0:0)

1.	Belgien	10	24:5	23
2.	Wales	10	11:4	21
3.	Bosnien-Herzegowina	10	17:12	17
4.	Israel	10	16:14	13
5.	Zypern	10	16:17	12
6.	Andorra	10	4:36	0

Gruppe C

8.9.14	Ukraine – Slowakei	0:1 (0:1)
8.9.14	Spanien – Mazedonien	5:1 (3:1)
8.9.14	Luxemburg – Weißrussland	1:1 (1:0)
9.10.14	Slowakei – Spanien	2:1 (1:0)
9.10.14	Mazedonien – Luxemburg	3:2 (1:2)
9.10.14	Weißrussland – Ukraine	0:2 (0:0)
12.10.14	Ukraine – Mazedonien	1:0 (1:0)
12.10.14	Weißrussland – Slowakei	1:3 (0:0)
12.10.14	Luxemburg – Spanien	0:4 (0:2)
15.11.14	Luxemburg – Ukraine	0:3 (0:1)
15.11.14	Mazedonien – Slowakei	0:2 (0:1)
15.11.14	Spanien – Weißrussland	3:0 (2:0)
27.3.15	Spanien – Ukraine	1:0 (1:0)
27.3.15	Mazedonien – Weißrussland	1:2 (1:1)
27.3.15	Slowakei – Luxemburg	3:0 (3:0)
14.6.15	Ukraine – Luxemburg	3:0 (3:0)
14.6.15	Weißrussland – Spanien	0:1 (0:1)
14.6.15	Slowakei – Mazedonien	2:1 (2:0)
5.9.15	Luxemburg – Mazedonien	1:0 (0:0)
5.9.15	Ukraine – Weißrussland	3:1 (3:0)
5.9.15	Spanien – Slowakei	2:0 (2:0)
8.9.15	Weißrussland – Luxemburg	2:0 (1:0)
8.9.15	Slowakei – Ukraine	0:0
8.9.15	Mazedonien – Spanien	0:1 (0:1)
9.10.15	Mazedonien – Ukraine	0:2 (0:0)
9.10.15	Slowakei – Weißrussland	0:1 (0:1)
9.10.15	Spanien – Luxemburg	4:0 (1:0)
12.10.15	Weißrussland – Mazedonien	0:0
12.10.15	Luxemburg – Slowakei	2:4 (0:3)
12.10.15	Ukraine – Spanien	0:1 (0:1)

1.	Spanien	10	23:3	27
2.	Slowakei	10	17:8	22
3.	Ukraine	10	14:4	19
4.	Weißrussland	10	8:14	11
5.	Luxemburg	10	6:27	4
6.	Mazedonien	10	6:18	4

Gruppe D

7.9.14	Georgien – Irland	1:2 (1:1)

7.9.14 in Dortmund
Deutschland – Schottland 2:1 (1:0)
Deutschland: Neuer – Rudy, Boateng, Höwedes, Durm – Kramer, Kroos – Müller, Reus (90./+2 Ginter), Schürrle (83. Podolski) – Götze – Trainer: Löw
Schottland: Marshall – Hutton, Martin, Hanley, Whittaker – Bannan (58. S. Fletcher), D. Fletcher (58. McArthur), Mulgrew, Anya – Morrison – Naismith (82. Maloney) – Trainer: Strachan
Tore: 1:0 Müller (18.), 1:1 Anya (66.), 2:1 Müller (70.) – **SR:** Moen (Norwegen) – **Zuschauer:** 60 209 – **Gelb-Rot:** Mulgrew (90./+4)

7.9.14	Gibraltar – Polen	0:7 (0:1)
11.10.14	Schottland – Georgien	1:0 (1:0)
11.10.14	Irland – Gibraltar	7:0 (3:0)

11.10.14 in Warschau
Polen – Deutschland 2:0 (0:0)
Polen: Szczesny – Piszczek, Szukala, Glik, Wawrzyniak (84. Jedrzejczyk) – Krychowiak, Jodlowiec – Grosicki (71. Sobota), Rybus – Milik (77. Mila), Lewandowski – Trainer: Nawalka
Deutschland: Neuer – Rüdiger (83. Kruse), Boateng, Hummels, Durm – Kramer (71. Draxler), Kroos – Bellarabi, Götze, Schürrle (77. Podolski) – Müller – Trainer: Löw
Tore: 1:0 Milik (51.), 2:0 Mila (88.) – **SR:** Proenca (Portugal) – **Zuschauer:** 56 934 (ausverkauft)

14.10.14	Polen – Schottland	2:2 (1:1)

14.10.14 in Gelsenkirchen
Deutschland – Irland 1:1 (0:0)
Deutschland: Neuer – Rüdiger, Boateng, Hummels, Durm – Ginter (46. Podolski), Kroos – Bellarabi (86. Rudy), Götze, Draxler (70. Kruse) – Müller – Trainer: Löw
Irland: Forde – Meyler, O'Shea, M. Wilson, Ward – Walters, Whelan (54. Hendrick), Quinn (76. Hoolahan), McClean – McGeady – Keane (63. Gibson) – Trainer: O'Neill
Tore: 1:0 Kroos (71.), 1:1 O'Shea (90./+4) – **SR:** Skomina (Slowenien) – **Zuschauer:** 51 204

14.10.14	Gibraltar – Georgien	0:3 (0:2)
14.11.14	Georgien – Polen	0:4 (0:0)
14.11.14	Schottland – Irland	1:0 (0:0)

14.11.14 in Nürnberg
Deutschland – Gibraltar 4:0 (3:0)
Deutschland: Neuer – Mustafi, Boateng, Durm (72. Hector) – Kroos (79. Bender) – Khedira (60. Volland) – Götze – Bellarabi, Podolski – Müller, Kruse – Trainer: Löw
Gibraltar: Robba – Garcia, Artell, Wiseman, R. Casciaro, J. Chipolina – R. Chipolina, Sergeant (58. Santos) – B. Perez (90./+1 Priestley), Walker – L. Casciaro (71. K. Casciaro) – Trainer: Bula
Tore: 1:0 Müller (12.), 2:0 Müller (29.), 3:0 Götze (38.), 4:0 Santos (67., ET) – **SR:** Tudor (Rumänien) – **Zuschauer:** 44 308 (ausverkauft)

29.3.15 in Tiflis
Georgien – Deutschland 0:2 (0:2)
Georgien: Loria – Kverkvelia, Amisulashvili (4. Dvali), Kashia – Lobjanidze, Navalovsky – Kobakhidze, Kankava, Makharadze (63. Kenia) – Okriashvili (46. Chanturia) – Mchedlidze – Trainer: Tskhadadze
Deutschland: Neuer – Rudy, Boateng, Hummels, Hector – Schweinsteiger, Kroos – Müller (86. Schürrle), Özil, Reus – Götze (87. Podolski) – Trainer: Löw
Tore: 0:1 Reus (39.), 0:2 Müller (44.) – **SR:** Turpin (Frankreich) – **Zuschauer:** 54 549 (ausverkauft)

29.3.15	Schottland – Gibraltar	6:1 (4:1)
29.3.15	Irland – Polen	1:1 (0:1)
13.6.15	Irland – Schottland	1:1 (1:0)
13.6.15	Polen – Georgien	4:0 (0:0)

13.6.15 in Faro
Gibraltar – Deutschland 0:7 (0:1)
Gibraltar: J. Perez – Garcia, R. Chipolina, R. Casciaro, J. Chipolina – Payas (83. Sergeant), Walker – Gosling, L. Casciaro, K. Casciaro (78. Bosio) – Priestley (62. Coombes) – Trainer: Wilson
Deutschland: Weidenfeller – Rudy, Boateng, Hector – Schweinsteiger, Gündogan (67. Khedira) – Herrmann (56. Podolski), Özil, Bellarabi – Götze (36. Kruse), Schürrle – Trainer: Löw
Tore: 0:1 Schürrle (28.), 0:2 Kruse (47.), 0:3 Gündogan (51.), 0:4 Bellarabi (57.), 0:5 Schürrle (65.), 0:6 Schürrle (71.), 0:7 Kruse (81.) – **SR:** Pisani (Malta) – **Zuschauer:** 7464 – **Bes. Vork.:** J. Perez hält FE von Schweinsteiger (10.)

4.9.15	Georgien – Schottland	1:0 (1:0)
4.9.15	Gibraltar – Irland	0:4 (0:1)

4.9.15 in Frankfurt
Deutschland – Polen 3:1 (2:1)
Deutschland: Neuer – Can, Boateng, Hummels, Hector – Schweinsteiger, Kroos – Müller, Özil, Bellarabi (53. Gündogan) – Götze (90./+1 Podolski) – Trainer: Löw
Polen: Fabianski – Piszczek (43. Olkowski), Szukala, Glik, Rybus – Jodlowiec, Krychowiak – Grosicki (83. Peszko), Milik – Maczynski (63. Blaszczykowski) – Lewandowski – Trainer: Nawalka
Tore: 1:0 Müller (12.), 2:0 Götze (19.), 2:1 Lewandowski (36.), 3:1 Götze (82.) – **SR:** Rizzoli (Italien) – **Zuschauer:** 48 500 (ausverkauft)

7.9.15	Polen – Gibraltar	8:1 (4:0)
7.9.15	Irland – Georgien	1:0 (0:0)

7.9.15 in Glasgow
Schottland – Deutschland 2:3 (2:2)
Schottland: Marshall – Hutton, Martin, Hanley, Mulgrew – Maloney (60. Anya), Forrest (81. Ritchie) – McArthur, S. Brown (80. C. Martin) – Morrison – S. Fletcher – Trainer: Strachan
Deutschland: Neuer – Can, Boateng, Hummels, Hector – Schweinsteiger, Kroos – Müller, Gündogan, Özil (90./+2 Kramer) – Götze (86. Schürrle) – Trainer: Löw
Tore: 0:1 Müller (18.), 1:1 Hummels (28., ET), 1:2 Müller (34.), 2:2 McArthur (43.), 2:3 Gündogan (54.) – **SR:** Kuipers (Niederlande) – **Zuschauer:** 50 753

8.10.15	Georgien – Gibraltar	4:0 (3:0)
8.10.15	Schottland – Polen	2:2 (1:1)

173

8. 10. 15 in Dublin
Irland – Deutschland 1:0 (0:0)
Irland: Given (43. Randolph) – Christie, Keogh, O'Shea, Ward (69. Meyler) – J. McCarthy – Hendrick, Brady – Hoolahan – Walters, Murphy (65. Long) – Trainer: O'Neill
Deutschland: Neuer – Ginter (77. Bellarabi), Boateng, Hummels, Hector – Gündogan (84. Volland), Kroos – Özil, Reus – Müller – Götze (35. Schürrle) – Trainer: Löw
Tor: 1:0 Long (70.) – **SR:** Velasco Carballo (Spanien) – **Zuschauer:** 50 604

11. 10. 15 Polen – Irland 2:1 (2:1)

11. 10. 15 in Leipzig
Deutschland – Georgien 2:1 (0:0)
Deutschland: Neuer – Ginter, Boateng, Hummels, Hector – Gündogan, Kroos – Müller, Özil, Reus (90. Bellarabi) – Schürrle (76. Kruse) – Trainer: Löw
Georgien: Revishvili – Kverkvelia, Amisulashvili, Kashia – Lobjanidze, Navalovsky – Kankava, Kvekveskiri (78. Khizanishvili) – Kazaishvili (90. Kobakhidze), Okriashvili – Gelashvili (46. Vatsadze) – Trainer: Tskhadadze
Tore: 1:0 Müller (50., FE), 1:1 Kankava (53.), 2:1 Kruse (79.) – **SR:** Kralovec (Tschechien) – **Zuschauer:** 43 630 (ausverkauft)

11. 10. 15 Gibraltar – Schottland 0:6 (0:2)

1.	Deutschland	10	24:9	22
2.	Polen	10	33:10	21
3.	Irland	10	19:7	18
4.	Schottland	10	22:12	15
5.	Georgien	10	10:16	9
6.	Gibraltar	10	2:56	0

Gruppe E

8. 9. 14 Estland – Slowenien 1:0 (0:0)

8. 9. 14 in Basel
Schweiz – England 0:2 (0:0)
Schweiz: Sommer – Lichtsteiner, von Bergen, Djourou, R. Rodriguez – Behrami, Inler, Xhaka (74. Dzemaili) – Shaqiri, Seferovic, Mehmedi (63. Drmic) – Trainer: Petkovic
England: Hart – Stones, Cahill, P. Jones (77. Jagielka), Baines – Henderson, Wilshere (73. Milner), Delph – Sterling – Rooney (90. Lambert), Welbeck – Trainer: Hodgson
Tore: 0:1 Welbeck (58.), 0:2 Welbeck (90./+4) – **SR:** Cakir (Türkei) – **Zuschauer:** 35 500

8. 9. 14 San Marino – Litauen 0:2 (0:2)
9. 10. 14 England – San Marino 5:0 (2:0)

9. 10. 14 in Maribor
Slowenien – Schweiz 1:0 (0:0)
Slowenien: Handanovic – Brecko, Ilic, Cesar, Struna – Mertelj, Birsa (55. Lazarevic), Kampl, Kirm (72. Pecnik) – Ljubijankic (46. Kurtic), Novakovic – Trainer: Katanec
Schweiz: Sommer – Lichtsteiner, Djourou, Senderos (70. von Bergen), R. Rodriguez – Shaqiri, Behrami, Inler (82. Kasami), Xhaka – Seferovic, Drmic (74. Mehmedi) – Trainer: Petkovic
Tor: 1:0 Novakovic (79., FE) – **SR:** Stark (Deutschland) – **Zuschauer:** 8500

9. 10. 14 Litauen – Estland 1:0 (0:0)
12. 10. 14 Estland – England 0:1 (0:0)
12. 10. 14 Litauen – Slowenien 0:2 (0:2)

14. 10. 14 in Serravalle
San Marino – Schweiz 0:4 (0:3)
San Marino: Simoncini – Bonini, F. Vitaioli (17. Cervellini), Della Valle, Brolli, Battistini – Palazzi, A. Gasperoni (69. L. Gasperoni), Chiaruzzi, M. Vitaioli (61. Hirsch) – Stefanelli – Trainer: Manzaroli
Schweiz: Sommer – Lichtsteiner (59. Widmer), von Bergen, Djourou, R. Rodriguez – Kasami (71. Barnetta), Xhaka, Dzemaili – Shaqiri – Seferovic, Drmic (46. Mehmedi) – Trainer: Petkovic
Tore: 0:1 Seferovic (10.), 0:2 Seferovic (23.), 0:3 Dzemaili (30.), 0:4 Shaqiri (79.) – **SR:** Chapron (Frankreich) – **Zuschauer:** 2289 – **Bes. Vork.:** Simoncini hält FE von R. Rodriguez (90.)

15. 11. 14 England – Slowenien 3:1 (0:1)

15. 11. 14 San Marino – Estland 0:0
15. 11. 14 in St. Gallen
Schweiz – Litauen 4:0 (0:0)
Schweiz: Sommer – Lichtsteiner, Djourou, Schär, Moubandjé (75. Fernandes) – Behrami, Inler, Dzemaili – Shaqiri – Seferovic (83. Schönbächler), Mehmedi (63. Drmic) – Trainer: Petkovic
Litauen: Arlauskis – Vaitkunas (64. Borovskij), Freidgeimas, Kijanskas, Andriuskevicius – Cernych, Vicius (82. Eliosius), Chvedukas, Zulpa, Novikovas (87. Kazlauskas) – Matulevicius – Trainer: Pankratjevas
Tore: 1:0 Arlauskis (66., ET), 2:0 Schär (68.), 3:0 Shaqiri (80.), 4:0 Shaqiri (90.) – **SR:** Moen (Norwegen) – **Zuschauer:** 17 300

27. 3. 15 Slowenien – San Marino 6:0 (1:0)

27. 3. 15 in Luzern
Schweiz – Estland 3:0 (2:0)
Schweiz: Sommer – Lichtsteiner (77. Widmer), Schär, Djourou, R. Rodriguez – Behrami, Inler, Xhaka (87. Frei) – Seferovic, Shaqiri, Drmic (62. Stocker) – Trainer: Petkovic
Estland: Pareiko – Teniste, Jääger, Klavan, Kallaste – Vassiljev, Dmitrijev (62. Kruglov), Mets, Antonov, Zenjov (87. Alliku), He. Anier (56. Ojamaa) – Trainer: Pehrsson
Tore: 1:0 Schär (17.), 2:0 Xhaka (27.), 3:0 Seferovic (80.) – **SR:** Makkelie (Niederlande) – **Zuschauer:** 14 500

27. 3. 15 England – Litauen 4:0 (2:0)
14. 6. 15 Estland – San Marino 2:0 (1:0)
14. 6. 15 Slowenien – England 2:3 (1:0)

14. 6. 15 in Vilnius
Litauen – Schweiz 1:2 (0:0)
Litauen: Zubas – Vaitkunas, Mikuckis, Klimavicius, Andriuskevicius – Panka, Zulpa (61. Chvedukas) – Cesnauskis (86. Luksa), Slivka (76. Vicius), Cernych – Matulevicius – Trainer: Pankratjevas
Schweiz: Sommer – Lichtsteiner, Schär, Djourou, R. Rodriguez – Inler (58. Dzemaili) – Behrami, Shaqiri, Xhaka – Seferovic (57. Mehmedi), Drmic (81. Embolo) – Trainer: Petkovic
Tore: 1:0 Cernych (64.), 1:1 Drmic (69.), 1:2 Shaqiri (84.) – **SR:** Thomson (Schottland) – **Zuschauer:** 4786

5. 9. 15 Estland – Litauen 1:0 (0:0)
5. 9. 15 San Marino – England 0:6 (0:2)

5. 9. 15 in Basel
Schweiz – Slowenien 3:2 (0:1)
Schweiz: Sommer – Lichtsteiner, Schär, Klose, R. Rodriguez – Behrami, Xhaka, Dzemaili (64. Drmic), Shaqiri, Mehmedi (57. Embolo) – Seferovic (80. Stocker) – Trainer: Petkovic
Slowenien: Handanovic – Struna, Ilic, Cesar, Jokic – Stevanovic, Kurtic – Ilicic (90. Samardzic), Kampl, Birsa (82. Krhin) – Novakovic (58. Pecnik) – Trainer: Katanec
Tore: 0:1 Novakovic (45.), 0:2 Cesar (48.), 1:2 Drmic (80.), 2:2 Stocker (84.), 3:2 Drmic (90./+4) – **SR:** Kralovec (Tschechien) – **Zuschauer:** 25 750

8. 9. 15 in London
England – Schweiz 2:0 (0:0)
England: Hart – Clyne (68. Stones), Cahill, Smalling, Shaw – Milner, Shelvey (58. Kane), Delph (3. Barkley) – Oxlade-Chamberlain, Rooney, Sterling – Trainer: Hodgson
Schweiz: Sommer – Lichtsteiner, Klose, Schär, R. Rodriguez – Xhaka, Inler, Behrami (79. Dzemaili) – Shaqiri, Drmic (63. Embolo), Stocker (72. Seferovic) – Trainer: Petkovic
Tore: 1:0 Kane (67.), 2:0 Rooney (84., FE) – **SR:** Rocchi (Italien) – **Zuschauer:** 75 751

8. 9. 15 Slowenien – Estland 1:0 (0:0)
8. 9. 15 Litauen – San Marino 2:1 (1:0)

9. 10. 15 in St. Gallen
Schweiz – San Marino 7:0 (1:0)
Schweiz: Bürki – Lang, Schär, Djourou, R. Rodriguez (62. Moubandjé) – Inler – Zuffi, Barnetta – Embolo, Drmic (78. Steffen), Mehmedi (68. Derdiyok) – Trainer: Petkovic
San Marino: Simoncini – Cesarini (78. F. Vitaioli), Della Valle, D. Simoncini, Palazzi, Berardi, Tosi, L. Gasperoni (63. Coppini) – M. Vitaioli, Stefanelli, Golinucci (83. Hirsch) – Trainer: Manzaroli
Tore: 1:0 Lang (17.), 2:0 Inler (55., FE), 3:0 Mehmedi (65.), 4:0 Djourou (72., FE), 5:0 Kasami (75.), 6:0 Embolo (80., FE), 7:0 Derdiyok (89.) – **SR:** Gestranius (Finnland) – **Zuschauer:** 16 200

9. 10. 15 England – Estland 2:0 (1:0)

9. 10. 15 Slowenien – Litauen 1:1 (1:1)
12. 10. 15 in Tallinn
Estland – Schweiz 0:1 (0:0)
Estland: Aksalu – Teniste, Jääger, Klavan, Pikk – Puri (67. Lindpere), Mets, Antonov, Kallaste (80. Luts) – Zenjov (61. Purje), Vassiljev – Trainer: Pehrsson
Schweiz: Hitz – Lang, Djourou, Lustenberger, Moubandjé – Inler, Dzemaili, Xhaka (80. Kasami) – Shaqiri (46. Embolo), Derdiyok, Mehmedi (71. Steffen) – Trainer: Petkovic
Tor: 0:1 Klavan (90./+4, ET) – **SR:** van Boekel (Niederlande) – **Zuschauer:** 7304

12. 10. 15 San Marino – Slowenien 0:2 (0:0)
12. 10. 15 Litauen – England 0:3 (0:2)

1.	England	10	31:3	30
2.	Schweiz	10	24:8	21
3.	Slowenien	10	18:11	16
4.	Estland	10	4:9	10
5.	Litauen	10	7:18	10
6.	San Marino	10	1:36	1

Gruppe F

7. 9. 14	Ungarn – Nordirland	1:2 (0:0)
7. 9. 14	Färöer – Finnland	1:3 (1:0)
7. 9. 14	Griechenland – Rumänien	0:1 (0:1)
11. 10. 14	Rumänien – Ungarn	1:1 (1:0)
11. 10. 14	Nordirland – Färöer	2:0 (1:0)
11. 10. 14	Finnland – Griechenland	1:1 (0:1)
14. 10. 14	Finnland – Rumänien	0:2 (0:0)
14. 10. 14	Färöer – Ungarn	0:1 (0:1)
14. 10. 14	Griechenland – Nordirland	0:2 (0:1)
14. 11. 14	Griechenland – Färöer	0:1 (0:1)
14. 11. 14	Rumänien – Nordirland	2:0 (1:0)
14. 11. 14	Ungarn – Finnland	1:0 (0:0)
29. 3. 15	Nordirland – Finnland	2:1 (2:0)
29. 3. 15	Rumänien – Färöer	1:0 (1:0)
29. 3. 15	Ungarn – Griechenland	0:0
13. 6. 15	Finnland – Ungarn	0:1 (0:1)
13. 6. 15	Nordirland – Rumänien	0:0
13. 6. 15	Färöer – Griechenland	2:1 (1:0)
4. 9. 15	Färöer – Nordirland	1:3 (1:1)
4. 9. 15	Griechenland – Finnland	0:1 (0:1)
4. 9. 15	Ungarn – Rumänien	0:0
7. 9. 15	Rumänien – Griechenland	0:0
7. 9. 15	Nordirland – Ungarn	1:1 (0:0)
7. 9. 15	Finnland – Färöer	1:0 (0:0)
8. 10. 15	Nordirland – Griechenland	3:1 (1:0)
8. 10. 15	Rumänien – Finnland	1:1 (0:0)
8. 10. 15	Ungarn – Färöer	2:1 (1:0)
11. 10. 15	Griechenland – Ungarn	4:3 (1:0)
11. 10. 15	Färöer – Rumänien	0:3 (0:2)
11. 10. 15	Finnland – Nordirland	1:1 (0:1)

1.	Nordirland	10	16:8	21
2.	Rumänien	10	11:2	20
3.	Ungarn	10	11:9	16
4.	Finnland	10	9:10	12
5.	Färöer	10	6:17	6
6.	Griechenland	10	7:14	6

Gruppe G

8. 9. 14 Russland – Liechtenstein 4:0 (1:0)
8. 9. 14 Montenegro – Moldawien 2:0 (1:0)

8. 9. 14 in Wien
Österreich – Schweden 1:1 (1:1)
Österreich: Almer – Klein, Dragovic, Hinteregger, Fuchs – Alaba, Baumgartlinger – Harnik (86. Lazaro), Junuzovic (77. Leitgeb), Arnautovic – Janko (68. Okotie) – Trainer: Koller
Schweden: Isaksson – Bengtsson, Granqvist, Antonsson, M. Olsson – Larsson, Ekdal, Källström (85. Wernbloom) – Durmaz (72. Elmander), Ibrahimovic, Zengin – Trainer: Hamrén
Tore: 1:0 Alaba (7., FE), 1:1 Zengin (12.) – **SR:** Kralovec (Tschechien) – **Zuschauer:** 48 500

9. 10. 14 in Chisinau
Moldawien – Österreich 1:2 (1:1)
Moldawien: Cebanu – Jardan, Armas, Epureanu, Erhan (87. Patras), Golovatenco – Cojocari (65. Antoniuc), Ionita, Gatcan, Picusceac (46. Sidorenco), Dedov – Trainer: Curtianu
Österreich: Almer – Klein, Prödl, Dragovic, Fuchs – Baumgartlinger, Alaba – Sabitzer (46. Harnik), Junuzovic (86. Ilsanker), Arnautovic (79. Leitgeb) – Janko – Trainer: Koller
Tore: 0:1 Alaba (12., FE), 1:1 Dedov (27., FE), 1:2 Janko (51.) – **SR:** de Sousa (Portugal) – **Zuschauer:** 9000 – **Rot:** Janko (82., Tätlichkeit)

174

9.10.14	Liechtenstein – Montenegro		0:0
9.10.14	Schweden – Russland		1:1 (0:1)

12. 10. 14 in Wien
Österreich – Montenegro 1:0 (1:0)
Österreich: Almer – Klein, Dragovic, Hinteregger, Fuchs – Baumgartlinger, Alaba, Harnik, Junuzovic (77. Ilsanker), Arnautovic (62. Hinterseer) – Okotie (83. Lazaro) – Trainer: Koller
Montenegro: Poleksic – Savic, Simic, Basa, Volkov – Zverotic (70. Jovovic), Nikolic, Beqiraj, S. Vukcevic (46. Jovetic), V. Bozovic (76. Damjanovic) – Vucinic – Trainer: Brnovic
Tor: 1:0 Okotie (24.) – **SR:** Nijhuis (Niederlande) – **Zuschauer:** 44 200

12.10.14	Russland – Moldawien		1:1 (0:0)
12.10.14	Schweden – Liechtenstein		2:0 (1:0)
15.11.14	Moldawien – Liechtenstein		0:1 (0:0)

15. 11. 14 in Wien
Österreich – Russland 1:0 (0:0)
Österreich: Almer – Klein, Dragovic (86. Prödl), Hinteregger, Fuchs – Leitgeb, Ilsanker, Harnik, Junuzovic, Arnautovic (90./+1 Sabitzer) – Janko (59. Okotie) – Trainer: Koller
Russland: Akinfeev – Parshivlyuk, V. Berezutskiy, Ignashevich, Kombarov – Cheryshev (56. Ionov), Shirokov, Glushakov, Fayzulin (75. Dzyuba), Shatov (81. Dzagoev) – Kokorin – Trainer: Capello
Tor: 1:0 Okotie (73.) – **SR:** Atkinson (England) – **Zuschauer:** 47 500

15.11.14	Montenegro – Schweden		1:1 (0:1)
27.3.15	Montenegro – Russland		0:3 gewertet
27.3.15	Moldawien – Schweden		0:2 (0:0)

27. 3. 15 in Vaduz
Liechtenstein – Österreich 0:5 (0:2)
Liechtenstein: Jehle – Quintans (55. Salanovic), Frick, Kaufmann, Oehri – Christen (82. Kühne), Mart. Büchel (88. Gubser), Polverino, Wieser, Burgmeier – Hasler – Trainer: Pauritsch
Österreich: Almer – Klein, Dragovic, Hinteregger, Fuchs – Harnik (72. Sabitzer), Baumgartlinger, Alaba, Arnautovic, Junuzovic (81. Hinterseer) – Janko (76. Djuricin) – Trainer: Koller
Tore: 0:1 Harnik (14.), 0:2 Janko (16.), 0:3 Alaba (59.), 0:4 Junuzovic (74.), 0:5 Arnautovic (90./+2) – **SR:** Zwayer (Deutschland) – **Zuschauer:** 6127 – **Bes. Vork.:** Alaba verschießt FE (33.)

14.6.15	Liechtenstein – Moldawien		1:1 (1:1)

14. 6. 15 in Moskau
Russland – Österreich 0:1 (0:1)
Russland: Akinfeev – Smolnikov, V. Berezutskiy (12. Chernov), Novoseltsev, Kombarov (71. Kerzhakov) – Shatov, Shirokov, Glushakov, Ivanov (46. Miranchuk), Zhirkov – Kokorin – Trainer: Capello
Österreich: Almer – Klein, Dragovic, Hinteregger, Fuchs – Ilsanker, Baumgartlinger, Harnik (65. Sabitzer), Junuzovic (86. Prödl), Arnautovic – Janko (75. Okotie) – Trainer: Koller
Tor: 0:1 Janko (33.) – **SR:** Mazic (Serbien) – **Zuschauer:** 35 000

14.6.15	Schweden – Montenegro		3:1 (3:0)
5.9.15	Russland – Schweden		1:0 (1:0)
5.9.15	Montenegro – Liechtenstein		2:0 (1:0)

5. 9. 15 in Wien
Österreich – Moldawien 1:0 (0:0)
Österreich: Almer – Klein, Prödl, Dragovic, Fuchs – Baumgartlinger, Alaba (90./+2 Ilsanker) – Harnik (76. Jantscher), Junuzovic, Arnautovic, Janko (84. Okotie) – Trainer: Koller
Moldawien: Cebanu – Golovatenco, Erhan, Cojocari, Armas, Jardan, Dedov, Andronic (55. Racu), Cebotaru (79. Ginsari), Patras – Milinceanu (87. Carp) – Trainer: Curtianu
Tor: 1:0 Junuzovic (52.) – **SR:** Stavrev (Mazedonien) – **Zuschauer:** 48 500

8.9.15	Liechtenstein – Russland		0:7 (0:3)
8.9.15	Moldawien – Montenegro		0:2 (0:1)

8. 9. 15 in Solna
Schweden – Österreich 1:4 (0:2)
Schweden: Isaksson – Larsson, Antonsson, Granqvist, M. Olsson (82. Durmaz) – Zengin (62. Kiese Thelin), Ekdal (86. Khalili), Källström, Forsberg – Berg, Ibrahimovic – Trainer: Hamrén
Österreich: Almer – Klein, Prödl, Dragovic, Fuchs – Baumgartlinger, Alaba, Harnik, Junuzovic (80. Sabitzer), Arnautovic (88. Jantscher) – Janko (84. Ilsanker) – Trainer: Koller
Tore: 0:1 Alaba (9., FE), 0:2 Harnik (38.), 0:3 Janko (77.), 0:4 Harnik (88.), 1:4 Ibrahimovic (90./+1) – **SR:** Velasco Carballo (Spanien) – **Zuschauer:** 48 355

9.10.15	Moldawien – Russland		1:2 (0:0)
9.10.15	Liechtenstein – Schweden		0:2 (0:1)

9. 10. 15 in Podgorica
Montenegro – Österreich 2:3 (1:0)
Montenegro: Poleksic – Rodic, Savic, Simic, Tomasevic (74. Balic) – N. Vukcevic, Boljevic (56. Zverotic) – Marusic, Mugosa (64. Mandic), Beqiraj – Vucinic – Trainer: Brnovic
Österreich: Almer – Klein, Prödl, Dragovic, Fuchs – Baumgartlinger, Alaba (82. Jantscher) – Harnik, Junuzovic (82. Sabitzer), Arnautovic – Janko (82. Okotie) – Trainer: Koller
Tore: 1:0 Vucinic (32.), 1:1 Janko (55.), 2:1 Beqiraj (68.), 2:2 Arnautovic (81.), 2:3 Sabitzer (90./+2) – **SR:** Orsato (Italien) – **Zuschauer:** 17 000 – **Gelb-Rot:** Vucinic (87.)

12.10.15	Schweden – Moldawien		2:0 (1:0)
12.10.15	Russland – Montenegro		2:0 (2:0)

12. 10. 15 in Wien
Österreich – Liechtenstein 3:0 (1:0)
Österreich: Almer – Klein, Prödl, Dragovic, Fuchs – Harnik, Baumgartlinger (71. Ilsanker), Alaba (64. Sabitzer), Arnautovic, Junuzovic (64. Okotie) – Janko – Trainer: Koller
Liechtenstein: Jehle – Rechsteiner, Frick (90. Kühne), Kaufmann, Oehri (46. Brändle) – Kieber (62. Yildiz), Mart. Büchel, Polverino, Wieser, Burgmeier – Marc. Büchel – Trainer: Pauritsch
Tore: 1:0 Arnautovic (12.), 2:0 Janko (54.), 3:0 Janko (57.) – **SR:** Zelinka (Tschechien) – **Zuschauer:** 48 500

1.	Österreich	10	22:5	28
2.	Russland	10	21:5	20
3.	Schweden	10	15:9	18
4.	Montenegro	10	10:13	11
5.	Liechtenstein	10	2:26	5
6.	Moldawien	10	4:16	2

Gruppe H

9.9.14	Aserbaidschan – Bulgarien		1:2 (0:1)
9.9.14	Norwegen – Italien		0:2 (0:1)
9.9.14	Kroatien – Malta		2:0 (1:0)
10.10.14	Italien – Aserbaidschan		2:1 (1:0)
10.10.14	Bulgarien – Kroatien		0:1 (0:1)
10.10.14	Malta – Norwegen		0:3 (0:2)
13.10.14	Malta – Italien		0:1 (0:1)
13.10.14	Kroatien – Aserbaidschan		6:0 (4:0)
13.10.14	Norwegen – Bulgarien		2:1 (1:1)
16.11.14	Aserbaidschan – Norwegen		0:1 (0:1)
16.11.14	Italien – Kroatien		1:1 (1:1)
16.11.14	Bulgarien – Malta		1:1 (1:0)
28.3.15	Aserbaidschan – Malta		2:0 (1:0)
28.3.15	Kroatien – Norwegen		5:1 (1:0)
28.3.15	Bulgarien – Italien		2:2 (2:1)
12.6.15	Kroatien – Italien		1:1 (1:1)
12.6.15	Malta – Bulgarien		0:1 (0:0)
12.6.15	Norwegen – Aserbaidschan		0:0
3.9.15	Aserbaidschan – Kroatien		0:0
3.9.15	Italien – Malta		1:0 (0:0)
3.9.15	Bulgarien – Norwegen		0:1 (0:0)
6.9.15	Malta – Aserbaidschan		2:2 (0:1)
6.9.15	Norwegen – Kroatien		2:0 (0:0)
6.9.15	Italien – Bulgarien		1:0 (1:0)
10.10.15	Norwegen – Malta		2:0 (1:0)
10.10.15	Aserbaidschan – Italien		1:3 (1:2)
10.10.15	Kroatien – Bulgarien		3:0 (2:0)
13.10.15	Italien – Norwegen		2:1 (0:1)
13.10.15	Bulgarien – Aserbaidschan		2:0 (1:0)
13.10.15	Malta – Kroatien		0:1 (0:1)

1.	Italien	10	16:7	24
2.	Kroatien	10	20:5	20
3.	Norwegen	10	13:10	19
4.	Bulgarien	10	9:12	11
5.	Aserbaidschan	10	7:18	6
6.	Malta	10	3:16	2

Kroatien wurde von der UEFA ein Punkt wegen »rassistischer Vorkommnisse« abgezogen.

Gruppe I

7.9.14	Dänemark – Armenien		2:1 (0:0)
7.9.14	Portugal – Albanien		0:1 (0:0)
11.10.14	Armenien – Serbien		1:1 (0:0)
11.10.14	Albanien – Dänemark		1:1 (1:0)
14.10.14	Serbien – Albanien		0:3 gewertet
14.10.14	Dänemark – Portugal		0:1 (0:0)
14.11.14	Serbien – Dänemark		1:3 (1:0)
14.11.14	Portugal – Armenien		1:0 (0:0)
29.3.15	Albanien – Armenien		2:1 (0:0)
29.3.15	Portugal – Serbien		2:1 (0:0)
13.6.15	Armenien – Portugal		2:3 (1:1)
13.6.15	Dänemark – Serbien		2:0 (1:0)
4.9.15	Dänemark – Albanien		0:0
4.9.15	Serbien – Armenien		2:0 (1:0)
7.9.15	Armenien – Dänemark		0:0
7.9.15	Albanien – Portugal		0:1 (0:1)
8.10.15	Albanien – Serbien		0:2 (0:1)
8.10.15	Portugal – Dänemark		1:0 (0:0)
11.10.15	Serbien – Portugal		1:2 (1:0)
11.10.15	Armenien – Albanien		0:3 (0:2)

1.	Portugal	8	11:5	21
2.	Albanien	8	10:5	14
3.	Dänemark	8	8:5	12
4.	Serbien	8	8:13	4
5.	Armenien	8	5:14	2

Serbien wurden wegen der Vorkommnisse rund um das Spiel gegen Albanien drei Punkte abgezogen.

Play-offs

12.11.15	Norwegen – Ungarn		0:1 (0:1)
13.11.15	Bosnien-Herzegowina – Irland		1:1 (0:0)
14.11.15	Ukraine – Slowenien		2:0 (1:0)
14.11.15	Schweden – Dänemark		2:1 (1:0)
15.11.15	Ungarn – Norwegen		2:1 (1:0)
16.11.15	Irland – Bosnien-Herzegowina		2:0 (1:0)
17.11.15	Slowenien – Ukraine		1:1 (1:0)
17.11.15	Dänemark – Schweden		2:2 (0:1)

Die Spielorte und Stadien der EM 2016

Saint-Denis: Das Stade de France war das Wohnzimmer der französischen Mannschaft.

Marseille: Im Stade Velodrome trafen England und Russland aufeinander – und Deutschland schied dort im Halbfinale aus.

Paris – Parc des Princes
Fassungsvermögen bei UEFA-Wettbewerben: 45 000
Spielstätte von: Paris Saint-Germain
Eröffnet: Mai 1972

Gruppenphase:
12.06.16, 15.00 Uhr: Türkei – Kroatien 0:1
15.06.16, 18.00 Uhr: Rumänien – Schweiz 1:1
18.06.16, 21.00 Uhr: Portugal – Österreich 0:0
21.06.16, 18.00 Uhr: Nordirland – Deutschland 0:1

Achtelfinale:
25.06.16, 18.00 Uhr: Wales – Nordirland 1:0

Saint-Denis – Stade de France
Fassungsvermögen bei UEFA-Wettbewerben: 80 000
Spielstätte von: Französische Nationalmannschaft
Eröffnet: Januar 1998

Gruppenphase:
10.06.16, 21.00: Frankreich – Rumänien 2:1
13.06.16, 18.00: Irland – Schweden 1:1
16.06.16, 21.00: Deutschland – Polen 0:0
22.06.16, 18.00: Island – Österreich 2:1

Achtelfinale:
27.06.16, 18.00: Italien – Spanien 2:0

Viertelfinale:
03.07.16, 21.00: Frankreich – Island 5:2

Finale:
10.07.16, 21.00: Portugal – Frankreich n. V. 1:0

Bordeaux – Stade de Bordeaux
Fassungsvermögen bei UEFA-Wettbewerben: 42 000
Spielstätte von: Girondins Bordeaux
Eröffnet: Mai 2015

Gruppenphase:
11.06.16, 18.00 Uhr: Wales – Slowakei 2:1
14.06.16, 18.00 Uhr: Österreich – Ungarn 0:2
18.06.16, 15.00 Uhr: Belgien – Irland 3:0
21.06.16, 21.00 Uhr: Kroatien – Spanien 2:1

Viertelfinale:
02.07.16, 21.00 Uhr: Deutschland – Italien i. E. 6:5

Lens – Stade Felix Bollaert-Delelis
Fassungsvermögen bei UEFA-Wettbewerben: 35 000
Spielstätte von: RC Lens
Wiedereröffnet: August 2015 (erste Eröffnung Juni 1933)

Gruppenphase:
11.06.16, 15.00 Uhr: Albanien – Schweiz 0:1
16.06.16, 15.00 Uhr: England – Wales 2:1
21.06.16, 21.00 Uhr: Tschechien – Türkei 0:2

Achtelfinale:
25.06.16, 21.00 Uhr: Kroatien – Portugal n. V. 0:1

Lille – Stade Pierre Mauroy
Fassungsvermögen bei UEFA-Wettbewerben: 50 000
Spielstätte von: Lille OSC
Eröffnet: August 2012

Gruppenphase:
12.06.16, 21.00 Uhr: Deutschland – Ukraine 2:0
15.06.16, 15.00 Uhr: Russland – Slowakei 1:2
19.06.16, 21.00 Uhr: Schweiz – Frankreich 0:0
22.06.16, 21.00 Uhr: Italien – Irland 0:1

Achtelfinale:
26.06.16, 18.00 Uhr: Deutschland – Slowakei 3:0

Viertelfinale:
01.07.16, 21.00 Uhr: Wales – Belgien 3:1

Lyon – Stade de Lyon
Fassungsvermögen bei UEFA-Wettbewerben: 59 000
Spielstätte von: Olympique Lyon
Eröffnet: Januar 2016

Gruppenphase:
13.06.16, 21.00 Uhr: Belgien – Italien 0:2
16.06.16, 18.00 Uhr: Ukraine – Nordirland 0:2
19.06.16, 21.00 Uhr: Rumänien – Albanien 0:1
22.06.16, 18.00 Uhr: Ungarn – Portugal 3:3

Achtelfinale:
26.06.16, 15.00 Uhr: Frankreich – Irland 2:1

Halbfinale:
06.07.16, 21.00 Uhr: Portugal – Wales 2:0

Marseille – Stade Velodrome
Fassungsvermögen bei UEFA-Wettbewerben: 67 000
Spielstätte von: Olympique Marseille
Neueröffnung: Oktober 2014 (erste Eröffnung im Juni 1937)

Gruppenphase:
11.06.16, 21.00 Uhr: England – Russland 1:1
15.06.16, 21.00 Uhr: Frankreich – Albanien 2:0
18.06.16, 18.00 Uhr: Island – Ungarn 1:1
21.06.16, 18.00 Uhr: Ukraine – Polen 0:1

Viertelfinale:
30.06.16, 21.00 Uhr: Polen – Portugal

Halbfinale:
07.07.16, 21.00 Uhr: Deutschland – Frankreich 0:2

Nizza – Stade de Nice
Fassungsvermögen bei UEFA-Wettbewerben: 35 000
Spielstätte von: OGC Nizza
Eröffnet: September 2013

Gruppenphase:
12.06.16, 18.00 Uhr: Polen – Nordirland 1:0
17.06.16, 21.00 Uhr: Spanien – Türkei 3:0
22.06.16, 21.00 Uhr: Schweden – Belgien 0:1

Achtelfinale:
27.06.16, 21.00 Uhr: England – Island 1:2

Saint-Etienne – Stade Geoffroy Guichard
Fassungsvermögen bei UEFA-Wettbewerben: 42 000
Spielstätte von: AS Saint-Etienne
Eröffnet: September 1931

Gruppenphase:
14.06.16, 21.00: Portugal – Island 1:1
17.06.16, 18.00: Tschechien – Kroatien 2:2
20.06.16, 21.00: Slowakei – England 0:0

Achtelfinale:
25.06.16, 15.00: Schweiz – Polen i. E. 4:5

Toulouse – Stadium de Toulouse
Fassungsvermögen bei UEFA-Wettbewerben: 33 000
Spielstätte von: FC Toulouse
Neueröffnung: Januar 2016 (Ersteröffnung Juni 1937)

Gruppenphase:
13.06.16, 15.00: Spanien – Tschechien 1:0
17.06.16, 15.00: Italien – Schweden 1:0
20.06.16, 21.00: Russland – Wales 0:3

Achtelfinale:
26.06.16, 21.00: Ungarn – Belgien 0:4

Eine Produktion des Copress-Teams, Grünwald

Lektorat und Bildredaktion	Pierre Sick
Produktion und Layout	VerlagsService Dietmar Schmitz GmbH, Heimstetten
Umschlaggestaltung	Stiebner Verlag GmbH
Alle Fotos	von FOTOAGENTUR SVEN SIMON, außer Porträt Jörg Jakob (Nadine Rupp); S. 25, 32, 41, 49, 62, 64, 66, 69, 78, 90–91, 104/105, 105 (alle Imago)
Fotografen	Oryk Haist, Frank Hoermann, Anke Wälischmiller, Franz Wälischmiller
Textredaktion	Thomas Roth (kicker-sportmagazin)
Autoren	David Bernreuther, Hardy Hasselbruch, Thomas Hennecke, Benjamin Hofmann, Hans-Günter Klemm, Frank Linkesch, Thomas Roth, Karlheinz Wild, Sebastian Wolff, Jörg Wolfrum, Mounir Zitouni
Kommentare	Stephane Chapuisat, Andreas Herzog, Jörg Jakob
Editorial	Rainer Holzschuh
Korrektorat	Christian Rheingruber
Statistik	kicker-Datenredaktion
Bibliografische Information der Deutschen Nationalbibliothek	Die Deutsche Nationalbibliothek verzeichnet diese Publikation in der Deutschen Nationalbibliografie; detaillierte bibliografische Daten sind im Internet über http://dnb.dnb.de abrufbar.
Copyright	© 2016 Copress Verlag in der Stiebner Verlag GmbH, Grünwald und Olympia-Verlag GmbH, Nürnberg Alle Rechte vorbehalten
Projektmanagement	Stiebner Verlag GmbH, Grünwald www.copress.de
Reproduktion	digiartworx, Hilgertshausen
Druck und Bindung	Firmengruppe APPL, aprinta druck, Wemding
ISBN	978-3-7679-1101-7